权威·前沿·原创

皮书系列为
"十二五""十三五"国家重点图书出版规划项目

智库成果出版与传播平台

陕西省社会科学院／编

陕西社会发展报告（2021）

REPORT ON SOCIAL DEVELOPMENT IN SHAANXI (2021)

主　编／司晓宏　白宽犁　牛昉

社会科学文献出版社
SOCIAL SCIENCES ACADEMIC PRESS (CHINA)

图书在版编目(CIP)数据

陕西社会发展报告.2021/司晓宏,白宽犁,牛昉主编. -- 北京:社会科学文献出版社,2021.1
（陕西蓝皮书）
ISBN 978-7-5201-7765-8

Ⅰ.①陕… Ⅱ.①司… ②白… ③牛… Ⅲ.①社会发展-研究报告-陕西-2021 Ⅳ.①D674.1

中国版本图书馆CIP数据核字（2021）第009051号

陕西蓝皮书
陕西社会发展报告（2021）

主　　编／司晓宏　白宽犁　牛　昉

出 版 人／王利民
组稿编辑／邓泳红
责任编辑／陈　颖

出　　版／社会科学文献出版社·皮书出版分社（010）59367127
　　　　　地址：北京市北三环中路甲29号院华龙大厦　邮编：100029
　　　　　网址：www.ssap.com.cn
发　　行／市场营销中心（010）59367081　59367083
印　　装／天津千鹤文化传播有限公司
规　　格／开　本：787mm×1092mm　1/16
　　　　　印　张：20.5　字　数：308千字
版　　次／2021年1月第1版　2021年1月第1次印刷
书　　号／ISBN 978-7-5201-7765-8
定　　价／158.00元

本书如有印装质量问题，请与读者服务中心（010-59367028）联系

▲ 版权所有 翻印必究

陕西蓝皮书编委会

主　　任　司晓宏

副 主 任　白宽犁　杨　辽　毛　斌

委　　员　（按姓氏笔画排序）
　　　　　于宁锴　王长寿　王建康　牛　昉　李继武
　　　　　吴敏霞　谷孟斌　张艳茜　党　斌　郭兴全
　　　　　唐　震　裴成荣

主　　编　司晓宏　白宽犁　牛　昉

执行主编　牛　昉

主要编撰者简介

司晓宏 教育学博士,二级教授,博士生导师。现任陕西省社会科学院党组书记、院长,研究领域为教育学原理和教育管理学。主持完成教育部哲学社会科学重大攻关课题、国家社科基金课题等国家和省部级课题13项,获全国高等学校科学研究成果奖(人文社会科学)、陕西省哲学社会科学优秀成果奖等国家和省部级、厅局级科研奖15项。先后在《教育研究》、COMPARE、《光明日报》等刊物发表学术论文80多篇,独立出版《教育管理学论纲》《面向现实的教育关怀》等专著4部,主编教材5部。2017年获陕西省首批"特支计划"哲学社会科学和文化艺术领域领军人才。兼任陕西省社科联副主席、陕西省人民政府督学,兼任第一届教育部高等学校教育学类专业教学指导委员会副主任、第二届委员,中国教育学会教育管理学术委员会常务副理事长、中国教育政策研究院兼职教授、陕西省教育理论研究会会长等。

白宽犁 陕西省社会科学院副院长、研究员。研究领域为马克思主义中国化、思想政治教育工作、宣传思想文化工作、社会治理等。在各类报刊上发表理论文章100余篇,编辑出版著作20余部,承担国家社科基金项目1项、其他项目20余项。兼任陕西省社会科学信息学会会长。

牛昉 陕西省社会科学院社会学研究所所长、研究员,院学术委员会副主任,主要研究方向为社会政策、社会舆情、农村社会学。主持、参与完成"退耕还林还草参与式评估研究"等国家社科基金项目,以及陕西省社科规划项目和省软科学项目等多项课题的研究;出版《退耕还林还草参与式评估研究》等著作,发表学术论文、调研报告百余篇。从2014年起担任陕西蓝皮书年度《陕西社会发展报告》执行主编;兼任陕西省人口学会副会长,陕西省社会学会副会长、秘书长。

摘　要

    2020年，是全面建成小康社会和"十三五"规划收官之年，也是脱贫攻坚决战决胜之年。面对突如其来的新冠肺炎疫情冲击等复杂严峻的经济社会发展形势，本书以习近平新时代中国特色社会主义思想为指导，紧扣追赶超越和"五个扎实""五项要求"的总体部署，从不同维度分析和探讨陕西夯实"六稳""六保"基础，全力以赴保民生、稳预期，把新冠肺炎疫情带来的不利影响降到最低程度，实现了人民收入水平持续增长，就业态势保持平衡，脱贫攻坚成效显著，乡村振兴战略扎实推进，以及教育、医疗、养老等社会事业发展取得的成就与面临的挑战，以系统性、前瞻性的眼光提出并阐述应对的策略和举措。"总报告"较为全面地分析了2020年陕西社会发展基本状况及其面临的主要问题，展望了2021年陕西社会发展的总体趋势并提出了系统谋划、统筹推进陕西社会事业和社会治理，根据陕西社会发展的实际需要，制订陕西"十四五"发展的系列规划，全面部署陕西社会建设的各领域发展目标任务，推进陕西社会建设取得新进展。"分报告"聚集一系列社会焦点、热点事件的公众态度，诸如"暴发新冠肺炎疫情""中国采取强有力举措抗击新冠肺炎疫情""习总书记4月份来陕西视察"等重要事件，反映出公众对这些重要事件/活动给予高度关注；同时，通过对全省网络舆情和民生舆情的调查与分析，获取陕西公众对经济社会生活中诸多议题的看法和认知，多面向反映社会公众对当前党和政府重大决策的态度与回应。"建设篇"围绕扶贫搬迁长效机制、智慧养老产业协同发展、追赶超越中人力资源开发、乡村人才振兴等展开调查研究，关注到全省经济社会建设

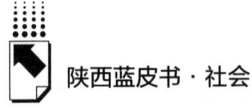

的诸多方面。"治理篇"涵盖了陕西政府治理现代化、优化提升营商环境、县乡人大推动基层社会治理等多个领域;"调查篇"从公众对"延安精神"的认知,新冠肺炎疫情带来的冲击和影响,以及陕西社会工作人才队伍和专业发展评价几方面展开,这些调查和研究报告,将为2021年陕西社会建设从政策措施、工作指向和推进策略等方面提供参考。"区域篇"分别对西安城市精神、西安全面建成小康社会、汉中社会治理创新实践进行了深入调查研究。"大事记"粗线条记录了2019~2020年陕西社会生活中发生的重大事件、重要活动和重大举措,突出近两年陕西社会生活与建设中的热点与亮点。

关键词: 社会建设 追赶超越 社会治理 疫情防控 陕西省

Abstract

2020 is the year when we move closer completing the tasks of building a moderately prosperous society in all respects and the 13th Five-Year Plan, as well as the year when we win the battle against poverty. In face of the sudden impact of Novel-Coronavirus epidemic and other complex and severe economic and social development situations, the book is guided by Xi Jinping's thoughts on socialism with Chinese characteristics in the new era, closely following the overall deployment of *Pursuing and Surpassing*, *Five Solid* and *Five Requirements* strategies, analyzing and discussing Shaanxi's consolidation of the social fundament for *Six Stability* and *Six Priorities* tasks from different dimensions. Basically, the whole society of Shaanxi aims to protect people's livelihood and stabilize expectations, minimize the adverse impact of the novel coronavirus epidemic, achieve sustained growth in people's income levels, maintain a balanced employment situation, achieve remarkable results in poverty alleviation and solidly advance the rural revitalization strategy. The achievements and challenges confronted by the sustainable development of social undertakings such as education, medical and elderly care are putting forward and being elaborated with a systematic and forward-looking perspective in this report. *General Report* comprehensively analyzes the basic situation of Shaanxi's social development in 2020 and the main problems confronted, looks forward to the overall trend of Shaanxi's social development in 2021 and proposes a systematic plan to promote the level of Shaanxi's social undertakings and social governance. Due to the actual needs of Shaanxi's social development, the author formulates a new 14th Five-Year development plan, which comprehensively deploys the development goals and tasks in various fields of Shaanxi's social construction and promotes Shaanxi's social construction to make new progress. *Specific Report* gathers public attitudes on a series of social focus and hot events, such as the outbreak of novel coronavirus in Wuhan, China takes strong measures to fight the novel coronavirus epidemic, General Secretary Xi came to Shaanxi in April and other important events which earns a lot of public attentions. Meanwhile, through the investigation and analysis of the public opinion from internet and on people livelihood, the public views and cognitions on many issues in economic and social life are obtained in these reports, reflecting the public attitude and response to the current major decisions of the Party and the government. The chapter on social construction focuses on the long-term mechanism of poverty alleviation and relocation, the development of human resources during Pursuing and Surpassing, the coordinated development of the smart industry on elderly care and the revitalization of rural talents in many aspects of the province's economic and social construction. The chapter on governance covers many fields such as the modernization of governance in Shaanxi, optimizing and upgrading the business environment and the promotion of grassroots social governance by people congress in counties and towns. The chapter of investigation starts from the public's perception of the Yan'an Spirit, the impact and influence on public opinions from the outbreak of novel coronavirus in early 2020 and the circumstances of human resources in social work fields of Shaanxi with the investigation of public mentality also as a major event. These surveys and research report will provide policy consultation for Shaanxi's social construction, governance work orientation and promotion strategy in 2021. *Regional Report* conducts investigations on the urban spirit of Xi'an, the building of a well-off society of Xi'an and the innovative practice of social governance in Hanzhong. *Memorabilia* records the major events, activities and major measures in social life from 2019 to 2020 of Shaanxi, highlighting the hot spots and highlights social life and construction throughout the year in Shaanxi.

Keywords: Social Construction; Pursuing and Surpassing; Social Governance; Epidemic Prevention and Control; Shaanxi

目 录

Ⅰ 总报告

B.1 2020~2021年陕西社会形势分析与展望 ………… 杨红娟 / 001
  一 2020年陕西社会发展基本状况分析 ………………… / 002
  二 陕西社会发展面临的主要问题和挑战 ………………… / 010
  三 2021年陕西社会发展展望与对策 ……………………… / 012

Ⅱ 分报告

B.2 2020年社会热点、焦点事件：陕西公众问卷调查分析报告
  ……………………………………………………… 谢雨锋 / 016
B.3 2020年度陕西网络舆情发展报告 ………………… 田丽丽 / 027
B.4 陕西省2020年民生舆情研究报告 ………………… 张芙蓉 / 040

Ⅲ 建设篇

B.5 陕西易地扶贫搬迁后续扶持长效机制的构建
  ………………………………………………… 何得桂　刘　翀 / 053

B.6　陕西省智慧健康养老产业供需协同发展研究 ………… 仝保亚 等 / 066
B.7　新时代陕西追赶超越的人力资源开发策略 …………………… 胡 月 / 079
B.8　陕西省乡村人才振兴的现状、问题及建议 ………………… 吴菲霞 / 095
B.9　陕西省残疾人基层组织建设创新研究 ………… 聂 翔 李 巾 / 108
B.10　陕西农村进城务工人员生存状况研究 ………… 武颖娟 段丽娜 / 120

Ⅳ 治理篇

B.11　陕西政府治理现代化的现状、发展趋势及对策 ……… 胡映雪 / 131
B.12　陕西省优化提升营商环境调研问效专题报告
　　　　………………… 陕西省优化提升营商环境调研问效课题组 / 146
B.13　陕西环境公益诉讼调研报告 ……………………………… 闵晶晶 / 157
B.14　陕西高校院所职务科技成果产权改革调研报告 ……… 陈 波 / 169
B.15　陕西省县乡人大推动基层社会治理对策研究
　　　　……………………………………………… 乔 欣 何文兰 / 186

Ⅴ 调查篇

B.16　陕西公众对"延安精神"的认知调查分析报告 ……… 课题组 / 198
B.17　2020年陕西公众心态、社会评价调查报告 …………… 课题组 / 214
B.18　陕西社会工作人才队伍及专业发展评价调查报告 …… 课题组 / 226

Ⅵ 区域篇

B.19　西安城市精神研究报告 …………………………………… 张燕玲 / 243
B.20　西安市全面建成小康社会调研报告
　　　　………………… 程丽辉 周忆南 李 聪 杜雁平 / 260

B.21 汉中市社会治理现代化的创新实践及对策研究 ……… 李 莉 / 275

Ⅶ 大事记

B.22 陕西社会发展大事记（2019~2020年） …… 史晓筠 张雪梅 / 293

CONTENTS

I General Report

B.1 Analysis and Prospect of Shaanxi Social Situation in 2020-2021

Yang Hong juan / 001

    1. Analysis on Basic Conditions of Shaanxi Social Development in 2020 / 002

    2. Problems and Ch allenges Being Faced during Process of Social Development in Shaanxi Province / 010

    3. Prospects and Countermeasures of Shaanxi Social Development in 2021 / 012

II Sub-reports

B.2 Social Hotspots and Focal Events in 2020: Shaanxi Public Questionnaire Survey Analysis Report   *Xie Yufeng* / 016

B.3 Development Report on Internet Public Opinion of Shaanxi in 2020

Tian Lili / 027

CONTENTS

B.4 Research Report on Public Opinions on People's Livelihood of Shaanxi in 2020   *Zhang Furong* / 040

Ⅲ Social Construction Reports

B.5 Construction of Long-term Mechanism for Follow-up Support of Relocation in Poverty Alleviation and Relocation of Shaanxi
He Degui, Liu Chong / 053

B.6 Research on the Coordinated Development of Supply and Demand of Health and Elderly Care Smart Industry in Shaanxi Province
Tong Baoya, etc. / 066

B.7 Human Resource Development Strategy of Pursuing and Surpassing of Shaanxi in the New Era   *Hu Yue* / 079

B.8 Status Quo, Problems and Suggestions for the Revitalization of Rural Talents in Shaanxi Province   *Wu Feixia* / 095

B.9 Innovative Research on the Construction of Basic-Level Organizations for The Disabled in Shaanxi Province   *Nie Xiang, Li Jin* / 108

B.10 Research on the Living Conditions of Rural Migrant Workers in Shaanxi   *Wu Yingjuan, Duan Lina* / 120

Ⅳ Social Governance Reports

B.11 Status Quo, Development Trend and Countermeasures on Modernization of Governance of Government in Shaanxi   *Hu Yingxue* / 131

B.12 Special Report on the Effectiveness of the Survey on Optimizing and Improving the Business Environment in Shaanxi Province
Research and Effectiveness Research Group on Optimizing and Enhancing the Business Environment of Shaanxi Province / 146

B.13 Research Report on Shaanxi Environmental Public Interest Litigation
Min Jingjing / 157

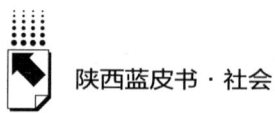

B.14 Research Report on the Property Right Reform of the Job Scientific and Technological Achievements of Colleges and Universities in Shaanxi　　　　　　　　　　　　　　　　　　*Chen Bo* / 169

B.15 Research on Countermeasures of People's Congress Promoting Grassroots Social Governance in County and Township of Shaanxi
　　　　　　　　　　　　　　　　　　Qiao Xin, He Wenlan / 186

V　Investigation Reports

B.16 Survey and Analysis Report on Shaanxi Public's Perception of Yan'an Spirit　　　　　　　　　　*Research Group of SASS* / 198

B.17 Survey report on public mentality and social evaluation during the novel corona virus epidemic in Shaanxi　*Research Group of SASS* / 214

B.18 Investigation and Evaluation Report of Social Work on Talent Team and Professional Development in Shaanxi　*Research Group of SASS* / 226

VI　Regional Reports

B.19 Research Report on Xi'an Urban Spirit　　　　*Zhang Yan-Ling* / 243

B.20 Research Report on the Building of a Well-Off Society in Xi'an
　　　　　　Cheng Lihui, Zhou Yinan, Li Cong and Du Yanping / 260

B.21 Research on the Innovative Practice and Countermeasures of the Modernization of Social Governance in Hanzhong　　*Li Li* / 275

VII　Memorabilia

B.22 Memorabilia of Social Development in Shaanxi (2019-2020)
　　　　　　　　　　　　　　　　　　Shi Xiaoyun, Zhang Xuemei / 293

总报告
General Report

B.1
2020~2021年陕西社会形势分析与展望

杨红娟*

摘　要： 2020年，面对受疫情冲击等复杂严峻的经济社会形势发展现实，陕西全面落实党中央决策部署，夯实"六稳""六保"基础，全力以赴保民生，稳预期，把新冠肺炎疫情带来的不利影响降到最低限度，取得战"疫"战贫的阶段性成果，社会建设稳步推进，基本民生得到较好保障，社会安全形势平稳。展望2021年，陕西将系统谋划、统筹推进社会事业和社会治理，并根据社会发展的实际需要，制订新一轮陕西"十四五"发展的系列规划，全面部署陕西社会建设的各领域发展目标任务，推进陕西社会建设取得新成就。

---

* 杨红娟，陕西省社会科学院社会学研究所副研究员，研究方向：社会政策。

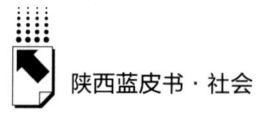

关键词： 精准脱贫 基本民生 "十四五"规划 陕西省

2020年，是全面建成小康社会和"十三五"规划收官之年，也是脱贫攻坚决战决胜之年。面对受疫情冲击等复杂严峻的经济社会发展形势，陕西全面落实党中央决策部署，夯实"六稳""六保"基础，全力以赴保民生，稳预期，把新冠肺炎疫情带来的不利影响降到最低限度，取得战"疫"战贫的阶段性成果，社会建设稳步推进，基本民生得到较好保障，社会安全形势平稳。

一 2020年陕西社会发展基本状况分析

（一）人民收入水平持续增长

2020年，随着新冠肺炎疫情形势持续好转，经济增长稳定恢复，全省复工复产、复商复市步伐加快，就业形势向好，城乡居民工资性收入持续增加，足额发放的城乡居民养老金和离退休金、农村低保、特困人员生活补助保障了居民的转移性收入，城乡居民收入稳步增长。调查显示，2020年前三季度，陕西居民人均可支配收入19694元，在全国31个省份中排名第17位，其中，城镇居民人均可支配收入28618元，农村居民人均可支配收入9881元，在全国31个省份中居第15位和第23位，同比增长分别为6.4%和4.6%，增速均快于全国1.8个百分点。城乡收入比继续缩小，为2.90∶1。消费支出降幅同步收窄，除教育文化娱乐消费支出降幅较大外，其他消费支出基本恢复到上年水平。

（二）就业形势基本稳定

2020年，陕西不断强化政策供给，分类帮扶、因人施策，稳住就业基本盘。一是高校毕业生就业与上年基本持平。针对2020年陕西省普通高校毕业生同比增加1.3万人，又受经济下行压力和新冠肺炎疫情叠加影响，高校毕业生求职困难加大，陕西制定了疫情期间做好高校毕业生就业工作22条举措。对中小微企业招聘录用高校毕业生、签订一年以上劳动合同的，按照每人1000元的标准给予一次性吸纳就业补贴；扩大2020年省属高校研究生、专升本、博士后等招生规模；开发适应高校毕业生的岗位，鼓励高校聘用毕业生作为研究助理或辅助人员参与科研工作，促进顶岗实习与就业工作有机结合；推进2020年基层乡镇"教师特设岗位计划"、基层医疗卫生人员和社区专职工作人员招录。加强线上线下融合招聘，上半年累计举办各类网络招聘活动8123场，举办线下小型专场招聘会394场，截至2020年6月7日，全省高校毕业生总体签约率60.61%，与上年同期基本持平。

加强就业扶贫。对脱贫监测户和边缘户中未实现就业或失业人员、受疫情影响返乡回流贫困劳动力、零就业家庭未就业或失业贫困劳动力、有就业意愿未就业或失业贫困劳动力等就业困难群体，通过开展专场招聘进行供需对接，发展社区工厂、就业扶贫基地等为无法外出务工的贫困劳动力提供居家灵活就业机会；统筹各方资源，积极开发公益性岗位安置贫困群体，发挥公益性岗位"兜底线、救急难"作用。形成了"政府+市场"合力，为贫困劳动力和贫困地区农民工提供多渠道、多形式的就业渠道，稳定贫困劳动力就业状况。到2020年10月底，全省有就业意愿的贫困户每户至少有一人就业，200多万贫困劳动力实现就业创业，基本完成了扶贫就业任务的主要指标。

发挥社会保险稳就业稳经济积极作用。2020年，为消除疫情对企业的影响，纾解企业困难，推动企业有序复工复产，支持稳定和扩大就业，陕西通过实行"减、免、缓、延、退"社保减免优惠政策，通过免征大型企业、民办非企业单位、社会团体、全省中小微企业及按单位参保的个体工商户的基本养老保险、失业保险、工伤保险等三项社会保险的单位缴费部分，减轻企业压力与负担，促进企业稳定地复工复产。

陕西就业形势基本稳定。疫情催生的新业态和夜间经济对就业促进作用明显。调查显示，上半年，从事互联网的从业人员是上年同期的2.33倍。商品交易和知识技能娱乐广告服务占到互联网从业者的42%。夜间经济促进就业作用明显。调查数据显示，西安市6月份灵活就业中摆地摊人数较上月增长60%。国家统计局陕西调查总队2020年上半年陕西就业形势分析显示，随着新冠肺炎疫情的有效控制，陕西市场活跃度明显提升，复工复产、复商复市稳步推进，经济发展有序恢复，全省就业人口逐月增加。陕西省人才交流服务中心发布的数据显示，三季度，全省各市主要人力资源市场现场招聘活动加快恢复，与上年同期现场招聘相比，市场供求总量稳定增长，就业形势较为平稳。

（三）全省脱贫攻坚成效显著

2020年是我国脱贫攻坚收官之年，陕西多层级推动、多主体投入、全社会参与的扶贫解困机制全面发力。一是国企、高校、医院等三大帮扶体系持续发力，全面提升贫困地区经济发展、教育和医疗健康服务能力。99家省属国企和驻陕央企实施项目133个、带动贫困户2.7万户。对口帮扶高校开展教育帮扶、科技帮扶等1407项，认定校地共建产学研示范基地或实体项目110个。111家省内外三级医院对口帮扶112家贫困县医院。二是消费扶贫稳定贫困群众增收。截至10月，全省认定扶贫产品供应商1580家，产品4495个，产品价值447.8亿元。已建成消费扶贫专柜786个、专馆239个、专区265个。全省实现扶贫产品累计销售额58.5亿元，其中，"扶贫832"平台预算单位完成农副产品销售额1.85亿元，工会福利采购2.81亿元，苏陕消费扶贫协作购买2.63亿元，"万企帮万村"购买帮销5.94亿元。三是苏陕扶贫协作深入推进。江苏省拨付财政援助资金27.01亿元，启动实施项目1234个，向陕西省选派党政挂职干部、专业技术人才共1033名，帮助10223名贫困人口实现就业。权威部门数据显示，陕西脱贫攻坚已取得决定性进展，义务教育实现控辍保学目标，建档立卡贫困人口基本医疗保险、大病保险和医疗救助"三重保障"实现全覆盖，住房安全保障任务基本实现，贫困户安全饮水问题基本解决，特殊困难群体保障精准到位。2020年，56个贫困县全部脱贫摘帽，6462个建档立卡贫困村全部出列，贫困地区农民人均纯收入提高到12142元，区域性整体贫困基本解决。

与此同时，陕西持续开展以"排查政策落实、脱贫任务清零，排查存在问题、整改任务清零，排查长效机制、漏点短板清零"为主要内容的"三排查三清零"工作，以"对上对标政策标准，横向比对数据信息，对下核实帮扶效果"为主要内容的"对标补短"工作，着力查漏点、补短板、防控风险点，全面提升脱贫攻坚质量。扶贫部门的数据显示，剩余贫困人口中，5.3万人落实了产业帮扶，6.1万人落实了安置就业，17.3万人被纳入兜底保障。国家统计局陕西调查总队和省政府研究室专题调研显示，贫困户的"两不愁、三保障"问题得到全面解决，生活条件显著改善，贫困户收入与全省农民收入水平的差距逐年缩小，产业扶贫效果明显。

（四）困难群体基本民生得到有效保障

2020年，为消除疫情对困难群体的影响，保障困难群体生活得到各级政府高度重视，社会安全网兜底保障作用充分发挥。

1. 加强贫困人口兜底保障

2020年，陕西以兜牢困难群众基本生活底线为抓手，对全省未脱贫建档立卡贫困人口逐户逐人进行全覆盖摸排，进行兜底脱贫保障，并精准落实农村低保、特困人员救助供养、临时救助等相关政策，确保稳定脱贫不返贫。同时通过加大对特殊群体关爱帮扶力度、加强贫困地区农村基层政权建设、强化社会组织参与脱贫攻坚、凝聚慈善力量助力脱贫攻坚、支持贫困地区和革命老区优化行政区划设置，促进贫困地区可持续发展。

2. 完善返贫风险人群保障机制

2020年，在完成脱贫攻坚任务的同时，陕西着力致贫返贫风险问题防范。分类型明确返贫风险点，对建档立卡户、边缘户和收入骤减或支出骤增困难农户，分收入型、保障型和发展型等三类，进行返贫致贫动态监测、排查及上报，及时开展精准帮扶，确保消除贫困户的返贫风险。

3. 保障残疾人基本生活与康复

为符合条件的残疾人发放"两项补贴"，做到"应补尽补"；实施"民康计划"，免费为深度贫困地区残疾人配置康复辅助器具，并提供康复训练服务。建立事实无人抚养儿童基本生活补贴标准与社会散居孤儿基本生活最低养育标准衔接机制,促进孤儿和事实无人抚养儿童参保全额资助。

4. 加强妇女儿童权益保障

2020年,陕西印发《关于建立保护妇女儿童权益工作合作机制的实施意见》,建立妇女儿童权益保护联动机制、落实涉案未成年人司法保护制度、完善法治宣传与犯罪预防工作机制等,加大对侵害妇女儿童权益犯罪的惩治打击力度,切实保障妇女儿童合法权益。开展儿童和学生用品安全守护行动,加强儿童和学生用品监管,保障青少年儿童游玩安全、学习安全、穿戴安全、生活安全。

5. 保障失业人员基本生活

发布《陕西省关于调整失业保险稳岗返还标准及扩大保障范围等有关问题的通知》,提高了失业保险稳岗返还标准,扩大了失业保险的保障范围,延长了大龄失业人员领金期限,阶段性发放失业补助金、阶段性提高临时生活补助等,保障了失业人员的基本生活。

这一系列政策,使得城乡各类困难群体基本民生及权益得到有效保障。

(五)乡村振兴战略有效实施、向纵深发展

2020年,陕西乡村振兴战略实施的40条意见逐步落实,乡村振兴计划稳步推进。推进农村产权制度改革整省试点,共有1.5万个集体经济组织完成了赋码登记,统计显示,全省土地流转面积1587.4万亩,承包地流转率增长到26.9%。农村资源要素被激活,发展动能持续增强。

1. 新型农业主体得到发展

积极推进农业合作社整县试点成效显著,2020年,23家合作社入选全国农民合作社500强。健全农业社会化服务体系,促进农业托管服务发展,2020年,各类服务组织达2.57万个,托管服务总面积达到4089.1万亩次。加强高素质农民培训和认定,陕西进一步提升高素质农民培育能力建设,积极进行高素质农民培训师资培育,共培训师资300人,培育高素质农民200

多万人，认定10万多人。

2. 加强农村党风廉政建设

为保护农村集体经济组织及其成员的合法权益，对所有农村集体经济组织，特别是农村集体产权制度改革后成立的村组（股份）经济合作社的财务，以及2018年村"两委"班子换届以来村干部和涉农社区基层组织主要负责人离任进行责任审计。

3. 农村人居环境明显改善

近年来，陕西扎实推进农村人居环境整治，各项重点工作取得了长足进展。2020年，全省无害化卫生厕所占比、卫生厕所累计普及率分别达到87.1%和86.7%，农村生活垃圾得到有效治理的行政村占比达93.42%，农村生活污水得到有效治理和管控的村庄占比分别达到39.2%和45%，农村环境得到有效改善。

4. 乡风文明建设取得显著成效

2020年，陕西先后荣获全国农民摄影书法作品、乡村诗歌征集活动优秀组织奖，汉阴县五一村获"乡村阅读榜样"称号，延安市安塞区冯家营村入选全国村级"乡风文明建设"典型案例，陕西乡风文明建设有力促进了乡村文化建设与发展。

（六）教育、医疗、养老等社会事业持续发展

2020年，陕西着力减轻疫情影响，推动社会事业全面发展。

1. 推进教育城乡一体化，义务教育有保障取得重要的进展

一是不断加大投入、加快建设，在教育项目、资金、教师培训等方面向深度贫困县倾斜支持，对深度贫困县资金项目在正常分配的基础上再倾斜30%，全省义务教育办学条件达到教育部20条要求。二是实行统一的城乡教师配备标准、生均公用经费标准和基准定额、基本教学仪器设备的配备标准，有力促进义务教育城乡均衡发展。三是着力促进建档立卡家庭义务教育阶段学生控辍保学，"两免一补"全覆盖，充分发挥学生精准救助系统作用，实现贫困学生"应助尽助"，全省无贫困家庭义务教育阶段适龄儿童因

贫困失学辍学。陕西义务教育有保障的目标基本实现，县域内义务教育基本均衡发展。四是促进职业教育与乡村振兴同频互动、高质量发展。2020年，陕西颁发实施《陕西省职业教育服务乡村振兴战略三年行动计划（2020~2022年）》，结合产业发展办好中职教育，指导建设55个职业教育农民培训基地和2个陕西乡村振兴人才培养基地，累计培训2.95万人次。高职教育累计开展实用技能培训5万人次。

2. 医改作用有效发挥助力疫情防控

陕西积极深化医疗改革的举措有力促进了全民疫情防控。一是家庭医生签约服务促进疫情排查，统计显示，全省家庭医生参与排查1.9万多个村（社区），累计排查10万余人次，同时家庭医生签约团队坚持对签约人群进行随访，提供基本医疗和公共卫生服务。二是县域医共体构建起村级排查、乡镇防控、县级救治等有序的一体化防治格局。三是积极实施"互联网+医疗"，统一进行安排部署，开展疫情监控、健康宣教、医护人员管理与培训，提升基层诊疗能力。广泛应用远程会诊、远程查房等为群众提供医疗健康服务，减少和降低隔离病区、感染科、ICU、急诊科、呼吸科等重点科室交叉感染风险，提高诊疗效率。全省医疗智慧服务水平和能力在疫情应对中得到提升。

3. 加强养老服务能力建设，推进全省养老服务高质量发展

2020年省市场监督管理局正式发布实施《陕西省养老服务标准体系建设规划（2020~2024年）》，提出了今后五年养老服务标准体系建设的指导思想、构建原则、建设目标、体系结构及工作任务与措施，以规划促进陕西养老服务标准体系建设，以标准化引领养老服务高质量发展。陕西省民政厅、人社厅、教育厅和财政厅联合印发《关于促进养老护理员职业能力提升实施方案》，建立依托各类院校开设养老服务相关专业或相关课程的学历人才培养机制，开展养老服务人才培训提升行动和"1+X"证书试点与推广。2020年确定了22个省级养老护理员培训基地，开展养老护理员职业技能培训与竞赛，为高质量养老服务提供足够的职业化、专业化优质人力资源。

（七）社会治理和安全形势良好

1. 推进社会组织持续健康发展

2020年，陕西加强省级社会组织管理综合执法，建立联席会议制度及机制，加强社会组织执法监管和非法社会组织查处，社会组织健康有序发展。社会组织积极参与扶贫攻坚，根据《2020年社会组织决战决胜脱贫攻坚专项行动方案》，陕西社会组织扶贫合力团持续发挥整合社会资源，凝聚社会力量，在消费扶贫、就业扶贫和公益扶贫等方面取得显著成效。社会力量在服务大局中功能得到充分发挥。

2. 积极推动安全生产和减灾能力建设

2020年，陕西颁发实施《陕西省生产安全事故责任追究和整改措施落实情况评估暂行办法》，加强和规范生产安全事故责任追究和整改措施落实情况评估，实施《陕西省煤矿安全生产红线清单和认定标准》，从煤矿生产建设、承包转包、生产布局、通风系统、灾害防治、淘汰设备、民爆物品、安全培训、风险辨识管控、现场安全管理等十个方面划定安全生产红线清单和认定标准，强力推动煤矿企业落实安全生产主体责任。加强应急救援能力建设，2020年，陕西依托省内大型企业以及相关行业救援力量，组建了第一批14支省级专业救援队伍。基本形成覆盖省内主要灾种，人员装备较为专业，布局结构较为合理的全方位、多形式、立体化专业救援能力。

3. 社会治安持续改善

2020年是扫黑除恶专项斗争收官之年，陕西积极开展食品安全领域漠视侵害群众利益问题专项整治，开展校园食品安全守护等安全治理行动，加强对农村市场、校园周边食品安全的监管，深化重点行业领域专项整治，把农产品标准作为提质量保安全的基础支撑，与此同时，聚焦群众反映强烈的突出问题，完善食品生产检查管理等长效机制，对违法失信企业实行"黑名单"管理制度，对进入"黑名单"企业实行联合惩戒，切实提升行业治理水平。社会治安水平和能力不断提升，1~9月刑事立案、治安

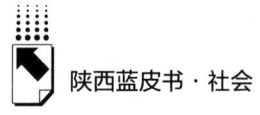

案件同比分别下降4.1%、4.7%；人民群众满意度也不断提高，上半年，全省群众对扫黑除恶专项斗争满意度达95.24%，比2019年提高5.69个百分点。

二 陕西社会发展面临的主要问题和挑战

2020年，在积极防控疫情情况下，陕西持续改善民生，社会建设取得新成效。但对照"十三五"规划目标任务，依然面临诸多短板与弱项。

（一）居民收入水平低依然是陕西基本民生的短板

城乡人民收入的提高是民生改善的重要标志，是经济社会发展的重要指标，也是扩大内需促进经济发展的动力和基础，是促进经济发展方式转变的基础性条件。《陕西省国民经济和社会发展第十三个五年规划纲要》的民生改善目标中，提出"居民人均可支配收入赶超全国平均水平"，但分析发现，距离这一目标仍然有较大的距离。统计显示，2015年以来，陕西居民人均可支配收入一直保持在全国第20位左右，人均可支配收入占全国平均收入的比例从2015年的79.19%提高到2019年的80.26%，相对差距有所缩小，但陕西居民人均可支配收入与全国的绝对差距量呈扩大态势，由2015年的4517元扩大到2019年的6067元，增加1550元（如表1）。且城乡收入差距与全国水平相比，依然较大，数据显示，陕西城乡收入比虽然从2015年的3.04下降为2019年的2.93，但与全国城乡居民收入比的2.64相比，仍存在0.29的差距。在西部，2019年陕西居民收入排第4位，在内蒙古、重庆、四川之后，收入增幅排第6位。未来一个时期，受疫情影响，就业困难增大，外出务工人员返乡人数逐渐增多，薪酬增加幅度减低，加之陕西人理财观念保守和能力不强等因素的共同存在，提高居民收入、赶超全国城乡居民收入平均水平的难度加大。

表1 2015~2019年陕西居民人均可支配收入与全国平均水平比较

年份	陕西居民人均可支配收入(元)	占全国平均收入的比例(%)	与全国平均水平的差距(元)	全国排位(名)
2015	17395	79.19	4571	21
2016	18874	79.23	4947	21
2017	20635	79.44	5339	20
2018	22528	79.81	5700	20
2019	24666	80.26	6067	19

(二)稳就业面临诸多挑战

就业是最大的民生,是关系每个家庭和个人的重大生活事件,居"六稳"工作和"六保"任务的首位,是稳住人心、稳住民生预期,更是经济稳中求进、社会和谐的基本保障。近年来,陕西经济持续增长,出台一系列促进就业政策,政府工作报告显示,2019年陕西出台有力措施稳就业,城镇新增就业45万人,城镇登记失业率3.2%,调查失业率5.5%以内。就业形势稳中向好。但就业形势依然严峻,一方面,就业需求稳中有增与经济发展新常态下的就业机会与就业容量下滑矛盾将长期存在;人力资源发展与产业升级和新技术革命引发经济结构调整,对就业能力要求较高的新兴行业人才供不应求,就业门槛较低的传统行业求职竞争较大,环境科学、计算机科学与技术、项目管理、物业管理、经济管理类等职业人才供大于求,劳动力过剩与短缺并存,更充分的就业受到严重影响;而劳务工和临时工等灵活就业规模扩大,严重影响广大求职者更稳定的就业期待。特别是受疫情影响,1~2月全省城镇新增就业3.21万人,同比下降54%,西安市同比下降63%。三季度就业形势虽有所缓解,但调查数据显示,全省失业人口中青年群体失业人口比重上升,占全部失业人口比重的22.4%。另一方面,就业不稳定的因素还大量存在,一是高校毕业生"慢就业"现象凸显,很多高校学生毕业不着急就业,这固然是部分高校毕业生审慎的选择,但也有部分毕业生因为创业、自主择业理念不强,不愿意面对严峻的就业形势和压力,

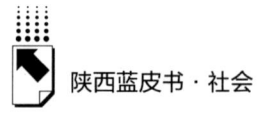

以"慢就业"为借口逃避就业,懒就业,是对自己意志的消磨,需要注意这种现象的蔓延。二是受教育程度较低的人员就业不充分的问题凸显,西安市的调查显示,三季度全省就业人口中有35%的就业不充分人员,环比上升3.1个百分点,其中将近七成受教育程度在初中及以下。

(三)全面脱贫后的贫困风险治理成为重要议题

随着脱贫攻坚目标任务的完成,陕西消除了绝对贫困和区域性整体贫困,但并不意味贫困风险的彻底消除。陕西原有的深度贫困县尽管已经摘帽,但基本教育和医疗保障水平低,人才流失、人才资源结构不合理,产业发展基础薄弱,具有专业能力和管理能力的人才匮乏,使得贫困地区发展缺乏后劲,可持续发展的风险依然存在;特别是脱贫人口和贫困边缘群体在能力和禀赋上具有脆弱性,易形成新的贫困,尤其是传统农区边缘人口、自然环境恶劣地区边缘人口、农村空巢老人、外出务工型贫困边缘人口、罹患职业病型贫困边缘人口、多因素叠加型贫困边缘人口、政策保障型贫困边缘人口的贫困风险较高;而原来一些"等、靠、要"的福利依赖思想源头未能真正消除,在后脱贫时代可能出现新的风险;易地搬迁扶贫搬迁户现阶段能够实现"两不愁三保障",但其对城镇生产生活方式的社会适应存在诸多风险。

三 2021年陕西社会发展展望与对策

2020年,陕西所有贫困县(区)实现脱贫摘帽,脱贫攻坚工作取得决定性胜利,民生福祉和社会治理水平也在扶贫攻坚中得到不断加强。十九届五中全会的召开,《中共中央关于制定国民经济和社会发展第十四个五年规划和二〇三五年远景目标的建议》的发布,明确了我国"十四五"时期经济社会发展的基本思路、主要目标以及2035年远景目标。展望2021年,陕西将系统谋划、统筹推进社会事业和社会治理,根据陕西社会发展的实际需要,制订新一轮"十四五"经济社会发展的系列规划,全面部署陕西社会建设的各领域发展目标任务，推进陕西社会建设取得新成就。

（一）系统谋划、统筹推进陕西社会事业和社会治理

2021年是我国"十四五"的开局之年，面对发展条件、环境和机遇的深刻变化，陕西应着眼全国大局，科学应变，积极谋划事关陕西长远发展问题、全面推动陕西经济社会"十四五"发展规划和重大及重点规划的编制，要深入分析陕西社会发展面临的国际国内形势，坚持以人民为中心的发展理念，围绕补齐短板提升发展品质，注重高质量发展要求的落实，明确提出了"十四五"时期陕西在提高人民收入水平、强化就业优先政策、建设高质量教育体系、健全多层次社会保障体系、全面推进健康中国建设、实施积极应对人口老龄化国家战略、加强和创新社会治理等方面的指导方针、主要目标、重点任务、重大举措，为陕西未来五年社会发展提供行动指南。

（二）千方百计稳定和扩大就业

稳定经济保障就业存量，促进高质量就业。首先，需要以更多的就业岗位和就业机会以促进充分就业，60%的高校毕业生在中小微企业和民营企业就业，要落实和及时完善税费减免、金融支持、降低成本等政策帮助中小企业渡过难关；强化就业扶贫，鼓励国有大型企业、重点项目等优先组织和使用贫困劳动力，着力促进贫困农民就业；发展新经济形态，释放消费潜能，拓展就业增量。其次，加大对数字经济的布局，加强数字经济的法律法规建设，促进线上零售、在线教育、网络培训、居家办公、虚拟会务等功能性服务平台企业规范运营；加强互联网与家政、育幼、养老服务等的深度融合；发展共享经济，有效缓解结构性失业和摩擦性失业带来的就业冲击，为更多人提供新的就业选择。最后，以智慧技术提高就业政策科学性和服务精准性。有效运用大数据，建立就业预测和失业预警系统，有效分析劳动力就业市场的供需预测与对接，促进就业市场分析的前瞻性、科学性；建立供需对接的就业智慧信息平台，实行人力资源的实名登记同广覆盖的企业用工数据库对

接,以大数据分析为技术支撑,实现不同行业、不同人群、不同企业的智慧服务互联;推动企业、个人合作的就业能力提升计划,根据企业和个人需求,为求职者量身定做包括能力评估、能力提升计划、精准培训的就业服务,提升劳动者能力和就业需求的匹配度。

(三)实施积极应对人口老龄化政策

实施积极应对人口老龄化的国家战略。一要转变对人口老龄化的理念和观念,人口老龄化将是贯穿陕西的基本省情,要主动适应人口老龄化的客观要求,从现代经济发展、社会文明、民生福祉、科技创新和国家治理的高度,进行全局规划和战略准备,发挥人口老龄化的积极效应,增强人民群众福祉,创造性地走出积极应对人口老龄化的中国道路。二要以优质生育服务促进人口均衡发展。尊重生育决策的自主性和生育状态的多样性,增加生育政策包容性;提高整个孕产期的服务可及性,激发年轻人生育积极性,加大新生人口供给。积极开展3岁以下婴幼儿照护服务试点,在每个市县(区)建设公办托幼机构,通过新建、改造提升等,建设与常住人口规模相适应的婴幼儿照护服务设施及配套安全设施,规范发展多种形式的婴幼儿照护服务机构,扩大公益性、普惠性婴幼儿照护服务供给。三要以积极老龄化理念,促进老年人社会、经济参与。鼓励老年人参与志愿服务,支持老年人参与公益慈善、教科文卫等事业,加强志愿服务平台"时间银行"建设,积极开展"老伙伴"计划,鼓励老年人互相合作,共同养老。加强老年人的就业培训和职业指导,提升老年人就业能力;支持企业雇佣老年人,推动用人单位与受聘老年人依法签订协议,依法保障老年人劳动和收入权益。四要打造高质量的为老服务和产品供给体系。从老年人需求出发,协同发展老龄事业和养老产业,加强养老服务的标准化建设,突出居家养老服务基础作用,强化养老机构的改造升级,促进居家社区机构相协调,提升养老服务的社会化、科学化和智能化水平。推进医疗与养老服务相结合,中医药与养老融合发展,搭建医养联盟平台,充分利用现代化技术,互联网+智慧养老、远程医疗等手段为老年人提供医疗服务。积极发展老年产业。鼓励社会资本探索多种业态和经营模式,推动"养老+医疗+保险"模式、"养老养生+现代农业"模式、健康养老综合体带动社区服务模式以及辐射农村养老模式等新业态发展。引导和规范养老地产的良性发展,打造终生住宅、适老社区,推进房地产适老化全覆盖。通过高质量的养老服务和适老产品供给,促进老年消费,发展银发经济。

分 报 告
Sub – reports

B.2
2020年社会热点、焦点事件：
陕西公众问卷调查分析报告

谢雨锋*

摘　要： 本报告对陕西公众关于2020年省内外社会热点、焦点事件的关注、认定与评价等进行了整体描述与分析。调查结果显示，总体上看，公众对"武汉暴发新冠肺炎疫情""中国采取强有力举措抗击新冠肺炎疫情""习总书记4月份来陕西视察"等重要事件/活动给予高度关注。在社会"热点关键词"认定中，"新冠疫情"是最能体现2020年社会热点的关键词。在主要社会事件/活动评价中，"武汉暴发新冠肺炎疫情"、"中国采取强有力举措抗击新冠肺炎疫情"和"国家举行共和国勋章和抗疫英雄颁奖仪式"的综合影响居前三位，体现出公众对中国后疫情时代"中国方案"的认同与信心。在陕

---

* 谢雨锋，陕西省社会科学院社会学研究所副研究员，研究方向：社会工作理论与实务、社区社会工作、社会舆情。

2020年社会热点、焦点事件：陕西公众问卷调查分析报告

西热点事件/活动评价中，居社会综合影响首位的是"习近平总书记来陕西考察"。报告展示出陕西公众对2020年经济社会发展的解读与重要期待。

关键词： 社会事件　热点事件　社会关键词　陕西省

2020年是决胜全面建成小康社会、决战脱贫攻坚之年，也是"十三五"规划收官之年。这一年，由新冠病毒引发的疫情对陕西的经济社会发展、人民生活带来巨大冲击，改变了社会的运行秩序，扰乱了社会的运行轨迹，加速了社会的深刻变化，改变了每个人的生活方式，考验着国家治理体系和治理能力。我们采用问卷调查的方式，对年龄在20~70岁的公众进行了专项调查，以了解陕西民众对社会热点、焦点的关注情况。以下报告正是依据本次调查的数据分析完成。

一　公众对本年度重要社会事件/重大活动的关注度

课题组选取了2020年11月前较有影响的17项社会热点事件/活动展开调查。对每项事件的测量均采用5级量表方法获取公众评价结果，即将"非常关注"赋值为5分，"较关注"赋值为4分，"一般"赋值为3分，"不太关注"赋值为2分，"不关注"赋值为1分。具体统计结果如表1和表2所示。总体上看，公众对"新冠肺炎疫情"这一场突如其来席卷全球、给许多国家和人民带来严重的生命财产损失的事件给予了高度关注，而对其他各项社会事件/活动的评价内部均存在一定差异。

调查结果显示，"武汉暴发新冠肺炎疫情"备受公众关注，平均分值高达4.76分，高居榜首。其中，高达79.0%的受访者表示"非常关注"，有18.0%的受访者表示"比较关注"，二者相加比例高达97.0%。排在第二位和第三位的均与抗击新冠肺炎疫情有关，"中国采取强有力举措抗击新冠肺炎疫情"将世界关注的目光聚焦于中国,显示出面对突如其来的新冠肺炎疫情,中国政府和人民在党中央的领导下全力以赴抗击疫情,坚持全国一盘棋,全国动员、全面部署、快速反应,集中力量办大事,采取了最全面、最严格的防控举措,抗击疫情的过程处处体现着我国国家制度和国家治理体系的显著优势,体现着中国特色社会主义制度的优越性。中国政府为防控疫情付出的努力是全世界有目共睹的,展现了中国的责任和担当。92.3%的受访者表示对这一有力举措"非常关注"(65.0%)或"比较关注"(27.3%),平均分值达4.55分,相反,只有2.0%的受访者明确表示"不太关注",无人表示"不关注"。74.0%的受访者表示"非常关注"(37.0%)或"比较关注"(37.0%)"全国抗击新冠肺炎疫情表彰大会"。在2020年17项社会热点、焦点事件/活动中,"习近平总书记来陕西考察"以3.97分的平均分值居总选项的第四位,63.3%的受访者表示"非常关注"(32.3%)或"比较关注"(31.0%),尤其是习总书记在陕西考察时的重要讲话引发陕西社会各界热烈反响。多数受访者表示,习近平总书记的重要讲话为常态化疫情防控前提下做好经济社会发展提供了根本遵循,一定要绷紧弦、加把劲,坚定信心,攻坚克难,扎实做好"六稳"工作,全面落实"六保"任务,努力克服疫情带来的不利影响,以只争朝夕、真抓实干的劲头和勇立潮头、争当时代弄潮儿的志向气魄,在新时代各项工作中取得新气象新作为。此外,受访者对"第七次全国人口普查"(均值3.91分)和"纪念中国人民志愿军抗美援朝出国作战70周年大会"(均值3.82分)也表示出了较高关注。70年前的抗美援朝战争的胜利,是在敌我力量悬殊的条件下艰难取得的,是保卫和平、反抗侵略的正义之举。中国人民志愿军被称为"最可爱的人",他们的英雄事迹汇成强大的民族凝聚力,创造出伟大的抗美援朝精神,鼓舞着全国人民为保卫和建设祖国而团结奋斗,成为国家和人民的宝贵精神财富。相比之下,对"全国人大制定香港国安法"、"我国北斗全球导航系统全面建成"、"美国总统大选"、"《民法典(草案)》正式颁布"和"深圳经济特区成立40周年"等,公众的关注度并不太高,平均分值依次为:3.30分、3.27分、3.26

分、3.18分、3.07分，处于"一般"水平。需要特别指出的是，观察标准差的值，调研发现受访者对2020年诸多国际国内事件的关注度差异比较大，特别是"中国关闭美国驻成都总领事馆"、"《我和我的家乡》《夺冠》等主旋律影片热映"、"美国制裁字节跳动、腾讯等中国公司"、"全国人大制定香港国安法"、"美国总统大选"和"《民法典（草案）》正式颁布"等事件的标准差值离散度均比较大，显示出受访者内部对上述事件的关注度存在较大差异。

表1 公众对2020年主要社会事件/活动的关注度（均值）

单位：分

热点事件	频次	均值	标准差	排序
武汉暴发新冠肺炎疫情	300	4.76	0.49	1
中国采取强有力举措抗击新冠肺炎疫情	300	4.55	0.69	2
全国抗击新冠肺炎疫情表彰大会	300	4.02	0.97	3
习近平总书记来陕西考察	300	3.97	1.08	4
第七次全国人口普查	299	3.91	0.98	5
纪念中国人民志愿军抗美援朝出国作战70周年大会	298	3.82	1.08	6
印度在中印边境挑衅	300	3.67	1.19	7
中国关闭美国驻成都总领事馆	300	3.64	1.23	8
《我和我的家乡》《夺冠》等主旋律影片热映	299	3.61	1.22	9
十九届五中全会召开	299	3.57	1.15	10
美国制裁字节跳动、腾讯等中国公司	300	3.47	1.23	11
西安至银川高铁建成通车	300	3.38	1.14	12
全国人大制定香港国安法	300	3.30	1.29	13
我国北斗全球导航系统全面建成	300	3.27	1.21	14
美国总统大选	300	3.26	1.34	15
《民法典(草案)》正式颁布	300	3.18	1.28	16
深圳经济特区成立40周年	300	3.07	1.18	17

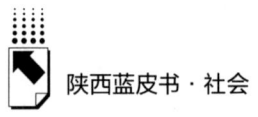

表2 公众对2020年主要社会事件/活动的关注度（分项）

单位：%

社会热点事件/现象	非常关注	比较关注	一般	不太关注	不关注
武汉暴发新冠肺炎疫情	79.0	18.0	3.0	0	0
十九届五中全会召开	26.4	26.4	29.4	12.7	5.1
纪念中国人民志愿军抗美援朝出国作战70周年大会	32.6	31.2	25.8	6.7	3.7
中国采取强有力举措抗击新冠肺炎疫情	65.0	27.3	5.7	2.0	0
全国抗击新冠肺炎疫情表彰大会	37.0	37.0	19.0	5.0	2.0
习近平总书记来陕西考察	32.3	31.0	24.7	9.0	3.0
深圳经济特区成立40周年	13.7	22.0	32.3	21.7	10.3
我国北斗全球导航系统全面建成	17.0	30.0	24.3	20.0	8.7
第七次全国人口普查	31.1	39.1	22.1	5.0	2.7
《民法典（草案）》正式颁布	21.3	18.3	26.7	24.3	9.4
全国人大制定香港国安法	23.0	24.0	22.0	21.7	9.3
《我和我的家乡》《夺冠》等主旋律影片热映	29.4	27.4	25.1	10.7	7.4
西安至银川高铁建成通车	18.3	29.3	30.4	15.7	6.3
美国制裁字节跳动、腾讯等中国公司	24.3	29.7	21.3	18.0	6.7
中国关闭美国驻成都总领事馆	30.7	28.0	22.7	11.7	6.9
印度在中印边境挑衅	30.3	29.0	23.3	11.7	5.7
美国总统大选	23.3	22.8	24.3	16.3	13.3

二 公众对2020年度社会热点关键词的认定

社会热点关键词，以其在社会上的流行度、知名度和社会影响力，浓缩着2020年国内外经济、社会、政治和文化生活的巨大变迁，折射出2020年度全年经济社会发展的关注热点、公众情绪、流行趋势和社会图景等，凝聚着人们对美好生活的向往和期盼。基于此，课题组通过对2020年11月之前的18个社会热点关键词进行汇总，请受访者进行预测和判断，旨在通过对2020年度社会热点关键词的梳理和分析，呈现公众视野下的社会变迁和生活万象，发现目前经济社会发展过程中表现出的重要倾向。具体调查结果如表3所示。

表3　公众对2020年社会"热点关键词"的提及率

单位：人，%

社会流行词语	样本量	百分比	排序
新冠疫情	271	90.6	1
钟南山	203	67.9	2
抗疫英雄	130	43.5	3
脱贫攻坚	105	35.1	4
白衣天使	97	32.4	5
国庆中秋	71	23.7	6
抗美援朝战争70周年	65	21.7	7
我和我的家乡	65	21.7	8
抖音	57	19.1	9
香港国安法	50	16.7	10
共和国勋章	49	16.4	11
反腐反贪	42	14.0	12
秦岭生态	40	13.4	13
北斗导航系统	37	12.4	14
外交战	36	12.0	15
五星红旗	30	10.0	16
远程办公	27	9.0	17
中医药	23	7.7	18
合计	1398	467.3	—

注：①由于本题为多项选择设置，故百分比之和大于100%；
②由于本调查实施时间在2020年11月之前，故2020年11月之后发生的重大社会热点事件未能被列入调查范围。

从表3可以看出，在所列出的18个2020年度社会热点关键词中，与抗击新冠肺炎疫情有关的均受到人们关注。其中，"新冠疫情"以90.6%的最高提及率成为公众心目中最能体现2020年社会热点的关键词，这不仅显示出社会公众对"新冠疫情"的高度关注，更体现了在全球疫情依旧肆虐蔓延的背景下我国抗击新冠肺炎疫情斗争取得的重大战略成果，展现了我们的制度优势、自觉担当、中国精神、中国力量和中国效率。位居第二的是"钟南山"，67.9%的受访者选择了该选项，多数受访者认为，作为"共和国勋章"获得者以及我国呼吸疾病研究领域的领军人物，新冠肺炎疫情发生后，他敢医敢言，提出存在"人传人"现象，强调严格防控，领导撰写新冠肺炎诊疗方案，在疫情防控、重症救治、科研攻关等方面做出了杰出贡献。"抗疫英雄"被列在第三位，受访者提及率为43.5%，多数受访者认为，在2020年这个特殊的年份，不论是医务人员，还是患者，每个人都是战士，每个人都是勇士，每个人都是最可爱的人！天使白、橄榄绿、守护蓝、志愿红，从四面八方汇聚，托举生命之光，成为2020年这个特殊年份最温暖的颜色。调查还发现，35.1%的受访者对"脱贫攻坚"给予了关注，列第四位。在不少受访者看来，2020年是全面打赢脱贫攻坚战收官之年，也是全面建成小康社会目标实现之年。实现第一个百年奋斗目标，这既是决胜期，也是攻坚期。接下来，公众认为2020年值得关注的社会"热点关键"还包括："白衣天使"、"国庆中秋"、"抗美援朝战争70周年"和"我和我的家乡"，提及率分别为32.4%、23.7%、21.7%和21.7%。不少受访者认为，"白衣天使"是2020年最美逆行者，他们作为疫情防控的中坚力量，冲锋在前，无私奉献，为战胜新冠肺炎疫情立下了汗马功劳。而国庆节与中秋节相遇，不仅为国庆节增添了诸多传统元素，还使传统的中秋节变得五彩缤纷。正如不少受访者所说，举国同庆的国庆与阖家欢乐的中秋相遇，注定是一个普天同乐的好日子。尤其是在2020年疫情的冲击下，这样"双节同过"的日子更显得弥足珍贵。

三 对主要社会事件/活动影响力的评价

2020年，注定是不平凡的一年。对这一年中不同社会事件/活动进行评价，可以透视出公众在新冠肺炎疫情防控常态化背景下，对经济社会发展的感受和思考。在对主要社会事件/活动社会影响进行评价时，我们列出了具有代表性的八类社会事件/活动，分别以"影响很大"、"影响较大"、"影响不大"和"没有影响"四类评价加以表示。在数据分析中，我们将公众对2020年主要社会事件/活动影响力的评价进行加权平均，设定"影响很大"

的加权数为"4"、"影响较大"的为"3"、"影响不大"的为"2"、"没有影响"的为"1",从而得到公众对主要社会事件/活动的综合加权比例,并据此对各项进行排序,具体如表4所示。

表4 公众对2020年主要社会事件/活动影响力的评价

单位：%

社会事件/活动	影响很大	影响较大	影响不大	没有影响	加权比例	排序
武汉暴发新冠肺炎疫情	94.7	5.0	0.3	0	39.4	1
中国采取强有力举措抗击新冠肺炎疫情	82.0	16.0	1.7	0.3	38.0	2
国家举行共和国勋章和抗疫英雄颁奖仪式	58.9	34.1	5.4	1.6	35.0	3
第七次全国人口普查	48.5	38.5	12.4	0.6	33.5	4
纪念中国人民志愿军抗美援朝出国作战70周年大会	44.3	45.0	9.0	1.7	33.2	5
十九届五中全会召开	39.3	46.3	12.7	1.7	32.3	6
我国北斗全球导航系统全面建成	38.7	37.7	18.6	5.0	31.0	7
印度在中印边境挑衅	39.1	36.5	18.4	6.0	30.9	8

调查结果显示,"武汉暴发新冠肺炎疫情"这一2020年最具典型意义的社会事件社会影响力居第一位,认为"影响很大"的受访者比例高达94.7%,显著高于公众对其他社会事件/活动的选择,倘若再加上"较有影响"(5.0%)的选择比例,则显示几乎全部受访者认为这一事件的社会影响力最大。诚如受访者所言,武汉变成了全国乃至全世界的焦点。"武汉是英雄的城市,湖北人民、武汉人民是英雄的人民""武汉,快点好起来""一起渡过难关""团结、无畏,这就是我们中国精神""一起抗,一起扛",社会舆论对武汉重点关注和强烈反应。被公众排在第二位的是"中国采取强有力举措抗击新冠肺炎疫情",82.0%的受访者认为此举"影响很大",16.0%的受访者认为"影响较大",二者累加比例高达98.0%,足见公众对政府防疫举措和工作成效的高度肯定。受访者纷纷表示,疫情反弹再次席卷全球,不少国家重新面临抗疫和保障经济的两难境地,而中国,不论是曾经的疫情震中武汉还是其他城市,已基本恢复了正常,中国在后疫情时代依旧能处理得很好。排在第三位的是"国家举行共和国勋章和抗

疫英雄颁奖仪式",近六成(58.9%)受访者认为其"影响很大",34.1%的受访者认为"影响较大",认为"影响不大"或"没有影响"的受访者比例分别仅占5.4%和1.6%。多数受访者表示,"共和国勋章"和国家荣誉称号是国家最高荣誉,也是国家对人民英雄的最高礼遇。2020年的国家最高荣誉颁授是相对特别的一次。这也是首次针对某个突发事件中的杰出贡献者颁出国家最高荣誉,其价值指向性非常明显。不少受访者表示,当前防控效果的取得,离不开全体国人的共同努力,更离不开在抗击新冠肺炎疫情斗争中做出杰出贡献的功勋模范人物,如钟南山、张伯礼、张定宇、陈薇等,将国家最高荣誉及时授予他们,既是对他们个人的表彰,也是国家对为抗疫付出和牺牲的所有个体、群体的肯定,对抗疫精神的守护。此外,"第七次全国人口普查"、"纪念中国人民志愿军抗美援朝出国作战70周年大会"和"十九届五中全会召开"等也是公众认为社会影响较大的事件/活动,对上述选项,受访者认为"影响很大"或"影响较大"的比例均在85.0%以上。尤其是"纪念中国人民志愿军抗美援朝出国作战70周年大会",近九成(89.3%)受访者认为其"影响很大"(44.3%)或"影响较大"(45.0%),受访者纷纷表示,志愿军英勇顽强、舍生忘死、奋不顾身、慷慨奉献的抗美援朝精神,已内化为中国人民的精神标识,具有深刻内涵和现实意义。

四 对陕西重要事件/活动影响程度的评价

为更好地反映2020年陕西主要社会事件/活动的社会影响,我们列出了2020年对陕西社会经济发展有代表性的六项社会事件/活动,请公众进行评价。对于2020年陕西发生的主要社会事件/活动造成的社会影响评价,在统计分析中,我们将公众对2020年陕西主要社会事件/活动影响力的评价进行加权平均,设定"影响很大"的加权数为"4"、"影响较大"为"3"、"影响不大"为"2"、"没有影响"为"1",从而得到公众对2020年陕西主要社会事件/活动的综合加权比例,并据此对各项事件进行排序。分析结果显示,公众对陕西2020年主要社会事件/活动按照高低排序依次为:"习近平总书记来陕西考察"、"西安至银川高铁建成通车"、"陕西生态环境质量持续向好"、"陕西省全力打好扫黑除恶专项斗争收官战"、"陕西五大长效机制确保高质量脱贫"和"'十三五'陕西加快打造内陆改革开放高地",具体调查结果如表5所示。

表5 公众对陕西主要社会事件/活动影响程度的评价

单位:%

社会事件/活动	影响很大	影响较大	影响不大	没有影响	加权比例	排序
习近平总书记来陕西考察	65.7	27.0	5.7	1.6	35.7	1
西安至银川高铁建成通车	44.7	43.7	9.9	1.7	33.1	2
陕西生态环境质量持续向好	42.8	41.1	14.7	1.3	32.5	3
陕西省全力打好扫黑除恶专项斗争收官战	40.3	40.0	17.0	2.7	31.8	4
陕西五大长效机制确保高质量脱贫	38.6	38.3	19.0	4.1	31.2	5
"十三五"陕西加快打造内陆改革开放高地	30.3	48.3	18.0	3.4	30.6	6

调查结果显示,"习近平总书记来陕西考察"被受访者排在第一位,高达92.7%的受访者认为,习总书记再次来陕考察充分体现了他对脱贫攻坚、生态保护、经济发展等工作的高度重视,对陕西工作的肯定、对全省人民的关心厚爱,为陕西夺取脱贫攻坚战全面胜利、做好陕西新时代各项工作指明了前进方向、提供了思想武器、注入了强大动力。"西安至银川高铁"作为国家铁路"十三五"规划实施的重点工程,以及我国中长期铁路网规划中"八纵八横"高铁网包(银)海通道的重要组成部分,其建成通车被公众排在第二位,逾八成(88.4%)的受访者认为,西银高铁建成通车对陕西经济社会发展"影响很大"(44.7%)或"影响较大"(43.7%),特别是对振兴陕甘宁革命老区、完善区域高铁路网布局、助力西部地区经济开发和脱贫攻坚、促进沿线地区经济社会协同发展具有重要意义。此外,公众认为2020年对陕西社会经济发展具有较大影响的社会事件/活动还包括:"陕西生态环境质量持续向好"(加权比例32.5%)、"陕西省全力打好扫黑除恶

专项斗争收官战"（加权比例31.8%）、"陕西五大长效机制确保高质量脱贫"（加权比例31.2%）和"'十三五'陕西加快打造内陆改革开放高地"（加权比例30.6%）。其中，逾八成（83.9%）受访者认为"陕西生态环境质量持续向好"对陕西发展"影响很大"（42.8%）或"影响较大"（41.1%），"十三五"以来，陕西省认真学习贯彻习近平生态文明思想，牢固树立"绿水青山就是金山银山"发展理念，坚持生态优先、绿色发展，实施了一系列重大生态环境治理和保护行动，统筹实施山水林田湖草一体化治理，加快解决突出环境问题，在经济社会快速发展的同时，全省生态环境质量持续向好，美丽陕西建设迈出坚实步伐。

2020年，是一个具有特殊意义的年份。这一年，新冠肺炎疫情突发并快速在全球蔓延，波及全世界200多个国家和地区。这一年，是全面建成小康社会和"十三五"规划收官之年，中国实现第一个百年奋斗目标。随着全国疫情防控阻击战取得重大战略成果，经济社会秩序全面恢复以及"十四五"规划编制的完成、十九届五中全会的召开，2021年，中国将迈入全面建设社会主义现代化国家新征程。"十四五"时期既是我国由全面建成小康社会向基本实现社会主义现代化迈进的关键时期，也是陕西加快追赶超越的重要阶段。面对经济发展新常态和"一带一路"倡议实施大背景，陕西将坚持以人民为中心的发展思想，坚持高质量发展，推进陕西经济社会更好更稳健的发展。

B.3
2020年度陕西网络舆情发展报告

田丽丽*

摘　要： 2020年，受新冠肺炎疫情影响，陕西省舆情数据高位运行，网络舆情呈现舆情与疫情相互交织的特点，公共卫生、疫情下的民生、科技创新等领域备受关注。同时，关于经济前景的担忧情绪、扶贫领域的舆论风险依然存在。在复杂的网络舆论场中，进一步做好舆论引导工作，营造积极向上的舆论氛围，对下一阶段经济社会健康发展具有重要意义。

关键词： 疫情　公共卫生　网络舆情　陕西省

2020年，新冠肺炎疫情在中国及多个国家地区流行，公共卫生话题成为舆论焦点。全国经济不稳定因素增多，社会舆论一度呈现井喷暴发态势。在此背景下，中国政府多措并举，克服疫情影响，推动各领域回到正轨并谋求新发展。陕西全省认真学习贯彻习近平总书记来陕考察重要讲话重要指示精神，坚持把统筹推进常态化疫情防控和经济社会发展工作贯通起来，积极蓄势谋势，各界社会舆论也异常活跃。

一　舆论总体态势

2020年以来，陕西全省上下以习近平新时代中国特色社会主义思想为

---

* 田丽丽，陕西省社会科学院社会学所助理研究员，研究方向：社会舆情。

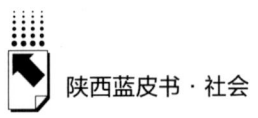

指导，认真学习贯彻习近平总书记来陕考察重要讲话重要指示精神，坚持统筹推进常态化疫情防控和经济社会发展各项工作，社会发展大局稳定，网络舆论呈现积极向上的总体态势。

（一）宣传战线奏响"战疫"强音，为打赢疫情防控阻击战提供有力舆论支持

在陕西省委、省政府领导下，各级地方政府高度重视信息公开，借助政府网站、官方微信公众号、官方微博发布权威疫情数据，并及时召开防疫新闻发布会，通报省内疫情防控工作进度和细节。信息的透明公开，既缓和了民众的焦虑情绪，避免了公众过度恐慌，又提高了政府公信力。舆论认为，陕西省在此次疫情面前，政府治理能力有较大提升，经受住了考验和锻炼。省直新闻媒体主动担当，一方面积极宣传防疫信息，如陕西广电网络依托已建成的各县（区）融媒体"大喇叭"系统播放疫情防控信息，引导群众少出门，不聚集，补强互联网新媒体在农村地区、老年群体中的舆论宣传薄弱环节；另一方面及时、准确、立体展现全省上下齐心协力抗击疫情的措施和行动，积极报道抗疫一线"逆行战士"，生动讲述防疫抗疫感人事迹，彰显了勇敢坚韧的民族精神与守望相助的民族美德，同时也感动、鼓舞了广大群众，营造了全国上下万众一心、共克时艰的疫情防控氛围。此外，各地政府加强网络监管工作，如汉中专门开辟"辟谣平台"，延安上线"疫情网络谣言举报平台"，有力粉碎各类干扰疫情防控的谣言，得到广大网民一致好评。

（二）应对举措精准有力，有效保证了社会生产生活平稳有序，提高了政府公信力

党和政府根据疫情发展，因时因势调整应对措施。从疫情扩散阶段的"交通管制""关闭景点""人员限行""社区排查"，到疫情平稳期的"乘坐公共交通登记个人信息"，再到境外输入阶段的"大数据+社区防控"

"健康申报""隔离观察",疫情应对举措不断向科学有序、精准细致深化,公众也从中感受到越来越多的安全感、越来越强的必胜信心。人们感叹"庆幸自己身为中国人,有强大的政府可以做依靠","相信政府的治理能力,疫情一定会过去"。在保民生保生产方面,各级党委和政府积极作为,一方面建立交通运输"绿色通道"解决物资供应难题,全力保障农副产品供应充足、价格稳定;另一方面支持生产疫情防控急需医疗物资的企业迅速复工复产,密集出台补贴、减负等政策措施援企稳岗,加强对特殊群体的关心关爱和兜底保障。一系列民生实际举措,"强信心、暖人心、聚民心",凝聚起万众一心的强大力量,为阻击疫情、恢复社会生产筑起坚强后盾。

(三)直面经济社会发展压力,多措并举提振了经济社会发展信心

受国内疫情影响,全国经济受到一定冲击。2020年一季度,陕西省地区生产总值5439.66亿元,同比下降5.6%[①],受到舆论关注。有舆论对经济前景表示担忧,认为疫情对经济的影响短期内可能很难消除。随着疫情防控进入新阶段,陕西省深入贯彻习近平总书记关于坚决打赢疫情防控阻击战的重要指示和中央政治局常委会会议精神,相关部门及时出台政策措施,推动企业在做好疫情防控的前提下复工复产,"职业技能提升行动线上培训享受补贴预拨""复工复产建筑企业可获资金补助""推进工矿商贸行业双重预防机制建设""延期缴纳土地出让金"等组合拳相继打出,为实现2020年经济社会发展目标任务提供有力支持,这些措施被舆论称赞"重实效""有温度"。在全省人民共同努力下,二季度生产总值回升,上半年全省实现地区生产总值11794.92亿元[②],实现经济运行持续复苏,社会发展大局稳定,积极因素逐步增多,增强了人们对经济发展的信心,舆论称赞政府对

---

① 《2020年第一季度陕西地区生产总值5439.66亿元》,http://shanxi.news.163.com/20/0422/10/FAQGKO5O04198EVR.html,最后检索时间:2020年11月27日。
② 《2020年上半年陕西省国民经济运行情况》,http://www.snqindu.gov.cn/html/zwgk/xxgkml/ghjh/202008/45302.html,最后检索时间:2020年11月25日。

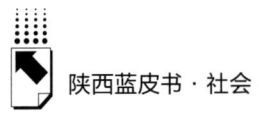

"经济形势评判客观准确""既兼顾眼前又立足长远,为经济的中长期发展留足余地"。

(四)脱贫攻坚走好走稳"最后一公里",备受舆论期待

2020年是全面建成小康社会和"十三五"规划收官之年,也是脱贫攻坚决战决胜之年。陕西省深入学习贯彻习近平总书记关于扶贫工作重要论述,特别是来陕考察重要讲话精神,坚持目标标准,精准施策,面对剩余18.34万人的脱贫任务和新冠肺炎疫情带来的不利影响,把56个贫困县全部摘帽作为新起点,向脱贫攻坚"最后一公里"发起总攻。上半年,陕西各地聚焦"两不愁、三保障"突出问题,集中开展了以"排查政策落实、脱贫任务清零,排查存在问题、整改任务清零,排查长效机制、漏点短板清零"为主的"三排查三清零"工作,组织7.4万名基层干部对16962个行政村、147.5万户建档立卡贫困户和边缘户逐村逐户进行集中排查,基本整改到位。同时,省民政厅制定出台了2020年决战决胜脱贫攻坚十项措施,进一步推动全省脱贫攻坚兜底保障工作高标准、高质量发展,构建更加牢固紧密的民政兜底保障体系。各种媒体及时跟进,通过多种形式报道、展示脱贫成果,如期完成脱贫攻坚目标任务的舆论宣传氛围浓厚,各地脱贫攻坚走好走稳"最后一公里"备受舆论期待。

二 网络舆情数据解读

对2020年1~9月涉陕热点事件进行记录、梳理、分类,得到热点事件162项,以此为样本对陕西省2020年互联网舆论进行分析。

(一)时间分布

2020年1~9月,陕西舆情高位运行。受疫情影响,一季度关于疫情的话题迅速增多。由于新冠病毒本身的未知性高风险性、春节期间的特殊性以及自媒体时代信息传播的暴发性等多种因素叠加,网络舆情一度呈现井喷现

象。2月，舆论聚焦病毒扩散、病人救治及防疫措施，热点话题数量达到顶峰。3~4月，舆情热度稍有回落，人们开始关注复产复工、疫情外部输入情况。7~8月，关于升学、汛情灾情的舆论逐步增多，人们的关注点已经从疫情逐步转移到其他领域的热点事件（见图1）。

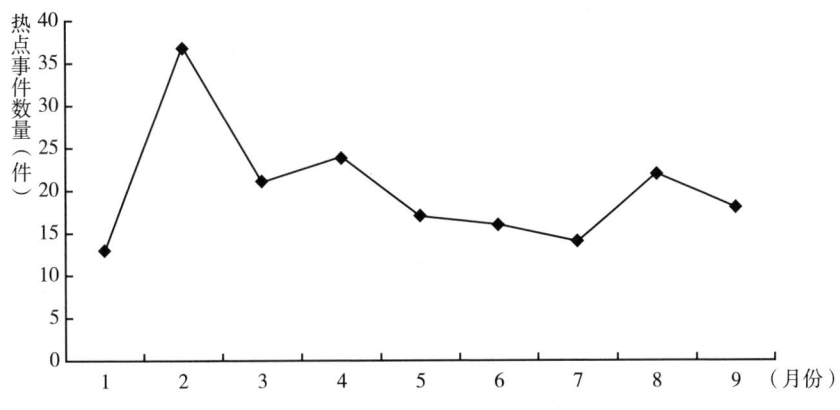

图1　2020年1~9月热点事件时间分布情况

资料来源：由作者根据热点事件数据统计所得。

（二）领域分布

2020年社会热点事件主要涉及时事政治、民生权益、教育、司法、文化旅游、公共卫生、科技创新等话题。与往年不同的是，受疫情影响，本年度关于公共卫生的话题数量最多，讨论范围广泛。与此同时，与百姓切身利益相关的衣食住行方面的基础民生、健康民生更受关注。此外，教育话题热度依然颇高。大数据、云计算、5G时代等内容备受关注，科技创新话题的关注度与往年相比走高（见图2）。

（三）热度情况

2020年，陕西省传播范围较广、热度较高的热点话题，比较具有代表性的有："倡议制止餐饮浪费、培养节约习惯""习近平总书记来陕视

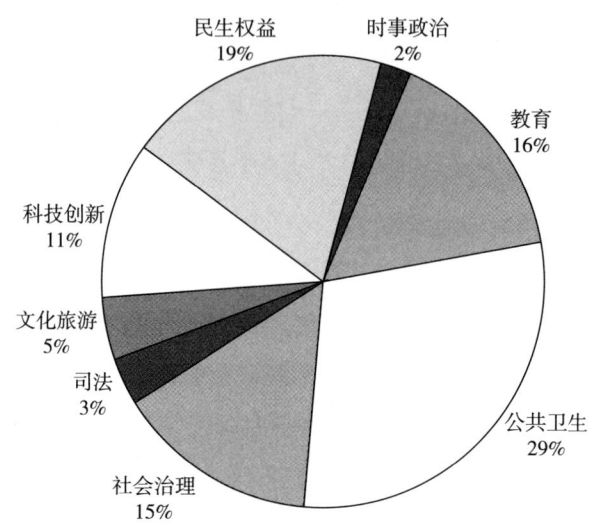

图 2 2020 年 1～9 月热点事件领域分布情况

资料来源：由作者根据热点事件数据统计所得。

察""脱贫攻坚""陕西商洛市镇安县举债建豪华中学""陕西放开地摊经济"。

习近平总书记对制止餐饮浪费行为的重要指示得到全社会热烈响应，陕西各地方政府陆续发出"制止餐饮浪费""光盘行动"号召，"杜绝浪费""绿色饮食"受到推崇，全社会凝聚起崇俭抑奢、反对浪费的强大正能量。习近平总书记来陕考察，重要讲话在各地干部群众中引发热烈反响，坚定了人们全面建成小康社会的信心与决心。特别是总书记来到陕西省安康市平利县老县镇考察当地脱贫攻坚等情况，促使"脱贫攻坚"成为高热话题，始终保持高位运行。"陕西商洛市镇安县举债建豪华中学"受到舆论关注，引发了民众对当地项目规划、审批监管、资金安排乃至政绩观的疑虑。"陕西省允许临时占道经营"登上热搜，"地摊经济"成为热门词语，收获大部分网民点赞，称政府"非常时期行非常之事"。此外，防疫战背景下的依法治国、企业自救、领导干部应急素养、疫情期间人们的心理干预等问题同样引发舆论关注。

三 舆情特点

(一)舆情与疫情相互交织

2020年初,新冠肺炎疫情暴发,关于疫情的话题持续高热,从前期的"病毒来源""传播渠道"再到后期"复产复工""常态化防控",社会舆论表现出疫情与舆情相互交织的特点。1月,新冠肺炎疫情暴发,全国疫情防控形势严峻,陕西启动突发公共卫生事件一级应急响应,获得舆论好评。2月,全省各地区、各部门共同"抗疫","西安公共卫生服务中心建设""应急审批口罩生产企业""网上办案"等获得舆论关注。2月25日,"陕西连续5天无新增确诊病例"成为舆论场的主要话题。3月,疫情防控效果显现,舆论目光投向复工复产情况,"返陕人员酒店隔离14天""复工如何保证安全""复工政策"成为舆论焦点。4月,非疫情的社会热点事件开始升温,舆论场再现丰富多元态势,"习近平总书记来陕考察"获得广泛关注。5月,全国两会召开,"GDP增速如何设计区间"成为关注焦点。6月,关于"地摊经济"的话题讨论积极热烈,同时舆论关注北京"新发地关联疫情",疫情防控常态化再受关注。7月,陕西各地全面进入防汛状态,汛情灾情令舆论担忧。8月,病毒通过冷链传播的风险引发讨论,"西安方欣海鲜市场有冷冻白虾检测出新冠病毒"一度引发人们担忧情绪;同时,舆论热议"餐饮浪费"问题,疫苗攻关捷报频传。9月,开学季来临,在疫情防控常态化的特殊时期,"校园食品安全""封闭校园管理"等话题成为舆情热点。

(二)民生话题成为热点

民生话题一直是历年来舆论关注的焦点。陕西"两会"期间,"加大城镇小区配套幼儿园建设力度""创新实施就业优先政策""启动实施全省义务教育薄弱环节改善与能力提升工程""支持改善基层公共文化体育设施"

等民生举措获赞"有温度有力度"。此外,受疫情影响,2020年民生话题聚焦效果更加明显。疫情扩散阶段,"口罩、消毒液等防护用品购买难"成为舆论场持续关注热点;"粮食供应紧缺""物价上涨"等忧虑性声音间断性出现;"公共出行""就业困难"成为热门词语。疫情稳定阶段,"复产复工""管控措施的适当调整""生产生活变化"成为舆论场的主要话题。疫情对民生的影响深刻而长远,疫情中人们各种各样的担心和疑问,打破了一般舆情事件中公众的"旁观者"心态,使人们主动参与其中,这是民生问题成为热点的重要原因。

(三)教育话题热度不减

教育是立国之本,也是舆论场的焦点。陕西省近两年为了平衡公立、私立教育资源做出的改革举措,牵动着无数个家庭的神经。教育政策调整与个体家庭诉求之间的相互碰撞,已经成为教育领域无法回避的热点问题,如"私立学校学费上涨""小升初摇号"时时带来争议。值得注意的是,2020年初的疫情给教育工作造成重大影响,"停课不停学""在线教育"在疫情期间发挥重要作用的同时,也面临诸多痛点,引发了关于"在线教育如何走得长远""城市与农村教育资源如何均衡"等议题的深入思考,关于教育的讨论始终保持高热。此外,"山东200多人冒名顶替取得学历""仝卓高考伪造身份""小学生发表肿瘤研究论文"等事件在全国范围引起热议,引发人们对教育公平性的担忧与焦虑。

(四)科技创新话题迅速升温

科技是第一生产力。特别是在新时代条件下,人们越发认识到,科技创新对推动经济实现新旧动能转化、支撑新的社会治理体系意义重大。5G时代、人工智能、大数据、云计算成为热门词语。在2020年的陕西"两会"上,科技、教育界代表和委员从不同角度阐述和延伸了科技创新话题,"提升科技支撑力""推动传统产业改造提升""促进新兴产业加快发展"成为人们讨论的焦点。值得注意的是,疫情期间,科技应用的空间和潜力不断显现:一方面,检测试剂盒、疫苗研发以及依托大数据分析系统对交通、人口等海量数据进行分析让疫情防控更加智能、可追溯,成为人们关注的热点;另一方面,"在线办公""云上教育""远程问诊""无接触配送"快速推广,成为一种新的社会生活方式。与此同时,在与美国的贸易摩擦中,中国关键核心技术方面的短板不断显现,"台积电断供华为芯片""半导体工业光刻制造核心技术未突破"等情况令舆论担忧,人们越来越认识到,科技能力在大国博弈中占据重要地位,舆论呼吁集中力量发展硬核科技,建议在省级层面搭建硬科技全产业链培育体系,确保硬科技企业"育得出、长得大、留得住"。

(五)短视频发展异军突起

基于快节奏的社会生活与互联网的不断发展,短视频极大迎合了受众的碎片化时间利用与移动化媒介化阅读习惯,成为当前多元化立体传媒融合传播格局中一种新的传播信息符号。近两年,互联网短视频使用用户增长迅速,根据中国互联网络信息中心(CNNIC)在京发布第46次《中国互联网络发展状况统计报告》,截至2020年6月,我国短视频用户规模为8.18亿人,较2019年6月增长接近2亿人,较2020年3月增长4461万人[①]。随着用户与使用量的增加,短视频中所呈现的社会景观受到更多关注。疫情期间,陕西本地短视频类舆情先后聚焦生活物资保障、封闭状态下群众生活百态、复工复产情况等,特别是不少个体工商户利用短视频平台发布众多富有趣味的短视频,希望在复工后得到消费者的支持。此外,"决胜小康、奋斗有我"陕西省短视频展播,立体化地展示了陕西干部群众奋力拼搏奔小康的鲜活故事、感人场景,传递了人民美好生活的获得感、幸福感,收获了群众共鸣。"跟着抖音玩西安"常驻抖音话题榜,从年轻人的角度去观察西安,展现了西安形象。"不倒翁小姐姐""西安人的歌"更是以具体文化标签成为西安的代名词,得到了大量关注,短视频的宣传作用不可忽视。

---

① 第46次《中国互联网络发展状况统计报告》,http://www.cac.gov.cn/2020-09/29/c_1602939918747816.htm,最后检索时间:2020年11月27日。

四 值得注意的几点问题

在舆论场总体保持积极向上基调的同时,也存在各种话题复杂多变、真假信息混杂、各种乱象搅动舆论的现象。

(一)唱衰经济前景的声音时有出现

当前,保护主义、单边主义上升,新冠肺炎疫情在全球尚未结束,中国发展的外部环境更加严峻,经济发展面临诸多挑战。在此背景下,国民经济发展与外部环境影响问题受到高度关注。就陕西省而言,陕西经济恢复仍面临较大压力。疫情一度对陕西制造业进口造成不利影响、小微企业受冲击影响严重,舆论场时常出现担忧声音,人们对经济形势前景的判断出现分化。如有舆论借"海底捞、西贝调价"刻意夸大"餐饮业存活困难",也有舆论误读经济政策,关于"地摊经济"的讨论"暗潮涌动",影响社会发展共识。

(二)脱贫攻坚领域存在舆论风险

临近脱贫攻坚关键期,脱贫攻坚话题受到广泛关注的同时,舆论焦点更多转向对脱贫攻坚成果的"验收"与工作的监督。一方面,"因病致贫""因学致贫"等突出问题成为2020年扶贫领域高频热词,需要予以关注。另一方面,扶贫领域的形式主义、官僚主义作风成为舆论监督重点,如"陕西镇安7.1亿建豪华中学"引发舆论对当地项目规划、审批监管、资金安排乃至政绩观的追问。此外,一些自媒体为吸引流量,对脱贫攻坚泛化解读,将"三农"问题、城乡发展问题等社会热点关联至扶贫工作,造成一定负面影响。

(三)不实言论扰乱信息传播秩序

受新冠肺炎疫情冲击,世界粮食供应链运转不畅,部分粮食出口国限制出口引发舆论担忧。因此，坚决制止餐饮浪费行为，守护粮食安全，意义十分重大。然而，有个别自媒体无视"今年我国夏粮增产再创历史新高，完全不存在粮食危机隐患"的客观现实，将有关制止餐饮浪费的号召曲解为应对"粮荒"，引发部分不明真相的公众"屯粮""抢粮"，出现不必要的恐慌情绪。此外，"陕西方欣市场有人感染新冠肺炎"等谣言影响公众认知，扰乱社会防疫秩序。

五 相关建议

当前，全球疫情依然没有结束，疫情反弹风险仍然存在，在下一阶段，做好后疫情时代的舆论引导，培育、营造积极向上的社会心态和舆论氛围，对维系社会秩序、维护公众的身心健康意义重大。

（一）充分发挥主流媒体引领功能，让主流媒体成为百姓需求的"压舱石"

加强舆论引导，主流媒体中流砥柱的功能不可缺少。在纷杂的舆论生态环境中，各种商业平台虽然凭借丰富的内容满足了人们的信息需求，但内容质量参差不齐、真假难辨。这就需要主流媒体凭借强大的资源整合能力和权威信息源优势来引领舆论，发挥其"压舱石"的作用。首先，汇聚资源是基础，这也是主流媒体最大的优势，要用足政府、社会等核心资源，开发和建设资源库。其次，要瞄准公众需求，根据诉求准确提供信息，做到信息对称、供求平衡。秋冬阶段，疫情存在反弹风险，主流媒体要利用自身资源优势及时了解实际情况，对下一阶段做出趋势分析和防疫对策，用权威信息帮助百姓适应当前特殊生活环境的变化。最后，后疫情时期，社会面临一系列变化，人工智能、大数据、5G等将带来新生活、新教育、新消费等，主流媒体报道要结合自身优势，报道新生活新领域，凝聚新时代积极向上的舆论氛围。

（二）加速推进媒体融合过程，让各级融媒体发挥社会"镇定剂"作用

加强舆论引导，要充分重视融媒体的重要作用。自媒体时代，传统媒体的优势逐渐被网络冲淡，深度融合传统媒体、两微一端、短视频的全媒体传播体系，能够极大幅度提高传播效果。各级主流媒体需继续积极探索与商业平台联动合作的模式，通过全媒体传播体系，实现多种角色聚集，多种功能开发，发挥其在复杂网络社会中传播协同、监督上下、服务对称和提升治理的功能。

（三）积极促进多元主体参与，形成网络舆论共同治理格局

加强舆论引导，需要党和政府、大众媒体以及社会公众的共同参与，形成多元治理格局。党和政府要牢牢把握舆论引导主动权，主动判断舆论场的新形势新动向，坚持正确导向，用正面声音积极引导舆论，营造健康向上的舆论氛围，如对党和政府出台的方针政策做好宣传解读，对疫情的变化形势做好判断引导。各级媒体要担当好桥梁角色，既要将党和政府的信息及时传导给公众，又要将公众诉求反映给政府，做到上下联通。同时要对社会关注的重点议题做出深度报道，确保信息互通，做好正向引导。普通公众要增强自身辨别信息的能力，自觉在信息爆炸的自媒体时代做出准确判断、谨慎发表言论，而不是被错误言论带偏。社会中有一定声望的个人、专家及舆论领袖，在热点事件中需及时发声，引导舆论，如在此次疫情中，钟南山、李兰娟等人的及时发声，就强化了对舆论的正确引导。

（四）加强舆论监督和管理，让机制发挥"保障"功能

加强舆论引导，应该加强舆论监督管理机制，完善相关法律法规。首先，互联网不是法外之地，同样需要讲法治，只有完善相关法律法规，以此为支撑，才能形成依法监管、照章办事的制度。对违反规定的网络信息内容生产者、网络服务平台、网络信息内容使用者，都要根据明确规定追究其法律责任，这也是网络生态治理的重要手段。其次，加大监管力度。网络环境复杂

多变，各种信息充斥其中，监测难度较大，可以利用专业数据软件进行实时监测、精准防控。最后，加大谣言整治力度，对造成重大负面影响的造谣者，要依照相关法律法规进行惩罚处置，对违法事件要着重打击，起到警示作用。

（五）有效提升突发事件的应对能力，防范化解新风险

加强舆论引导，还要提升应对突发事件的能力，注重引导工作的"时""度""效"。习近平总书记强调，"要抓住时机，把握节奏、讲究策略，从时度效着力，体现时度效要求"。首先，把握好"时"，就是把握时机，抢占先机。官方部门、主流媒体要第一时间发布权威信息，回应舆论关切。对于舆论发酵中产生的不实言论、虚假信息，也要注意澄清、及时辟谣，避免负面情绪的扩散。其次，把握好"度"，就是掌握舆论引导的分寸和"火候"。根据不同的类型，采取不同的引导方式，如面对错误思想倾向和观点要敢于抵制和反对；面对负面情绪，要科学研判公众诉求，积极进行心态疏导；面对负面问题，要在正面引导的同时正视问题、化解难题。最后，把握好"效"，就是追求舆论引导的实效。突发事件应对中，议题不能盲目设置，需在了解真相和实际情况的基础上进行，从一开始就围绕目标展开，以达到提高舆论引导实效的目的。

参考文献

赵林云：《重大突发事件中网络舆情引导的基本原则》，《人民论坛》2020年第27期。
于珊珊、陈建华：《重大疫情网络舆情的应急引导机制研究》，《情报科学》2020年第9期。
宁悦：《新媒体在重大疫情舆论引导中的意识形态性研究》，《前沿》2020年第4期。

B.4
陕西省2020年民生舆情研究报告

张芙蓉*

摘 要: 报告围绕2020年陕西民生舆情现状、基本特征和引导策略展开研究。报告分析认为,2020年陕西省关注度高、争论激烈、社会影响大的舆论主要分布于新冠肺炎疫情、自然灾害、教育、公共安全和社会治理五大领域。2020年民生舆情情感以正面为主,公众社会理性显著增强,微博与微信仍是舆情发酵的主要渠道。建议在及时发布信息、加强网络治理、建立多元主体协同治理机制的基础上,弘扬主旋律,营造良好的网络舆论氛围。

关键词: 民生舆情 新冠肺炎疫情 自然灾害 陕西省

当前,我国正处于经济转型期和社会矛盾凸显期,社会矛盾易借助民生问题发酵,成为社会情绪的排泄口。有效引导民生舆情,疏导社会情绪,维护平和的社会心态,为经济社会发展营造良好的社会环境。报告梳理、分析陕西省2020年民生舆情分布现状、舆论特征,并提出应对建议,可为职能部门、公众、学者同仁了解陕西民生舆情现状,预测民生舆情发展趋势,制定对策办法提供借鉴与启示。

---

* 张芙蓉,陕西省社会科学院助理研究员,研究方向:民生舆情。

一 2020年陕西热点民生舆情分布

对2020年1~9月舆情监测数据进行梳理、分析，结果显示，2020年在省内外产生较大影响的陕西民生舆情事件主要集中于五大领域，分别为新冠肺炎疫情、自然灾害、教育事件、公共安全和社会治理。五大领域舆情事件社会关注度高，争论激烈，社会影响大。

（一）政府疫情防控应对广受赞誉，社会认同与社会凝聚力大幅提升

2020年，新冠肺炎疫情席卷全国，给人民的生命安全与身体健康造成极大威胁，给人民的生产生活造成严重影响。各行各业被迫停产停工，经济发展按下暂停键。新冠肺炎疫情影响的广泛性，使其成为上半年社会关注与讨论的焦点。疫情涉面广，热点多，公众关注焦点集中于疫情发展状况、传播方式、联防联控、救治状况、疫苗研发进展等。围绕新冠肺炎疫情的防控与救治，陕西省委、省政府积极贯彻落实党中央的决策部署，并结合陕西实际，"坚持人民至上、生命至上，以坚定果敢的勇气和坚韧不拔的决心，同时间赛跑，同病魔赛跑[①]"，取得了新冠肺炎疫情防治的巨大成功。疫情初期，陕西省委、省政府及时发布命令，阻止春节拜年，排查武汉回乡者，阻断疫情传播链。基层党员干部日夜值守社区村庄，监督群众聚集，排查重点对象。各地区快速开辟新冠肺炎定点医院，设立指定隔离点，保障患病群众以及重点对象的健康与生活。相关部门每天召开发布会，回应群众关心关切。新冠肺炎疫情防控形势基本稳定后，省委、省政府及时组织复工复产。严格检查监督复工复产环境，实施错峰错时上班政策，开通14条交通专线，优先保障医疗工作者等重点人群复工复产。新冠肺炎疫情基本阻断，疫情防控进入常态化后，省委、省政府严格监督检查城乡社区、企业、工厂、学校

---

① 《习近平：在全国抗击新冠肺炎疫情表彰大会上的讲话》，http://cpc.peopele.cm.cn/n1/2020/0908/c64094-31854170.html，最后检索时间：2020年12月27日。

等单位的疫情防控措施，防范疫情复燃。在省委、省政府的坚强领导下，陕西省在2月底已基本控制住本地疫情扩散，取得本地新冠肺炎患者累计仅245例、死亡人数控制在个位数的较好成绩。新冠肺炎疫情是新中国成立以来遭遇的防控难度最大的公共卫生突发事件，是对社会治理能力的一次大考。中华民族、中国人民和中国共产党经受住了大考。中华民族、中国人民在此次疫情中展现的举国同心、无所畏惧、命运与共、敢于斗争、勇于胜利的大无畏气概彰显了中国精神、中国力量和中国担当。中国共产党在领导中国人民抗疫中展现的人民至上、生命至上的执政理念，舍生忘死的奉献精神，极大地唤起了中国人民的家国情怀，激扬了中国人民的爱国热情，公众对社会的认同度及社会凝聚力达到新高潮。

（二）自然灾难频发，灾害应对与防范广受关注

2020年，受极端气候影响，7～8月我国多地出现强降雨天气，多条主要河流超警超保，部分地区甚至达到历史新高，洪灾在多地肆虐，陕西省多处临江临河地区受灾，给人民群众的生命财产造成严重伤害与巨大损失。国家应急管理部门发布的2020年8月全国自然灾害情况显示，8月，陕西平均降雨量较上年同期偏多82.4%，为1961年以来历史同期第二多，陕西是8月西南、西北受灾最严重的四省份之一[①]。自然灾害突发性强，破坏力大，造成的人员伤亡与财产损失往往使公众注意力无法回避，再加之全媒体时代，在场者发布的视频、图片形成的视觉冲击性，易引发舆论关注。2020年7、8月陕西发生了"商南洛南8·6"暴雨洪涝灾害、汉中略阳洪涝灾害、宝鸡洪涝灾害，被省内外主流媒体凤凰网、新浪网、网易、陕西日报、华商报、陕西都市快报、西安新闻网及自媒体广泛报道，引发社会普遍关注。监测数据显示，"陕西洛南暴雨洪涝已致4死11失联"新闻报道阅读量达到1300.4万人。自然灾害的破坏性、失序性和混乱性为舆情发酵提供

---

① 《应急管理部发布2020年8月全国自然灾害情况》，http://www.cma.gov.cn/2011xwzx/2011xmtjj/202009/t20200905_562535.html，最后检索日期：2020年12月27日。

了燃烧点。"频发的自然灾害经由传播媒介的报道与扩散,迅速发酵形成舆论浪潮,一旦舆情表达溢出理性表达的轨道,各种蛰伏的社会矛盾便会逐渐浮出水面,甚至衍生出一系列次生舆情灾害。"① 通过对2020年陕西洛南、略阳、宝鸡三地自然灾害舆情进行微信与微博爬虫资料收集与文本分析,本报告认为,舆论对陕西自然灾害情感以中性和正面为主。舆论前期以同情、怜悯、祈福为主,如"祈福,希望家乡渡过难关""愿大家平平安安""希望灾难快点过去吧",也有舆论感慨2020年的不同寻常,多灾多难,如"2020年,最艰难的一年"。中期舆论紧密关注政府应对策略与灾情走势、人员伤亡与财产破坏程度。自然灾害是对政府防范化解重大风险能力与效率的考验,政府的应对成效以及任何细微失误都可能引发负面次生舆情。2020年陕西省委、省政府紧密监测天气变化,在洛南洪涝灾害发生后及时启动"陕西省自然灾害救助Ⅳ级应急响应",各地区、各部门各司其职,协同作战,认真开展查灾核灾救灾工作,及时妥善安置受灾群众,应急抢修损毁的基础设施,公开透明发布人员财产抢救现状与损失情况,主流媒体宣传抗洪救灾中的感人场景与动人事迹,"凌晨三点,副省长召开抢险救灾工作会""村组长深夜挨家挨户动员村民撤离,自家房子和车子被冲走"。省委、省政府的灾害应对受到舆论的普遍认可与好评。舆论在感恩与理性范围内发酵,在围观的同时,网民肯定与赞扬广大党员干部的担当奉献精神,称赞他们是"最美逆行者""致敬!我们的国家因为有你们变得更加温暖"。舆论尾声,部分意见领袖围绕灾害成因进行反思,如有舆论反思城市积水是下水管道建设不合理造成等。

(三)教育舆情频频发酵,舆论聚焦学生安全、师德建设与欠发达地区教育发展

教育与每个家庭息息相关,易受到公众关注,引发舆情发酵。2020年陕西教育舆情热点多,社会影响大。根据监测数据不完全统计,1~9月陕西关

---

① 姚乐野、孟群:《重特大自然灾害舆情演化机理:构成要素、运行逻辑与动力因素》,《情报资料工作》2020年第5期,第50页。

注度上亿的教育舆情有3起,关注度上千万的有7起。相关舆情主要聚焦于:学生安全、师德建设、校园管理、教育公平、高考防疫、高校疫情防控等。舆论热点聚焦于学生心理健康、教育方式、欠发达地区教育发展等。2020年全国发生多起学生跳楼、坠亡事故,引发社会广泛关注与讨论,陕西省也出现类似事件。舆论围绕事件发生原因广泛讨论,认为忽视学生心理健康、教育方式不当、学习压力大、家庭环境不良等是学生做出不理性行为的重要原因。同时,舆情溢出事件本身,向教师群体蔓延,教师工作方式引发争议,因工作压力大而备受同情。教师往往是学生不理性事件中舆论关注的焦点,围绕教师责任,舆论出现分裂,部分群体认为不应当一味追究教师责任,指出部分事件中教师行为并无明显不当,如果一味向老师施压,教师行业将成为"高危高压"行业,"以后谁还愿意去当老师",呼吁理性看待教师责任。但不断曝光的暴力体罚、语言侮辱、当众批评等教师行为,以及对学生造成的伤害,也引发舆论对教育方式与师德建设的讨论。舆论认为,部分教师教育方法粗暴,批评教育学生语言刻薄,甚至当众侮辱、对学生进行班级群家长群曝光,严重伤害了学生的心理生理健康,违背了教师"有教无类"的仁爱理念,希望加强师德建设,净化教师队伍。"陕西脱贫摘帽县建豪华中学"引发舆论对欠发达地区发展教育的思考,舆论在肯定该县发展教育的好意时更指出发展教育要量力而行。还有舆论对影响教育质量的要素进行分析,指出学校建设的重点在于师资队伍,不将投资重点放在教师队伍建设上,而片面追求硬件设施的奢华是舍本逐末的错误行为。还有舆论质疑,豪华校舍建设存在利益勾结。

(四)公共安全事件关注度高,舆论期盼获得更多安全感

"公共安全事件是指在公共场合突然发生的、造成或可能造成重大人员伤亡、财产损失、生态环境破坏和严重危害社会公共安全的紧急事件,其按照事件主体可划分为自然和人为两类。"[1] 人为事件一般情节恶劣,行为主

---

[1] 唐明伟、苏新宁、王昊:《突发事件应急响应情报体系案例解析——以公共安全事件为例》,《情报科学》2019年第1期,第107页。

体主观恶意强，易造成社会公愤，引发舆情发酵。同时，人为事件的发生与防范牵涉责任广泛，既有涉事主体的主观恶意，也有受害者所处环境的安全隐患，所以安全隐患与防范不足问题追责常常使其溢出发酵成涉政舆情。2020年，陕西公共安全舆情引发社会广泛关注。据监测数据不完全统计，"陕西凤翔发生重大刑事案件""家属回应驾校教练出车祸，2名学员身亡"两起公共安全事件全国关注度上亿，分别为3.1亿和1.9亿，关注度千万以上的有4起。围绕公共安全事件，公众讨论热点主要聚焦于：为正遭遇困境的同胞祈福，"惟愿平安"；同情遇难者及其家庭，"那是七个家庭啊，他们都是家里的顶梁柱"；希望尽快抓到犯罪嫌疑人，消除社会恐慌，如针对陕西凤翔重大刑事案件，大量网友留言"希望尽快抓到凶手，免得宝鸡人恐慌""吓得不敢出门了"。反思社会防范漏洞，如针对宝鸡杀人犯是精神病人的说法，质疑"为什么不对具有暴力倾向的精神病人做好集中管控"，针对教练驾车出车祸"呼吁整顿驾考行业和规范教练行为"，针对煤矿事故，拷问"安全监管到底有没有做到位"，要求"加强监管，严肃问责""严惩不贷"。

（五）社会治理受到公众肯定，舆论普遍点赞政府作为

以社会关注度为标准，梳理2020年陕西热点舆情，不完全监测结果显示，围绕政府政策、决策、工作，舆论关注度高，讨论热烈。小议题频现上千万关注度，甚至出现上亿关注度。社会治理与老百姓日常生活紧密相关，是"小议题大舆情"的典型源头，对政府公信力与社会认同影响深远。在社会治理舆情事件中，舆论发酵以正面情感为主，点赞政府作为务实、有效。虽然存在负面声音批评部分部门执法不当、作为不当，但大量理性声音呼吁还原事情真相，客观评价执法过程。2020年，关注度较高的社会治理事件集中于以下几类：一是政府作为。如"陕西省果业中心启动'陕西水果特色季'系列活动""西安地铁10号线一期工程开工""西安试点海绵车位""青年网络名人看三秦""陕西省全面开展脱贫攻坚三排查三清零'回头看'"等政府重大工程、工作受到公众广泛关注。"青年网络名人看三秦"关注度达到1.3亿，公众为这些民生工程点赞，表示支持与期待。如网友称赞"青年网络名人看三秦活动""将三秦脱贫做到了实处",是"精准扶贫""值得称赞"。点赞"陕西水果特色季""不仅让你知道什么水果好,还要知道哪家好",是"惠民利民的好活动"。二是社会管理。如"西安认可驾驶员电子证件照""官方回应数百辆共享单车被丢垃圾场""西安官方网回应'禁摩'问题""西安试点海绵车位"等社会管理制度、措施受到公众关注与讨论,对政府积极作为与回应公众关切表示肯定,但也有舆论提出不同意见,希望政府管理措施不断科学、务实。三是政风作风。如"西安环卫工考核称重""西安商贩当众给城管下跪""瘫痪男子被要求到场换证""西安机动车停放服务中心每月收取'抽成费'"等事件演化发酵,引发舆论讨论。舆论认为,执法不当、不作为与乱作为反映的是部分职能部门工作者缺乏责任心与敬业精神,缺乏以人民为中心的宗旨意识,呼吁加强党风政风建设,打造党员干部干事创业、担当有为的清明政务生态。

二 2020年陕西民生舆情特征

2020年陕西民生舆情呈现以下特征:在传播方式上,微博与微信是舆论传播的主要渠道。在整体特征上,舆论围绕突发事件,显示出明显的时间聚集性。在舆论态度上,受2020年新冠肺炎疫情防控对党政形象的重塑与强化,舆论态度正面性强,营造了良好的舆论氛围,使社会理性显著增强。

(一)正面舆情凸显

陕西省委、省政府在应对新冠肺炎疫情中展现的"人民至上""生命至上"的执政理念;协调四面、组织八方的领导能力,受到人民的充分肯定与认可,极大地提升了政府公信力,坚定了人民群众的道路认同与制度认同。广大党员干部在抗疫与抗洪中展现的先锋模范带头作用与担当奉献精神极大地重塑了党员形象,改变了公众既往的偏见与成见。抗疫期间,基层党员冲锋陷阵,日夜值守城乡社区。抗洪期间,党员干部不眠不休,盯守抗洪一线。洛南洪灾中"凌晨三点副省长抗洪现场召开防汛会议""村支书督促群众撤离,自家房子与车子被冲走"等感人事迹、视频刷屏网络,感动了三秦百姓。灾难面前"让党旗飘扬在一线"用实际行动诠释了"全心全意为人民服务"的"人民公仆"形象,三秦百姓对党员干部的印象大为改观,对党的信任感、依赖感极大增强。

(二)舆论理性显著上升

基于2020年党和政府应对复杂局势能力的展示和党员干部形象的重塑,人民群众对党的信任与拥护显著提升,公众看待国家大政决策、涉政府热点事件更加客观、理性。对涉政府热点事件评判更加客观、理性,探寻事件前因后果成为主流,负面舆论一边倒状况明显改善,在多起陕西热点舆情事件中表现明显。2020年,陕西发生部分执法不当行为,如"城管拖拽老人进车厢""西安商贩当众给城管下跪""西安环卫工考核称重"等,针对这些负面议题设置明显的舆情事件,部分公众在批判执法粗暴的同时,更多声音开始探寻事情真相,猜测执法背后的无奈与事出有因。如针对"城管拖拽老人进车厢",舆论质问"为什么城管不抬别人只抬他,我不相信城管一上来就抬他"。还有舆论同情执法城管,"讲道理很多老人不听,怎么劝都不走,城管也是没办法";针对"商贩当众给城管下跪",舆论批评"是弱者博取同情",感叹"城管太难了";同时群众对真假新闻的辨别能力增强,在"大学生高出一本线100分,因担心学费睡不着"新闻中,舆论普遍指责其为假新闻,指出"大学录取通知书中带有学费贷款说明",批评媒体为吸引眼球,赚取流量丧失职业道德,呼吁加强对媒体的监督与管理。2020年民生舆论展现出公众网络素养显著提高的特征。

(三)微信与微博成为传播主渠道

从2020年1~9月陕西舆情监测数据来看,民生舆情以微信、新闻客户端、网媒、微博为主要发酵阵地。对西安柠檬公关信息来源监测结果进行10次抽样观察,结果显示,微信和微博占到信息来源的90%以上,其中又以微博占比更高,其他新闻客户端、论坛占比在4%左右。微信与微博成为传播中心有两个原因：一是微信与微博注册用户规模庞大。2019年微信年度数据报告显示，微信月活跃用户超过11.5亿人[①]，2019年微博第四季度及全年财报显示，微博活跃用户达5.16亿人[②]。二是微信与微博已成为公众民主参与的主要空间。公众通过微信与微博发布信息，制造新闻，同时参与互动，发表观点。微信与微博成为舆情的主要来源。舆情在微博与微信上发酵，当达到一定热度时，又会吸引媒体的关注与报道，引发更大范围扩散与传播。在传播影响力上，主流媒体影响力最强，并且级别越高影响力越大，如央媒高于省媒，省媒高于市媒。对陕西1~9月民生舆情不同媒体流量进行分析，结果显示，由央媒设置的民生议题不仅关注度高，而且高关注度的比例高。2020年由央媒主持的过亿关注度陕西民生话题共计10例，占到陕西过亿关注度民生话题的60%。这反映出主流媒体的传播力与公信力高，主流媒体代表了主流价值观与国家政策导向，体现了某一领域施政与改革的风向，受到公众普遍关注。

（四）舆情事件呈现明显时间特征

2020年，民生舆情呈现鲜明的时间特征。以1月23日武汉封城为标志，代表着新冠肺炎疫情暴发，直到4月低，全国疫情增长控制在个位数以内，标志着疫情防控取得阶段性胜利。在此期间的3个月，陕西民生舆情主要围绕疫情展开，并且呈现不同的关注热点。疫情暴发之初到2月中旬，疫情快速蔓延阶段，新冠肺炎疫情的传播方式、防控方式、疫情发展情况、患者救治状况是社会关注焦点。2月中下旬开始到3月底，随着疫情快速蔓延趋势得到控制，有序复工与合理防控成为社会关注焦点。4月，疫情基本得到控制，全省范围内开始有序复工复产复学复市，常态化防控与恢复经济正常秩序成为社会热点。6月开始，疫情与高考话题叠加，如何在疫情风险下

[①]《2019微信年度数据报告：月活用户超11.5亿，捂脸成使用最多的表情》，https://www.chinaz.com/2020/0109/1091398.shtml，最后检索时间：2020年12月28日。
[②]《微博发布2019年第四季度及全年财报》，https://tech.sina.com.cn/i/2020-02-26/doc-iimxxstf4598954.shtml，最后检索时间：2020年12月28日。

顺利推进高考，如何做好高考防疫成为社会关注焦点。7~8月，气候出现严重异常，陕西多地发生持续强降雨，陕南、关中部分地区遭受洪水侵袭，给群众生命与财产造成严重伤害与巨大损失，一时防洪抗洪成为关注焦点。舆论围绕受灾情况、救助情况、救助防范、洪灾成因反思展开讨论。9月，围绕高校疫情防控，教育舆情出现小高峰，舆论对高校疫情封校措施讨论热烈。在特殊时点出现某类舆情热点是舆情传播的重要规律之一。不期而至的新冠肺炎疫情与自然灾害，因其强破坏性使社会注意力持续聚焦，呈现显明的时间特征。

三 民生舆情引导策略与方法

做好舆论引导是预防与避免舆论发酵，造成社会破坏的重要方式。在舆论引导中既要做好信息发布、回应社会关切的具体工作，也要着眼长远，弘扬主旋律，培育社会良性舆论生态。同时建立多元主体参与的网络协同治理机制，实现舆论的立体引导。

（一）及时、有效发布信息，回应公众关切

及时发布信息，回应公众关切，是舆情应对的有效方式之一。新冠肺炎疫情暴发期间，尤其是初期快速蔓延阶段，从中央到地方，各级政府每天准时召开新冠肺炎疫情发布会，对病例增长速度、政府防控措施、公众防范办法以及社会关切、坊间谣言做出说明与回应，稳定了社会情绪。中国社会科学院"新冠肺炎疫情下的社会心态调查报告"显示，在疫情暴发和快速蔓延阶段，社会心态普遍处于恐惧、悲伤、恐慌状态，公众对疫情的关注度非常高，接近90%以上的民众每天花费1小时以上关注疫情信息，45.6%的民众每天会花费3~4个小时关注疫情消息，新冠肺炎疫情信息的及时通报与发布有效疏解了社会焦虑，维护了社会心态的平稳，赢得了民众对政府工作的理解与支持，为打赢疫情阻击战奠定了基础。及时、有效发布信息，也是相关职能部门获得公众信任，展现部门"以人民为中心"工作态度、争

取社会包容，增进社会理性进而避免舆论负面发酵的重要方式。在大型、涉众广的突发事件中，存在大量利益相关者，面对突发事件的不确定性与危害性，产生紧张、恐慌情绪，及时的信息发布能够使公众对事件有客观的判断与预期，缓解利益相关者及情感带入者的紧张、担忧情绪，维护社会情绪稳定，为后续应对争取更多主动权。

（二）弘扬主旋律，讲好感人故事，化消极情绪为奋进力量

重大灾难给人民生命安全、身体健康及财产造成巨大伤害与损失，不良体验成为社会的普遍感受，易激发公众怨愤、悲观、消极情绪。消极情绪易借题发泄，造成负面舆情易燃易爆。如在新冠肺炎疫情蔓延期间，因担忧与恐慌，对食用野生动物者的谴责在部分群体中演变为对中国社会的否定；对洪灾破坏性的惋惜演变为对政府执政能力的抨击。要讲好灾难抗争中的感人故事，弘扬主旋律，在大灾大难面前展现广大党员干部的正面形象、积极品质，把每一次的灾难抗争演绎成中国共产党的爱国教育故事、民族精神的再现故事、中国力量的展示故事，把内部撕裂转化为众志成城的社会再集结。2020年抗击疫情与抗洪救灾为我们树立了一个典范。抗击疫情与抗洪救灾中"逆行者""挺身而出的凡人"的形象塑造与宣传，使公众对现实世界和生活意义进行重新反思，大量"积极心理品质"，如"舍生忘死""奉献精神""担当精神""自律观念""责任意识"被激活与调动，"要向钟院士一样，敢于担当""要做民族危难面前挺身而出的凡人"等崇高理想信念再次成为社会新风尚。后物质主义价值观、自然敬畏感、感恩心、集体效能感显著增强，积极向上向善的核心价值观得到弘扬与强化。在大灾大难中，要讲好抗争故事、英雄故事，将消极情绪转化为不畏困难、迎难而上的积极力量。

（三）加强网络治理，增强社会理性

增强社会理性，为舆论引导提供良好社会基础。首先，要加强对网络媒体尤其是自媒体的监管。部分网络媒体为追求流量，吸引眼球，进行虚假报道或夸大报道，误导视听。网信办应加强对网络媒体的监督与管理，对违规

账号进行严厉惩罚,向全社会警示,网络不是法外之地。其次,传统媒体与网络媒体要加强专业素养,增强社会责任感,不仅做一个信息提供者,更要做一个真相追踪者。在当前的"后真相"时代,由于技术的高度发达,自媒体空前活跃,人人都是媒体人,人人都能自由发布信息,信息满天飞且真假难辨,这就对新闻媒体提出新要求,不仅要成为信息的传播者,更要成为真相的追寻者。新闻工作者要敏锐洞察信息真假,多方比较甄别、坚守职业素养、真实呈现新闻事实。考虑不同群体多角度、多维度的信息需求,实事求是地发掘真相,传播事实。拓展媒体报道范围,多做验证和检验工作,还原事情真相,平复社会情绪。最后,培育公众思辨性素养,从源头上增强社会理性。思辨性素养是"公众面对海量信息选择、理解、质疑、判断和思辨反应的能力"①。当前是一个多元化、多样化价值共存的社会,面对一个事件,不同群体从不同维度产生不同的观点,呈现不同的事实,正是在这些多元观点的碰撞、争论中,真相才更加立体、全面。增强公众的思辨性素养让公众明白事物真相的多样性与复杂性,学会以更加开放的心态去包容和接纳不同观点与看法,提升整个社会的包容性与弹性。

(四)建构多元主体协同治理机制

建立政府、媒体、专家、公众等多元主体协同治理机制。不同主体在舆论引导中的作用、影响力不同,应分析不同主体优势,明确舆论重点,利用不同主体特长,形成舆论引导合力。政府是舆论引导的主体,其具有资源优势、信息优势、公信力优势,是舆情事件进展、状态信息的发布主体,所发布信息也是舆论讨论的主要材料。因此政府在信息发布中既要注意回应公众诉求,还要注意信息的及时性与真实性。明确政务新媒体的这一定位,适当放权,发挥其信息引导作用。主流媒体具有最强的公信力与引导力,大量舆情的平息都是以主流媒体的定调与价值引导完成。加强融媒体建设,强化其

---

① 屈婷:《在疫情防控中提高公众新媒体素养》,http://theory.people.com.cn/n1/2020/0306/c40531-31619513.html,最后检索时间:2020年12月25日。

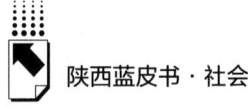

责任担当，充分发挥其弘扬主旋律的作用。利用专家学者公信力，发挥舆论引导力。越来越多的案例表明，专家学者已成为舆论引导的重要力量。专家学者凭借过硬的专业知识，获得公众的信任甚至崇拜，成为舆论场的意见领袖，在舆论引导中发挥了重要作用。如在新冠肺炎疫情防控期间，钟南山、张文宏等医学专家所进行的疫情知识讲解与防控方法普及，在缓解公众紧张、稳定社会情绪中发挥了重要作用。同时，公众之间的质疑、争辩对真相还原，舆情平息也具有重要作用，应建立法治舆论生态，为不同意见的交流与沟通提供良好环境。

参考文献

陈延法：《浅谈重大疫情中的"后真相"网络舆情事件应对》，《新闻研究导刊》2020年第19期。

苏宏元：《5G时代舆论生态变化与舆论引导新范式》，《人民论坛》2020年第27期。

唐明伟、苏新宁、王昊：《突发事件应急响应情报体系案例解析——以公共安全事件为例》，《情报科学》2019年第1期。

建 设 篇
Social Construction Reports

B.5 陕西易地扶贫搬迁后续扶持长效机制的构建[*]

何得桂 刘 翀[**]

摘 要： 易地扶贫搬迁后续扶持是精准扶贫工程的重要组成部分，是打赢脱贫攻坚战的关键举措。目前陕西易地扶贫搬迁后续扶持工作以发展后续产业、保障就业、完善配套及公共服务、促进社会融入为重心，但还存在后续产业发展受阻、基础配套建设和制度改革滞后、搬迁群众社会融入困难、搬迁群众内生动力和自我发展能力不足等困境。需要建立健全易地扶贫搬迁后续扶持政策并与乡村振兴衔接的长效机制，政府引

---

[*] 基金项目：陕西省社会科学界重大理论与现实问题研究项目"陕西黄河流域欠发达地区县域经济发展路径研究"（2020Z307）；台湾民主自治同盟陕西省委员会委托课题"高质量打赢脱贫攻坚战，建立解决相对贫困长效机制研究"（2020wt001）。

[**] 何得桂，西北农林科技大学人文社会发展学院公共管理系主任、博士生导师、副教授、管理学博士，主要研究方向：反贫困与社会治理。刘翀，西北农林科技大学乡村治理与社会建设研究中心研究人员，主要研究方向：减贫与发展。

导、市场运行,社会参与、群众奋斗的多主体协同机制,产业可持续发展的长效扶持机制、志智双扶的内生动力和发展能力提升长效机制,以此巩固提升易地扶贫搬迁成果,推进搬迁群众加快走向富裕。

关键词： 易地扶贫搬迁　后续扶持　生计发展　社区治理　陕西省

易地扶贫搬迁是解决"一方水土养育不了一方人"的治本之策,是实现贫困地区和贫困群众跨越式发展的一种有效途径。"十三五"期间,陕西共建设易地扶贫安置点2116个,安置建档立卡贫困人口76.63万人,进入城镇安置率达74%。目前,易地扶贫搬迁工作开始进入以后续扶持为重点的"下半篇"。2019年4月16日,习近平总书记在解决"两不愁三保障"突出问题座谈会上的讲话中指出,要做好易地扶贫搬迁后续帮扶。要加强扶贫同扶志、扶智相结合,让脱贫具有可持续的内生动力。易地扶贫搬迁后续扶持工作,不仅对于实现搬迁贫困群众可持续生计,实现稳定脱贫、质量脱贫有重要意义,还能推进区域经济社会高质量发展,为城乡融合发展注入新的血液。陕西易地扶贫搬迁后续扶持工作,以内生动力为根本、可持续发展为关键、推进区域整体协调为目标,多措并举以实现对易地扶贫搬迁群众后续的有效帮扶,但是后续扶持工作长效机制还未完全建立起来。既有研究对于易地扶贫搬迁后续扶持的关注还有待加强,以陕西为主体进行的研究还较为薄弱。在巩固拓展脱贫攻坚成果阶段以及步入乡村振兴的情势下,进一步加强对陕西易地扶贫搬迁后续扶持长效机制的研究具有重要价值。

一　易地扶贫搬迁后续扶持既有主要政策梳理

陕西易地扶贫搬迁在实践中存在政策执行偏差等问题[1],需要通过后续

---

[1] 何得桂、党国英:《西部山区易地扶贫搬迁政策执行偏差研究——基于陕南的实地调查》,《国家行政学院学报》2015年第6期,第119~123页。

扶持政策来进行调整和完善。伴随着易地扶贫搬迁工作开始进入以后续扶持为重点的时期，中央、陕西省出台了一系列政策措施（见表1）以巩固搬迁成果，促进搬迁群众就业，加快区域发展，实现搬迁群众"能发展、可致富"。其中最具含金量的是中央《2020年易地扶贫搬迁后续扶持若干政策措施》和陕西省《关于加强和完善易地扶贫搬迁后续扶持工作的意见》，前者从基础设施和公共服务配套、产业培育就业帮扶、安置区社区管理、保障搬迁群众合法权益、加大投入力度、加强统筹指导和监督检查等六个方面提出全国易地扶贫搬迁后续扶持的政策措施的方向，陕西明确了加强和完善易地扶贫搬迁后续扶持工作十大措施，从产业、就业、社区治理、基层党组织建设等方面出台了七个具体实施意见，为全省开展易地扶贫搬迁后续扶持工作提供强有力的指导。

表1 易地扶贫搬迁后续扶持相关文件

相关政策	出台日期	出台单位	政策名称
中央	2016年	国家发改委	《全国"十三五"易地扶贫搬迁规划》
	2016年	农业部、国家发改委等九部门	《贫困地区发展特色产业促进精准脱贫指导意见》
	2019年	国家发改委、扶贫办等十一部门	《关于进一步加大易地扶贫搬迁后续扶持工作力度的指导意见》
	2020年	国家发改委、扶贫办等十三部门	《2020年易地扶贫搬迁后续扶持若干政策措施》
	2020年	中国农业发展银行、国家发改委	《关于信贷支持易地扶贫搬迁后续扶持的通知》
	2020年	国家发改委、国家开发银行	《关于进一步加大易地扶贫搬迁后续扶持金融服务力度的通知》
	2020年	国家发改委、人力资源和社会保障部、工业和信息化部、扶贫办	《易地扶贫搬迁就业帮扶专项行动》
陕西省	2019年	中共陕西省委、陕西省人民政府	《关于加强和完善易地扶贫搬迁后续扶持工作的意见》
	2020年	省发改委	《关于推进易地扶贫搬迁后续扶持若干工作实施方案的通知》
	2020年	省发改委等十五厅局	《陕西省2020年易地扶贫搬迁后续扶持若干工作实施方案的通知》
	2020年	省住建厅	《住建领域易地扶贫搬迁后续扶持工作方案》

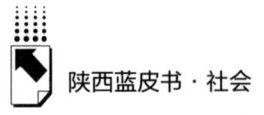

二 陕西易地扶贫搬迁后续扶持工作主要做法及困境

易地扶贫搬迁绝不是贫困户单纯在地理位置上的迁移，还要实现搬迁群众在迁入地生产适应、生活适应、心理适应三者相互协调，切实解决他们脱贫致富的问题。陕西"十三五"易地扶贫搬迁安置房建设已全部竣工并达到国家入住标准，实际入住率达90%以上，"搬得出"问题已得到基本解决。在这一背景下，陕西持续推进易地扶贫搬迁后续扶持相关工作并取得一定成效，但是在实际推进过程中也面临新的困境。

（一）陕西易地扶贫搬迁后续扶持的主要做法

1. 以发展后续产业为根本

后续产业发展是易地扶贫搬迁工作成功的根本要素。陕西易地扶贫搬迁遵循"以产定搬、以搬促城、产城融合"的工作思路，在中心村、集镇等集中安置的社区，积极发展种养殖特色产业，通过合作社、农业企业、农业基地等新型农业经营组织，依托村级组织和搬迁群众，培育一些种养殖特色产业，以蔬菜、瓜果、食用菌等用地面积偏少、培育周期短、投入适度的产业为主，依据各地资源禀赋以及历史优势产业，起步快、风险低，为地区经济发展提供保障。例如榆林市吴堡县亨通现代农业园区，作为全县唯一的大型农业产业园区，包括蔬菜、畜牧养殖、小杂粮基地、优良牧草基地、水果采摘区、综合服务区等，创新采取"龙头企业+合作社+园区+农户"的利益联结机制，发展特色规模化种养殖业，将优质农产品销售至我国台湾以及海外。在迁入城市的集中安置区，根据地方实际情况建设产业园区，大力扶持工业园区、农业园区和旅游景区建设。通过降低准入门槛、加大资金投入、强化搬迁群众技能培训、加强融资服务、落实税费减免等一系列措施，吸引优质产业入驻，为搬迁后续产业发展提供政策保障。例如商洛市遵循循环经济发展理念和要求，通过立足区域内资源、物质、能源利用现状，以商丹循环工业经济园区为核心，以现代材料工业基地建设规划为导向，加大对优势资源的整合力度，精心规划建设了一批错位发展、互为依托的循环型工业园区，不断吸引优质工业企业入驻，为商洛经济发展提供强有力的产业支撑。

2. 以保障就业为重心

保障搬迁群众有长期稳定就业是帮助搬迁群众实现"稳得住"和"逐步能致富"的基本要求。陕西各级政府高度重视搬迁群众的就业问题，采取社区工厂兜底、开展就业培训、建立就业服务平台以及积极开发公益性岗位等措施，为搬迁群众提供稳定就业。其一，抢抓东南沿海产业转移的机遇，围绕劳动密集型手工业加工项目，以移民安置社区为依托，以搬迁群众为重点人群，在移民安置社区兴办社区工厂，实行社区工厂兜底制度，确保安置社区周边有社区工厂。让搬迁群众实现"楼上居住、楼下上班"，达到生产要素和产业要素的统一，推动搬迁群众就业增收。其二，各地政府面向搬迁群众积极开展就业技能培训，提升搬迁群众就业技能，提升其自主脱贫的能力，同时加强扶贫扶志教育，激发搬迁群众脱贫致富的志气。榆林市绥德县于2015年开始开展月嫂培训，培训系统受众面广，且就业需求大，解决了绥德县一部分女性的就业问题。绥德县人社局在城东新区毛绒玩具厂举办"易地扶贫搬迁户技能培训班"，搬迁户学员培训合格后，可推荐到城东新区毛绒玩具厂和江苏扬州相关企业就业。其三，建立就业服务平台，通过整合就业需求、成立人力资源公司、建设就业服务中心、开展专场集中招聘等措施，降低搬迁群众就业的信息成本，为用人单位和搬迁群众搭建起通畅的沟通桥梁。其四，积极开发公益性岗位。从社区服务和生态环境保护的需求中，合理挖掘公益性岗位，为部分弱劳动能力的搬迁群众拓宽就业渠道。

3. 以完善配套设施和公共服务为基础

完善公共基础设施和公共服务配套是实现搬迁群众安居乐业的重要条件。易地扶贫搬迁迁出地属于基础设施不完善、公共服务配套不健全、发展能力较差的地区，在搬迁至安置社区后，要逐步完善安置社区基础设施、健全公共服务配套。在政策层面，陕西省住建厅颁发《住建领域易地扶贫搬迁后续扶持工作方案》，明确要统筹城镇安置社区的基础设施规划和建设，实行水、电、路、暖、污水管网等基础设施建设配套，标准统一，确保搬迁群众和城镇原住居民享有同等基础设施服务。在实际建设中，配套建设公共基础设施的同时对建设质量进行严格把关，确保安置社区水、电、通信、医疗、教育等基本需求得到满足，并大力引进服务业，确保搬迁群众基本生活需求有保障。此外，同步协调推进基础设施和公共服务配套建设，完善以生产、生活和服务为基础的设施建设，并坚持"与城镇社区基本公共服务相近"的要求，推动人口聚集与公共财政投入同步同向，把基础设施和公共服务设施一次规划到位、分期分批建设完成。陕西按照"小型保基本、中型保功能、大型全覆盖①"的原则实施分区配套，搞好小配套、大配套和公共服务设施。

4. 以促进搬迁群众社会融入为抓手

促进搬迁群众社会融入是后续扶持工作的核心抓手。搬迁群众在安置社区实现生产生活的融入以及心理上的认同和归属感，不仅有利于搬迁群众在经济上实现脱贫致富，还能激发搬迁群众参与社区事务的热情，提升搬迁群众自我发展能力。陕西各级政府重视搬迁群众在安置社区的社会融入问题。一是坚持以党建为引领，把党的全面领导贯彻到新安置社区各项工作当中。搬迁群众如果进入新安置社区，那么党的工作就开展到新社区，服务也及时跟踪到位。不论何种类型的搬迁安置社区，都较为迅速建立社区党组织架构，组建以党组织为核心、居委会为主体、群团自治组织为辅助、物业为保障的组织、管理、服务架构。二是强化社区治理，创新推进搬迁社区网格化管理工作，充分利用大数据等信息技术参与社区治理，打造共建、共治、共享的社区治理新格局，以增强搬迁群众的社区认同感和归属感，促进社会融入。商洛市山阳县积极开展新生活适应性教育，为安置社区搬迁群众提供心

---

① 指的是对于30~100户的小型安置点，配套生产生活基本所需的水、路、电、信、网等设施，在安置点建成之时就配套建设到位。对于100~150户的中型安置点，要增加更多的公共服务设施，完善社区相关服务功能，安置点建成2年内，配套建设到位。至于500户以上的大型安置点，基础设施全部建设到位，并配套医疗、文化、教育、商超以及社区服务等公共服务设施，以实现服务功能的"全覆盖"，安置点建成后3年内，配套建设到位。

理疏导、医疗卫生、法律咨询等服务,驻村(社区)"四支队伍"定期通过家庭会、QQ群、微信群等形式,积极宣传党和国家有关政策法律法规和文明小区创建知识,广泛收集社情民意、服务居民群众,同时扎实开展各类群众性精神文明创建活动,不断提高社区文明程度,引导搬迁群众做文明、守法的"新市民"。此外,依托社区服务中心定期举办各类型的文娱活动,促进搬迁群众之间的交流和联系。

(二)陕西易地扶贫搬迁后续扶持工作面临的主要困境

1. 后续产业发展受阻

尽管陕西在政策上大力扶持搬迁后续产业的发展,相关规划、政策、资金支持也到位,但是后续产业发展依旧是易地扶贫搬迁工作难点。第一,迁出地发展产业的区位条件差。易地扶贫搬迁的迁出地原本就是自然条件恶劣、产业基础薄弱的地区,且大部分搬迁户选择就近安置,尽管自然条件有所改善,但产业发展的基础仍然较为薄弱。第二,价值投资的本质是资本市场的逐利,自然因素加上贫困户受教育程度偏低以及土地流转情况复杂等条件限制,资本不愿意进入搬迁地区进行投资。并且搬迁地区产业发展模式有限,一些地区产业发展同质化严重且规模普遍偏小,受市场风险影响大,利润有限,产业难以发展壮大。第三,社区工厂模式带贫能力有限且可持续性较弱。社区工厂是易地扶贫搬迁社区保障就业的重要手段,但社区工厂大多为劳动力密集型的产业,工业化程度较低,核心竞争力较弱,带贫能力有限。部分地区在吸引产业或社区工厂入驻时,过于依赖各种税费减免政策和奖补措施,但是各类支撑政策具有时效性,在各类补贴政策到期后,社区工厂难以承担住各项成本持续经营下去,成为搬迁群众实现可持续生计要面临的严重问题。

2. 基础配套建设和制度改革滞后

部分地区易地扶贫搬迁工作急于求成,如果要"一步到位"解决搬迁户贫困及稳定发展问题,容易引发一系列问题。第一,为了搬迁而搬迁。在安置社区选址和设计环节存在问题,部分地区过度追求安置社区规模,对社区选址论证不充分，配套基础设施不健全，安置社区难以满足搬迁群众后续发展的需要；部分地区为节约成本，盲目选择就近插花安置，搬迁群众依旧身处穷山恶水中。第二，搬迁群众存在"两头跑"现象①。部分地区在社区服务不到位和基础设施不完善的情况下，盲目追求入住率。一方面因搬迁群众工作能力差，难以实现自主就业，在生活习惯上也不能迅速适应城镇，迁入城镇反而成为搬迁群众的负担。另一方面，部分地区在社会保障政策上衔接不够，搬迁群众在办理户籍相关事项时仍需回迁出地办理，增加了他们的负担。第三，配套制度改革滞后。部分地区缺乏关联性、互动性和协同性的易地扶贫搬迁配套改革，导致不同程度存在土地流转不畅、拆旧复垦不及时等问题②。且在搬迁安置后，农村集体产权结构情况更加复杂，处理不好不仅会造成资源浪费，还易引发各种纠纷，影响社会稳定。

3. 搬迁群众社会融入困难

搬迁群众的自我身份认同和邻里互助的社会融入能够显著降低搬迁户的返迁意愿③。搬迁群众在原有生活环境被打破后，就开始了"被动市民化"的进程，在文化、经济和身份认同层面存在诸多市民化困境④，城镇安置的搬迁群众在社会融入方面普遍面临困难。一方面，新建立的集中安置社区文娱活动不足，致使搬迁群众缺乏相互沟通交流和加深联系的途径。另一方面，搬迁群众对于文娱活动的参与热情较低，不愿意主动参与社区文娱活动，社会交往范围严重受限。再加上社区服务中心的服务功能缺失，搬迁群众在心理上对于安置社区没有认同感和归属感，增加了搬迁群众的不稳定性。此外，安置社区大多位于城镇的边缘地带，搬迁群众之间的社会交往只

---

① 郑娜娜、许佳君：《易地搬迁移民社区的空间再造与社会融入——基于陕西省西乡县的田野考察》，《南京农业大学学报》（社会科学版）2019年第1期，第58~68、165页。
② 高强：《重视易地扶贫搬迁的后续发展问题》，《开放导报》2019年第4期，第24~29页。
③ 吕建兴、曾小溪、汪三贵：《扶持政策、社会融入与易地扶贫搬迁户的返迁意愿——基于5省10县530户易地扶贫搬迁的证据》，《南京农业大学学报》（社会科学版）2019年第3期，第29~40、156页。
④ 邹英、向德平：《易地扶贫搬迁贫困户市民化困境及其路径选择》，《江苏行政学院学报》2017年第2期，第75~80页。

是"同质群众"的增加,与城镇居民的交往依旧有限,搬迁群众在身份上始终被贴上"贫困户"的标签,融入安置社区的进程被阻滞。

4. 搬迁群众内生动力和自我发展能力不足

持续的"输血式"扶贫不是解决贫困问题的治本之策,搬迁群众摆脱贫困的内生动力及自身的发展能力才是其走向富裕的关键。在实践中,部分搬迁群众"等、靠、要"思想依然存在。有的长期依赖政策帮扶,缺乏依靠自身摆脱贫困的内生动力,在一定程度上阻碍了脱贫进程,还影响了其他搬迁群众积极脱贫的良好氛围。搬迁群众是脱贫致富的主体,搬迁群众的自我发展能力是推动易地扶贫搬迁地区的经济社会高质量发展的重要因素。在实践中,大部分搬迁群众受教育程度较低,劳动技能掌握不足且健康状况相对较差,在就业市场中竞争力弱,依托自身"造血式"发展从而摆脱贫困的能力不足。

三 陕西易地扶贫搬迁后续扶持长效机制的构建

陕西易地扶贫搬迁后续扶持工作在产业就业、政策制度、社会融入和智志双扶等方面面临困境,为巩固拓展易地扶贫搬迁成果,在搬迁群众"搬得出、稳得住、能脱贫"的基础上实现"能发展、可致富",需要建立政策延续和衔接的长效机制、多主体协同的帮扶长效机制、以实现可持续生计为目标的产业扶持长效机制、志智双扶的内生动力和发展能力的长效提升机制,为搬迁群众构建起可持续的"生计空间"。

(一)健全易地扶贫搬迁政策并与乡村振兴相衔接长效机制

易地扶贫搬迁涉及的人群众多,投资巨大,各项政策制度繁多,造成的社会影响深远。在目前搬迁群众基本实现"搬得出"的背景下,要建立精准扶贫和易地扶贫搬迁政策的延续机制,并将易地扶贫搬迁后续扶持与乡村振兴有机衔接起来,才能防止搬迁群众"返贫"现象发生。建立易地扶贫搬迁政策延续长效机制,要做到初心不改、机构不变、政策不减、力度不降。第一，要始终把搬迁群众后续帮扶和安置社区建设发展工作放在心上，把帮扶搬迁群众实现脱贫致富作为工作的重中之重来抓，持续落实安置社区建设和发展的各项措施并坚持定期督查考核，做到心系搬迁群众，不改初心。第二，在搬迁建设任务完成后，考虑继续保留易地扶贫搬迁工作领导小组、指挥部并维持部门统筹协调机制，切实明确后续帮扶各主体的工作责任，落实工作职责。第三，要继续落实中央及省、市、县各项扶贫惠农的政策措施，持续覆盖搬迁群众，对于公益性岗位和各类资产收益项目要优先安排，做到政策覆盖面不减少、落实力度不降低。第四，易地扶贫搬迁后续扶持的帮扶力度要保持，为搬迁群众提前谋划好帮扶项目，细致落实各帮扶项目，为搬迁群众规划一批能落地有效果的帮扶项目。此外，密切关注搬迁群众后续发展情况，健全搬迁群众后续返贫和发展跟踪监测体系，运用大数据技术监测搬迁群众的后续发展问题。

建立健全易地扶贫搬迁后续扶持与乡村振兴的有机衔接机制要从多方面开展。一是继续深化农村集体产权制度改革，明确农村集体资产产权归属和管护责任，切实维护搬迁群众应有权益的同时创新搬迁群众在原集体的权益实现形式，增加搬迁群众的资产性收入；二是加快培育新型农业经营主体，创新各主体之间的利益联结模式，培育出一批一二三产业深度融合、经营有特色、在市场中有竞争力的新型经营主体；三是做好各类社会保障政策的转移接续，加快推进相关配套制度改革，避免各项政策措施之间出现冲突，减轻搬迁群众负担。易地扶贫搬迁各项政策的延续要与乡村振兴的政策统筹联动起来，二者协同推进；制定政策时充分考虑搬迁群众要求，与乡村振兴战略相契合，不断引导优质资源向农村集聚，共同促进搬迁群众脱贫致富，推动乡村全面振兴。

（二）建立政府引导、市场运行，社会参与、群众奋斗的多主体协同机制

多元主体协同治理是推进国家治理现代化的有效路径之一。它在促进搬迁群众稳定就业、社会融入、产业发展以及安置社区治理等多方面具有积极

作用。在促进就业方面。政府对安置社区的企业布局进行科学规划，对安置社区内搬迁群众的劳动能力、受教育程度等基本情况收集整理，引导搬迁群众就业。依托市场满足搬迁群众就业是实现可持续生计的治本之策，政府可以规范市场行为，保障搬迁群众的就业权益。同时就业服务中心、企业组织也可以积极参与，为搬迁群众提供就业指导培训、招聘会或适合的岗位等。各搬迁群众也积极主动参与，形成多主体协同的就业促进机制，以帮助搬迁群众实现稳定就业。在促进搬迁群众社会融入方面。政府负责督促建立社区服务中心，完善基础设施和配套公共服务，市场主体可以在安置社区完善服务业等，社区组织可以积极组织各项文娱活动，为搬迁群众搭建起相互交流的平台，搬迁群众则积极主动参与社区文娱活动，增强与外界交流，增加对城镇的认同感和归属感。在推动产业发展方面。政府要对区域产业发展做出科学的规划并结合安置社区实际情况做好产业配套，同时为产业提供一定的补贴政策，强化当地产业市场竞争力。鼓励建立健全集体经济组织，协助组建农业产业化联合体，为产业发展提供新模式新思路。产业本身也应当契合市场需求，紧抓市场动向，利用当地优势资源发展特色产业，不断强化自身竞争力。搬迁群众在集体经济的组织带动下，相互联合起来，积极主动参与集体经济发展。形成"政府+企业+农户+集体经济组织"的利益联结新模式，促进产业发展。在安置社区治理方面，要合理划分自治单元，建立以党组织为核心、群众自治组织为基础、群团组织和各类社会服务组织为纽带、经济组织为支撑的基层组织体系，并强化对社区事务的人力及财力支持。市场主体，例如物业服务公司要认真履行契约职责，为安置社区做好服务。各类社会组织要在社区治理中发挥重要主体作用，积极为搬迁群众提供文体活动、心理疏导、医疗卫生、法律咨询等服务，积极开展新生活适应性教育，推进公民基本道德规范和社会公德、职业道德、家庭美德、个人品德教育，不断提高社区的文明程度。搬迁群众作为社区的主人翁要树立主人翁意识，积极参与社区治理活动，主动参与社区事务管理，发现问题及时反馈，真正把社区当成自己的"家"。

（三）建立产业可持续发展的长效扶持机制

后续产业发展关系易地扶贫搬迁工作的成败。增强易地扶贫搬迁后续产业发展活力，为迁入地区域经济发展提供稳定可靠的产业支撑。一方面，创新发展区域特色产业。促进产业可持续发展要主动整合迁入地、迁出地的资源，在迁出地发展特色农林业及优势养殖业，在迁入地发展与之相配套的农副产品加工业以及第三产业①，既延长区域产业链，增强产业竞争力，也拓宽了搬迁群众收入来源，弱化市场风险的影响。政府组织搬迁群众利用保留的在迁出地的耕地、林地等权益，通过折价入股等形式汇集到集体经济组织或龙头企业中。通过依托当地资源优势，筛选出适合当地发展并与之相配套的特色产业。同时产业主体依托安置社区提供的大量稳定劳动力，建设区域特色产业聚集区，促进二、三产业发展和内生型城镇化。另一方面，充分发挥产业发展带贫益贫功能。政府主导做好产权量化标准，创新利益联结模式，持续推广搬迁群众后续脱贫"社区＋""合作社＋""龙头企业＋"等模式，引导搬迁群众与各类带贫主体形成优势互补、利益联结、互惠共赢的产业共同体。探索新型经营主体与搬迁户建立合作种养、来料加工、反租倒包、劳动务工、入股分红、技术服务等多样化的利益联结关系。

（四）构建志智双扶的内生动力和发展能力提升机制

搬迁群众内生动力以及自我发展能力是易地扶贫搬迁后续扶持工作的重要组成部分。构建志智双扶的内生动力和发展能力提升机制，一是通过党建引领、社区科学指导、脱贫致富典型示范激励等措施，转变部分搬迁群众一味"等、靠、要"的思想，让搬迁群众从内心激发出脱贫致富的斗志，从"要我脱贫"到"我要脱贫"，树立起"我能脱贫"的信心和奋斗精神。二

---

① 张琦、张诗怡：《贫困地区易地扶贫搬迁后续扶持机制研究——基于全国11个省份易地扶贫搬迁实践分析》，《开发研究》2019年第6期，第7～15页。

是政府要积极与提供就业的企业进行合作,鼓励企业让搬迁群众先培训技术后考核就业;与就业服务中心等机构组织劳动技能学习班,提升搬迁群众的就业技能。有效整合各涉农高校和科研院所优质教育资源,开展农业技术指导班,充分发挥农业试验示范站作用,培育新型职业农民。三是建立贫困户分级评价标准,同时辅以福利依赖奖惩制度,以有效转变贫困户"全有"而临界贫困户"全无"的既有扶贫资源的分配模式。对于不自主奋斗的贫困户进行惩罚,通过取消其福利资格、进行批评教育等措施转变其不劳而获、贫困光荣的思想;对认真参与就业培训、主动谋求脱贫道路的搬迁户进行物质补贴和精神鼓励,以此来督促搬迁群众转变思想,激发脱贫志气,学到真技能,从而提升其自我发展能力,实现搬迁群众的可持续生计。四是设置专门资金提供给搬迁群众中正在上学的子女,给予半额或全额奖助学金补助,解决贫困户家中子女教育费用的后顾之忧,全面提升贫困户自我发展能力,以有效阻断贫困代际传递。

参考文献

何得桂:《山区避灾移民搬迁政策执行研究:陕南的表述》,人民出版社,2016。
龙彦亦、刘小珉:《易地扶贫搬迁政策的"生计空间"视角解读》,《求索》2019年第1期。
何得桂:《中国贫困治理的三维理论认知:底色、特色和亮色》,《甘肃社会科学》2020年第3期。
何得桂、姚桂梅、徐榕等:《中国脱贫攻坚调研报告:秦巴山区篇》,中国社会科学出版社,2020。
涂圣伟:《易地扶贫搬迁后续扶持的政策导向与战略重点》,《改革》2020年第9期。
翟绍果、张星、周清旭:《易地扶贫搬迁的政策演进与创新路径》,《西北农林科技大学学报》(社会科学版)2019年第1期。
党国英:《推动脱贫机制转换》,《辽宁日报》2020年9月15日。

B.6 陕西省智慧健康养老产业供需协同发展研究

仝保亚 尚保卫 刘宏岩 康 静 韦 艳*

摘 要: 以供给对接需求,以需求调节供给,是实现陕西省智慧健康养老产业供需协同发展的有效手段。陕西省智慧健康养老产业在集成电路、智能终端、软件及信息服务等领域形成了优势产业集群。智慧健康养老示范试点单位数量增多,智能产品、健康数据平台、应用服务等方面均取得了显著的进展。专项调查发现,近三成的老年人出现不能完全自理情况,对智慧健康养老照护服务需求高;老年人对智慧健康养老产品的需求度取决于对产品的了解度,产品普遍获得了老年人的认可;老年人对智慧健康养老服务需求多,但使用之后的满意度一般。本文提出要围绕供需两方面推进产品的适老化改造和服务的精准化提供;加快推进信息技术大众化,缩小老年人的数字鸿沟;合理进行区域产业布局,打造连锁化集团化的供需协同产业链;加大对智慧健康养老应用的指导,提高老年人对产业的信任。

关键词: 智慧健康养老产业 供需协同 人口老龄化 陕西省

---

* 仝保亚,陕西省工信厅电子信息处处长,研究方向:信息技术产业发展。尚保卫,陕西省电子工业研究院副院长,正高级工程师,研究方向:信息技术应用与转化。刘宏岩,陕西省民政厅养老服务处调研员,研究方向:养老服务体系。康静,陕西省卫健委老龄健康处主任科员,研究方向为老龄健康。韦艳,博士,西安财经大学统计学院,教授,研究方向:人口与可持续发展。

陕西省智慧健康养老产业供需协同发展研究

一 引言

党的十九大报告提出，要构建"养老、孝老、敬老"的政策体系，加快老龄事业发展，同时《国务院办公厅关于推进养老服务发展的意见》（国办发〔2019〕5号）中也提到，要促进养老服务高质量发展，促进养老服务基础设施建设，有效地满足老年人多样化、多层次的养老需求。智慧健康养老产业作为一种新兴的产业，以新一代信息技术为手段，促进现有医疗、健康、养老资源优化配置和使用效率提升，研发智慧健康养老产品，支撑智慧健康养老服务应用，引领智慧健康养老产业供需协同发展。在老龄化程度加深的情况下，智慧健康养老产业供需协同发展需要以供给对接需求，以需求调节供给，以供需匹配为基准，形成从"量"到"质"的转换，提高老年人养老质量，对于解决目前养老产业结构性失衡具有重要意义。

截至2019年底，陕西省常住人口3876.21万人，比上年末增加11.81万人，60岁及以上老年人口数量约702.37万人，占全省人口总数的18.12%，超过全国平均水平，65岁及以上人口占11.84%，比上年末增加0.46%，陕西省的老龄化程度加深①。中国老龄事业发展中心2018年抽样调查显示，陕西省失能老人约占21.2%，其中重度失能老人约占8%。陕西省目前智慧健康养老产业正处于良性发展期，表现在两个方面，一方面是集成电路、传感器和人工智能的基础研究越来越成熟，逐步形成了软件及信息服务、集成电路、智能终端、太阳能光伏等优势产业集群，为智慧健康养老产业的发展奠定了良好的基础。另一方面是进入国家智慧健康养老应用试点示范单位数量增多，智能终端、智能机器人、医疗检测设备、智能家居等产品种类越来越多，老年人健康数据管理平台数量呈增长趋势，能够逐步地满

---

① 陕西省统计局：《2019年陕西省国民经济和社会发展统计公报》，陕西省统计局官网，2020年3月11日。

足老年人多层次、多样化的养老需求。截止到2020年国家第四批智慧健康养老试点示范公布，全省共有30家单位进入试点示范名单，在全国533个入选试点示范项目中占比达到5.63%。

为了全面了解陕西省智慧健康养老产业发展状况，推动智慧健康养老产业供需协同发展，陕西省工信厅、民政厅和卫健委联合进行了2019~2020年智慧健康养老专项调研。

本次调研采取了实地调研和问卷调查相结合的方式，通过听取汇报、组织座谈、实地察看、查阅资料和问卷调查等相结合的形式，围绕以下方面展开：（1）各地市智慧健康养老工作开展情况、典型做法及成功经验；（2）各地市智慧健康养老产品和服务需求及推广情况；(3) 各地市进行"人口发展与智慧健康养老"专项调查，共发放问卷600份，回收565份，回收率为94%。

二 智慧健康养老产业供需发展情况

（一）智慧健康养老产业供给侧发展状况

智慧健康养老产业供给离不开信息技术的支撑，它能够提供数据感知、采集、集成、分析工具，推进消费者与各类机构间的信息互联互通，支撑更多种类、更高质量的智慧健康养老服务供给。智慧健康养老产业基础主要涉及基础硬件、终端设备、软件产品、系统集成和应用服务等方面。

1. 基础硬件

主要包括芯片、传感器、显示屏等，陕西众多企业都为智慧健康养老产品提供硬件基础。在存储器方面有三星电子、美光半导体、紫光国芯等公司；在传感器方面有中航电测、中星测控等公司；在北斗/GPS定位芯片方面有航天华讯；在光电子器件和集成电路方面有光机所、771所等；在PCB电路板生产方面有陕西生益科技有限公司、宝鸡凌云万正电路板有限公司；在液晶面板方面有咸阳彩虹集团等；在基础研究方面有西安交通大学、西安电子科技大学等。

2. 终端设备

主要有健康管理类可穿戴设备、便携式健康测试设备、自助式健康检测设备、智能养老监护设备和家庭服务机器人等，引进智能终端制造业项目，使智能终端产业链得到了迅速发展。在品牌整机组装生产、智能手机代工生产方面有中兴通讯公司、比亚迪公司等；在医疗检测设备方面有西安中科微光影像技术有限公司生产的投影式红外血管成像仪、西安力邦医疗网络科技有限公司的慢性病管理工作站、华昌公司生产的心率睡眠检测仪、西安富立叶公司生产的智能测温仪和医院护理终端；在康复机器人方面有陕西汉江机床有限公司和中航创世纪公司的康复机器人等。

3. 软件产品

主要是实现硬件的互联互通和支持智慧健康养老服务全面落地，包括平台、工具包以及应用软件等。在软件及信息服务领域有以华为、中兴、中软国际为代表的100多家国内知名企业，以及以高通、英特尔、微软等为代表的30多个世界著名公司在陕西省建立研发机构，全省拥有各类软件及信息服务企业2000多家。如从事政务服务热线和智慧养老信息平台开发的西安金讯通软件技术有限公司（"12345"呼叫平台）；从事智慧养老信息平台、物联网应用开发的西安捷众软件科技有限公司，从事健康分析与管理平台开发的陕西百格数据科技有限责任公司，从事医院信息化系统开发的西安海杉信息技术有限公司（基于移动互联网的医护工作平台）。涌现了众多如咸阳秦云公司的不老帮、陕西瑞泉的北斗关爱、陕西省水务集团全乐养老服务股份有限公司的全乐养老等养老服务平台。

4. 系统集成

主要是综合运用智慧健康养老产品采集到的数据，对老年人的需求进行分析和深度挖掘，提供智慧健康养老整体解决方案和健康管理医疗咨询等相关增值服务，如提供智慧健康整体解决方案的有咸阳秦云信息技术有限公司、陕西瑞泉养老服务有限公司、西安麦邦智航科技股份有限公司等；提供智慧社区、智慧城市解决方案的有陕西省大数据集团有限公司、西安荣天信息技术有限公司、西安翔迅科技有限责任公司等；提供医疗信息化的有西安海杉信息技术有限公司、西安海天信息等；提供智能安防服务的有西安海康威视数字技术有限公司等。

5. 应用服务

主要包括慢性病管理、居家健康养老、个性化健康管理、互联网健康咨询、生活照护、养老机构信息化等。形成了应用范围广、社会影响大的智慧健康养老服务平台，如"12349"陕西智慧养老服务平台、西安市智慧健康养老服务平台；智慧城市"六个一"应用工程的重要组成部分的咸阳"12345"市民服务网；莲湖区民政养老服务平台（虚拟养老院）；以家庭医生全年365天24小时送医送药上门服务为主的西安家庭呼叫医生；西安市智慧健康养老服务信息平台等。

陕西省智慧健康养老产业发展迅速，从事智慧健康养老的企业逐渐增多，企业的运营模式也精彩纷呈，主要有：①房企拓展类。房地产企业进行拓展，发展养老产业，如荣华控股企业集团旗下构建的"五位一体"产业平台的荣华养老、天朗控股集团成立的天朗社区健康养老中心等。②国企参与类。如陕西省水务集团投资控股的全乐养老、西安航天恒星成立的养老服务部门等。③社会资本类。社会资本的投入，带动智慧健康养老产业的快速发展，如陕西省瑞泉养老有限公司、陕西金宝美养老有限公司等。④公建民营类。是政府通过承包、委托、联合经营等方式将政府拥有的所有权交由企业、社会组织或个人的一种运营模式，如福泽养老服务中心、如亲养老服务中心等。⑤政府主导类。政府投资，委托运行，如咸阳秦云信息技术公司打造的咸阳特色养老品牌"不老帮"平台系统。⑥扶贫融合类。利用健康养老平台，打造绿色养老产业链，带动贫困地区脱贫致富，如陕西乾翔健康科技股份有限公司。

（二）智慧健康养老产业需求侧状况

智慧健康养老产业的发展离不开老年人的需求，老年人的需求也为智能信息产品和智慧服务奠定了研发基础。本部分先从老年人的日常生活自理能力出发,再从态度、需求度、接触度和满意度四方面,探讨老年人对智慧健康养老产品和服务的认知。

1. 受访老年人近三成不能完全自理,对健康养老服务需求高

老年人的身体健康状况很大程度上决定了其对养老服务的需求。日常生活自理能力是衡量老年人身体健康的主要指标。日常生活自理能力(Activity of Daily Living,ADL)是反映老年人躯体功能在完成日常生活基本活动时所达到的程度,通常采用吃饭、洗澡、穿衣、上厕所、行走、上下楼梯等6项指标来衡量。其中0项需要帮助为完全自理,1~2项需要帮助为轻度失能,3~4项需要帮助为中度失能,5~6项需要帮助为重度失能。结果显示,71.45%的老年人能够完全自理,24.60%的老人处于轻度失能和中度失能,3.95%的老年人为重度失能(见表1)。可见老年人需要照料的程度不同,性别差异并不明显。受访老年人有近三成不能完全自理,这些群体应该是智慧养老服务重点关注的对象。

表1 陕西省老年人日常生活自理能力分布

单位:%

性别	完全自理	轻度失能	中度失能	重度失能
男	33.57	8.26	4.31	1.26
女	37.88	7.36	4.67	2.69
合计	71.45	15.62	8.98	3.95

资料来源:2019~2020年"人口发展与智慧健康养老"专项调查。

2. 老年人对智慧健康养老产品的需求度取决于对产品的了解度

老年人对智慧健康养老产品的需求度决定着未来产品研发的方向。为了解老年人的具体需求情况,本文选取了市场上常见的几类产品进行调查。结果显示,老年人对智慧健康养老产品的需求度上存在差异,老年人对产品的需求度排名前7位的依次是:血压监测仪、智能血压计和智能血糖仪、体温测试仪、健康腕表、自主体检机、手表式GPS定位、扫地机器人。老年人对智慧健康养老产品最高的需求度达到了81.9%。而老年人对产品的接触

度排名前7位的依次是：血压监测仪、体温测试仪、智能血压计和智能血糖仪、健康腕表、扫地机器人、可穿戴监护设备、手表式GPS定位。由此可见，老年人对智慧健康养老产品的需求度主要取决于对产品的了解度（见表2）。

表2 老年人对智慧健康养老产品的需求情况

单位：%

智慧健康养老产品	是否需求		是否接触或使用过		满意程度（接触过）		
	是	否	是	否	不满意	一般	满意
健康腕表	49.8	50.2	29.6	70.4	6.7	47.9	45.4
可穿戴监护设备	32.7	67.3	17.8	82.2	5.3	47.9	46.8
智能血压计、智能血糖仪	78.6	21.4	68.1	31.9	3.5	30.7	65.8
便携式健康监护机	28.5	71.5	7.2	92.8	0.0	59.0	41.0
便携式睡眠监测仪	24.4	75.6	6.0	94.0	9.4	53.1	37.5
便携式空气检测仪	19.9	80.1	7.1	92.9	0.0	53.8	46.2
自主体检机	43.3	56.7	12.1	87.9	3.0	45.5	51.5
血压监测仪	81.9	18.1	79.6	20.4	3.2	29.4	67.4
体温测试仪	68.0	32	69.7	30.3	4.1	25.6	70.3
智能监护床	17.6	82.4	5.4	94.6	6.7	53.3	40.0
智能轮椅	21.5	78.5	9.7	90.3	5.6	31.5	63.0
手表式GPS定位	37.4	62.6	16.5	83.5	7.7	48.4	44.0
扫地机器人	35.9	64.1	20.3	79.7	8.9	33.0	58.0
护理机器人	16.9	83.1	2.4	97.6	7.7	53.8	38.5
康复机器人	14.8	85.2	2.2	97.8	16.7	58.3	25.0

数据来源：2019~2020年"人口发展与智慧健康养老"专项调查。

3.智慧健康养老产品已获得老年人普遍认同

老年人对智慧健康养老产品的满意度关系着相关产品的升级方向。本文通过不满意、一般、满意三个指标，选取市场上15个常见的智慧健康养老产品为例，分析老年人的满意度，结果发现，老年人对智慧健康养老产品普遍较为满意。但这一结果并不能排除部分老年人不了解产品的具体用途和效果，因此本文根据表2第二项剔除了没有接触过产品的样本，结果显示老年人对使用过或接触过的智慧健康养老产品的满意度都较高，几乎每种常见产品都有九成以上的老年人满意度达到一般或满意。由此可见，目前市场上大部分产品已获得老年人的认同，未来的产品生产应该以产品质量升级和功能升级为主。

4. 老年人对就医用药服务需求相对较高

老年人对智慧健康养老服务的需求度决定着未来养老服务努力的方向。为体现老年人对智慧健康养老服务的需求情况，本文选取了市场上常见的15种智慧健康养老服务进行调查。结果显示，老年人对智慧健康养老服务的需求度在一定程度存在差异，老年人对智慧健康养老服务的需求度排名前七位依次是：就医指导和用药指导、疾病筛查、定期监控体检、预约挂号、紧急救助、在线咨询、医养结合，且老年人对这些智慧健康养老服务的需求比例均在40%以上，老年人对就医指导和用药指导的需求度达到72.2%。而老年人对智慧健康养老服务的接触度排名前七位的依次是：就医指导和用药指导、预约挂号、定期监控体检、疾病筛查、在线咨询、生活照护、康复服务。这表明老年人对智慧健康养老服务的需求主要集中于就医用药方面，尤其是远程指导与咨询以及对身体健康的监控服务（见表3）。

表3 老年人对智慧健康养老服务的需求情况

单位：%

智慧健康养老服务	是否需求		是否接触或使用过		满意程度（接触过）		
	是	否	是	否	不满意	一般	满意
紧急救助	60.1	39.9	13.8	86.2	3.9	30.3	65.8
康复服务	41.6	58.4	20.1	79.9	3.6	48.2	48.2
疾病筛查	70.6	29.4	32.9	67.1	8.7	39.7	51.6
远程看护	22.4	77.6	4.9	95.1	25.9	63.0	11.1
精神慰藉	28.3	71.7	11.9	88.1	9.1	34.8	56.1
医养结合	42.7	57.3	16.8	83.2	4.3	38.7	57
定期监控体检	68.5	31.5	36.6	63.4	7.3	44.4	48.3
就医指导、用药指导	72.2	27.8	51.8	48.2	5.9	35.7	58.4
在线咨询	45.2	54.8	26.8	73.2	13.6	41.5	44.9

续表

智慧健康养老服务	是否需求		是否接触或使用过		满意程度（接触过）		
	是	否	是	否	不满意	一般	满意
预约挂号	61.4	38.6	46.2	53.8	6.0	32.8	61.2
生活照护	40.6	59.4	20.3	79.7	5.4	46.8	47.7
智能医疗服务	38.3	61.7	8	92	2.4	48.8	48.8
监测服务	41.8	58.2	5.8	94.2	3.2	61.3	35.5
无线定位求助	32.6	67.4	5.4	94.6	0	57.1	42.9
门禁系统联动	29.5	70.5	8.7	91.3	8.7	65.2	26.1

数据来源：2019~2020年"人口发展与智慧健康养老"专项调查。

5. 老年人对目前的智慧健康养老服务满意度不高

老年人对智慧健康养老产品的满意度关系着未来养老服务的改进和提升方向。本文选取了市场上15个常见的智慧健康养老服务，分析老年人对当前智慧健康养老服务的满意度，结合表3第二项对调查样本进行筛选，剔除未使用过或接触过的智慧健康养老服务样本。结果显示，老年人最满意的智慧健康养老服务是紧急救助服务，仅有3.9%的老年人选择了不满意，一般满意及满意占96.1%。老年人最不满意的智慧健康养老服务是远程看护服务，其中有25.9%的老年人不满意，63.0%的老年人一般满意。智慧健康养老服务需要更贴近老年人需求，探索个性化定制方案与精准化服务方式。综合老年人对这15个智慧健康养老服务的满意度分析，老年人对其中6项服务较满意（50%以上满意），对其余服务的满意度多为一般。总体来看，老年人对目前已有的智慧健康养老服务满意度一般，未来还需进一步提高智慧健康养老服务的水平和质量，更好地满足老年人养老需求。

6. 老年人不支持购买智能健康养老产品或服务的原因主要是不太会操作、隐私信息没保障以及认为网络不靠谱

只有精准掌握老年人的养老需求，以需求调节供给，才能更好地推动智慧健康养老产业发展。本文分别从10个具体的方面对老年人不支持智能健康养老产品或服务的原因进行分析，老年人不支持主要是因为不会操作智慧健康养老产品（仅12.68%的老年人不认同）、认为隐私信息没保障

（仅14.04%的老年人不认同）以及觉得网络不靠谱（仅15.73%的老年人不认同）。这表明智慧健康养老产品设计研发需要向适老化改造发展、政府需要完善相关的信息政策和多渠道的科教宣传与普及数字化知识。

表4 老年人不支持购买智能健康养老产品或服务的原因

单位：%

不支持原因	不同意	一般	同意
使用效果不好	21.57	50.14	28.29
身体健康状况下降	35.11	39.33	25.56
操作能力不好	12.68	42.82	44.51
支付能力不够	19.72	37.46	42.82
没有提供我要的服务	29.94	48.02	22.03
我不喜欢智能产品	24.16	40.73	35.11
社区远,不方便	26.40	41.57	32.02
网络不靠谱	15.73	44.66	39.61
网上支付不靠谱	17.98	39.33	42.70
个人隐私没保障	14.04	45.51	40.45

数据来源：2019~2020年"人口发展与智慧健康养老"专项调查。

三 陕西省智慧健康养老产业供需协同发展的对策建议

为进一步推进陕西省智慧健康养老产业供需协同发展，本文基于调研提出以下政策建议。

（一）增强产品的适老化程度以及提高服务的精准化，形成供需动态均衡态势

智慧健康养老产业主要是由产品和服务构成的，养老产品应对接养老服务，提高供给产能，以此达到供需协同发展和动态均衡发展。提高市场的供给质量一方面是为了满足老年人多层次、多样化的养老需求，另一方面供给也引领需求，促使老年人的需求向更高层次发展。企业应提高智慧健康养老

产品的适老化程度，既能为老年人使用智能设备提供便利，也能提高老年人的接受度和增强主动使用智能产品的意愿。智慧健康养老市场上产品种类众多，但产品的质量参差不齐，而且目前老年人的养老需求也不仅仅停留在基本的养老生活服务上，其需求表现得更加多样化。智慧健康养老产品应针对不同健康养老需求的老年人，制定个性化的养老产品与服务，提高老年人的养老生活质量。

（二）加快推进信息技术大众化，缩小老年人的数字鸿沟

智慧健康养老供给的最终目的是满足老年人日益增长的养老需求，智慧健康养老凸显的是"智慧"，智慧健康养老产业是利用新一代信息技术孕育出来的新型产业形态，但老年人在信息化产品的使用上有一定困难，企业和政府部门应在重视老年人需求的同时，积极帮助老年人更好地使用信息化产品，给老年人普及信息技术知识，缩小横亘在信息化产品与老年人之间的"数字鸿沟"。同时，政府也要引导企业在研发智能产品和设计应用软件时，紧紧围绕老年人的需求，充分利用信息技术为老年人养老生活提供便利。可以从社区出发，联合公益组织、互联网企业和老年人机构等多方社会力量，开展多种形式的数字培训、教育和交流活动，提升老年人的数字素养[1]。

（三）打造连锁化集团化的供需协同产业链，形成规模经济

连锁化与集团化的协同产业链条，不仅可以给企业带来规模经济，也可以帮助企业充分了解老年人需求，让供给与需求相匹配，形成产业供需协同。推进产业供需协同发展同样需要打造连锁化、集团化的供需产业链条，需要构建以养老服务为核心、养老支柱产业及支持产业为主体、相关产业为末端的产业链结构[2]。由示范性企业带头，能够产生一定的产业示范作用，同时对老年人养老需求做深入的调研，为下游企业的产品生产提供一定的

---

[1] 李成波、闫涵：《美国弥合老年人数字鸿沟的策略及启示》，《青年记者》2020年第6期。
[2] 张郧、吴振华：《产业链视角下养老产业发展研究》，《科技进步与对策》2015年第24期。

基准，精准对接老年人的需求。这样既可以保证产品的质量，也能根据市场需求进行产品优化，同时又能加强智慧健康养老产业的连锁化与集团化。

（四）合理进行区域产业布局，促进产业供需协同发展

集聚优势资源，培育智慧健康养老产业，以地方的优势资源，结合智慧健康养老企业，发展具有特色化的养老产业园以及进行合理的区域产业布局，可以推动产业供需协同发展，防止产品供给过剩，弥补当地各种产业之间协同不足。西安市高校众多，科技人才众多，智能制造的优势明显，可以围绕信息技术产品、智能制造产品，打造出"智能制造产业园"，发挥制造优势，生产智慧健康养老产品。而汉中市和安康市具有丰富的中药材资源，可以打造成"中医药康养中心"，结合智慧健康养老产品，依托康复机构、养生药膳馆等为老年人提供中医药康复和养老服务，形成汇聚特色的智慧康养基地。各地市也可以建设医养结合服务网络，实行家庭医生签约，协助养老机构定期开展老年人健康检查以及安宁疗护一体化的养老服务。

（五）加大政府对智慧健康养老应用的指导，提高老年人对产业的信任

政府应加大对智慧健康养老应用的指导，提高老年人对智慧健康养老应用的信任，为智慧健康养老产业供需协同提供坚实的基础。一是政府要引导社区主动开展智慧健康养老服务，把智慧健康养老应用情况纳入政府考核。以社区为依托，开展智慧健康养老服务，是有效提高老年人对智慧健康养老应用信任度的重要手段。二是加大政府购买智慧健康养老服务的力度，对空巢、独居的老人采取智慧管理，带动智慧产品的应用。以政府购买为手段，政府管理为保障，产品应用为目的，形成供需协同发展。三是加快秦云工程的进展，政府对相关数据开放应用、统一管理，加快形成智慧健康养老服务平台互联互通。信息互通有助于将养老产业各个环节（如社区、医疗机构、

养老院等）的数据进行收集、分析和挖掘①，同时要加强行业标准与信息化标准相融合，规范产业的发展②。注意保护老年人数据信息安全，也能有效地提高老年人对智慧健康养老产业的信任，更好地为老年人提供智能健康养老服务。

---

① 廖喜生、李扬萩、李彦章：《基于产业链整合理论的智慧养老产业优化路径研究》，《中国软科学》2019年第4期。
② 韦艳、徐赟：《智慧健康养老产业发展的困境与路径——以陕西省为例》，《西安财经大学学报》2020年第3期。

B.7 新时代陕西追赶超越的人力资源开发策略

胡 月*

摘 要: 中国特色社会主义进入新时代以来,陕西的人力资源开发与利用已成为其实现社会经济高质量发展和追赶超越的关键要素之一。对于地处西部、高端人力资源匮乏、产业结构不完善的陕西而言,如何在新形势下开发和利用好人力资源,是实现新时代追赶超越新篇章亟待解决的重大现实问题。本文在对陕西人力资源开发现状进行调研的基础上,总结分析了存在的主要问题,提出了对策建议。

关键词: 新时代 人力资源开发 追赶超越 陕西省

一 当前制约陕西人力资源发展的突出问题

当前陕西人力资源发展的总体水平与经济社会发展需要相比,有许多不平衡、不充分和不适应的地方,主要是:区域人力资源布局不尽合理,人才就业质量偏低,高层次创新型人力资源匮乏且流失严重,人才(专业)结构与产业结构不相适应引起的就业难,人才的分类评价机制不够科学、新经济业态所需人才供给结构失衡等。

---

* 胡月,陕西省社会科学院办公室助理研究员,研究方向:人力资源管理。

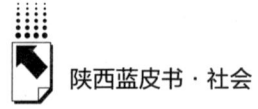

1. 人力资源总量区域分布长期不均衡

一方面，人口的年龄构成是影响人力资源数量的一个重要因素。由于劳动力人口是人口总体的一部分，人口年龄构成的变化一般都会影响到人力资源数量的变化，即人力资源数量＝人口总量×劳动年龄人口比例。因此，劳动力人口数量及其占比是能够相对客观反映人力资源状况的重要指标。经过对陕西人口结构的分析，总体上，陕西全省和各市（区）劳动力人口占比较为合理，约为74.12%，高于《2020中国统计年鉴》统计的全国约70.64%的平均占比，人力资源数量相对充足（见表1）。

表1 陕西省及各市（区）人口结构

单位：万人，%

地区	人口数	15~64周岁人口数	占比
全省	3864.4	2864.3	74.12
西安	1000.37	749.9	74.96
铜川	80.37	60.99	75.89
宝鸡	377.1	284.7	75.50
咸阳	436.61	327.15	74.93
渭南	532.77	396.32	74.39
汉中	343.61	252.2	73.40
安康	266.89	195.77	73.35
商洛	238.02	180.94	76.02
延安	225.94	167.9	74.31
榆林	341.78	258.76	75.71
杨凌	20.93	16.23	77.54

说明：因资料欠缺，本表全省、西安、咸阳、渭南、延安等5项资料来源于《2019陕西统计年鉴》，其余地区数据根据2016、2017、2018年各市国民经济和社会发展统计公报数据计算得出。

另一方面，虽然陕西的人力资源数量稳步增加，但区域差别明显，通过就业人员数和薪酬供需水平两个指标能够较好地反映出关中、陕南、陕北三大区域的现状。

就业人员数能够反映出三大区域内现有的人力资源状况。总体上看，近20年来，全省就业人员人数稳步增长，已由1999年的约1800万人增长至

2017年的2344万人；其中关中（西安、铜川、宝鸡、咸阳、渭南、杨凌）约1508万人，陕南（汉中、安康、商洛）约498万人，陕北（延安、榆林）约338万人，分别占到全省总数的64%、21%、15%[①]（见图1、图2）。

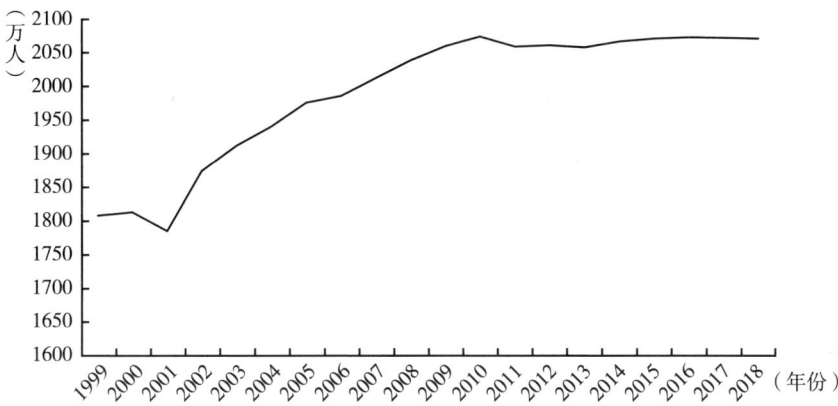

图1 陕西近20年就业人数趋势

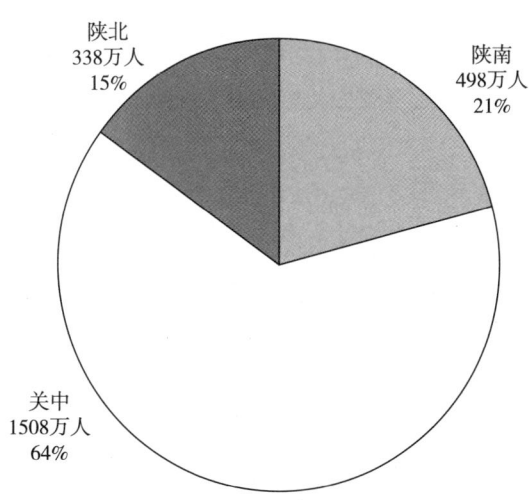

图2 陕西三大区域就业人数及占比

---

① 本文中除特殊说明外，所用数据均来源于陕西省统计局网站《2018陕西区域统计年鉴》及《2019陕西统计年鉴》汇总、整理及测算。

由此可见，关中地区现有的人力资源在全省处于"领头羊"位置，陕南、陕北与其差距十分明显，而这两个区域相互之间的差距则相对较小。与2010年相比，陕北地区因经济结构的不断调整、能源化工等重工业产业的转型升级，吸纳人力资源的能力正在快速提高，而陕南地区受地区环境保护发展限制，人力资源数量和结构与10年前相比变化不大。

薪酬供需水平也能够反映出三大区域的人力资源需求缺口，2018年陕西省主要人力资源市场供求数据显示，关中地区平均薪酬供给水平低于求职者个人期望水平，供需差距181元/月，而陕南、陕北地区薪酬供给水平则高于求职者个人期望水平。这说明关中地区的人力资源集中度较高，供给充足，用人单位选择余地较大、薪酬议价能力较强；而陕南、陕北地区人力资源短缺，需求率高于关中地区，用人单位招聘压力大，提供的薪酬水平高（见表2）。

表2 关中、陕南、陕北三大区域薪酬供需基本情况

单位：元/月

薪酬	关中	陕南	陕北
薪酬供给水平	3124	3156	3400
个人期望水平	3305	3058	3088

2. 人才就业质量偏低

就业质量是不同于就业数量，另一个衡量人力资源发展状况和水平的指标，主要包括收入质量、工作环境质量和劳动力市场保障（个体安全、满意度）三个维度指标。与就业率相比，就业质量更能反映人力资源从业的水平、层次和稳定性，并且带有一定满意度的内涵。

就陕西和西部地区总体收入质量而言，即便是同等学历、同一行业，中东部发达省份的薪酬明显高于陕西。《2018年上海中高端人才及沪漂大数据报告》显示，在流入上海的中高端人才中，同等行业薪资上涨排名前四的分别来自西安、重庆、武汉、成都，其薪资涨幅分别为64.96%、58.93%、57.32%、52.28%。其中，从西安流入上海的中高端人才涨薪幅度超六成，力度不可谓不大。

根据全国工商联发布的"2019年中国民营企业500强"榜单，2018年民营企业500强企业，东部地区入围390家，占比78%，西部地区入围43家，占比8.6%。东部地区无论是在入围企业数量，还是在营业收入和资产规模等指标上均稳居榜首，且领先优势明显（见图3、表3）。

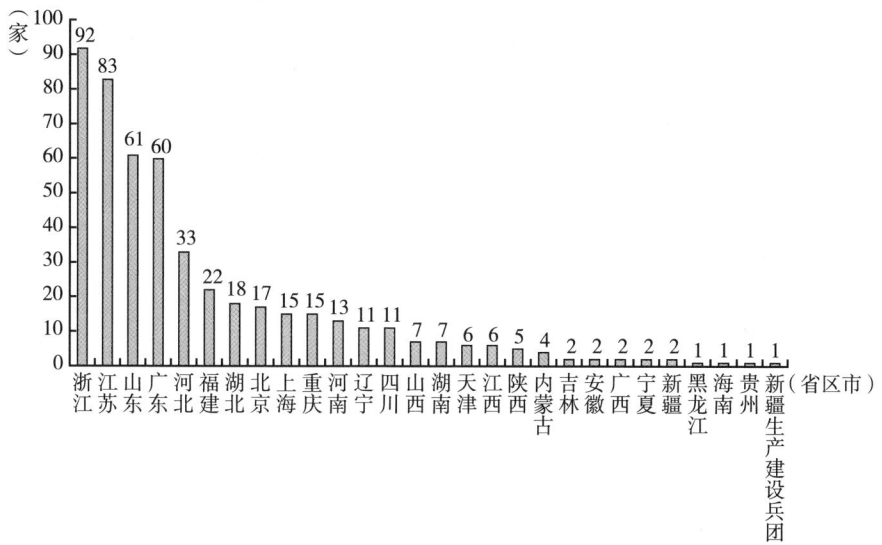

图3　2018年中国民营企业500强省区市分布

表3　2018年中国民营企业500强东西部分布

地区		入围企业（家）	营业收入（亿元）	资产规模（亿元）
东部	数量	390	234574.64	277668.16
	占比（%）	78.00	82.30	80.22
西部	数量	43	21496.04	33671.08
	占比（%）	8.60	7.54	9.73

如果一个地区薪酬平均水平不高，也没有太多的知名大企业，从各方面都无法保证人才的就业质量，那么即使它的学校办得再好、教育水平再高，也很难使人才在本地扎根。以高校毕业生为例，2019年高校毕业生在陕就业行业排名前四位的分别是教育行业（10.38%）、制造业（9.36%）、信息传输与软件服务业（9.36%）、建筑业（8.78%）。其中，博士毕业生和本科毕业生在教育行业就业比例最高，硕士毕业生在信息传输、软件和

信息技术服务业就业比例最高，专科、高职毕业生在制造业、卫生和社会工作、建筑业、交通运输仓储物流等行业就业比例最高。换而言之，博士、硕士、本科三大高学历层次人力资源在陕的总体就业质量并不高，制造业、建筑业等传统的、人力资源密集型行业仍旧是吸纳大量人力资源就业的主渠道，专科、高职毕业生在这两个行业就业占比远远大于博硕本学历人员。可以说，不是陕西留不住高级人才，而是陕西的产业留不住高级人才（见图4）。

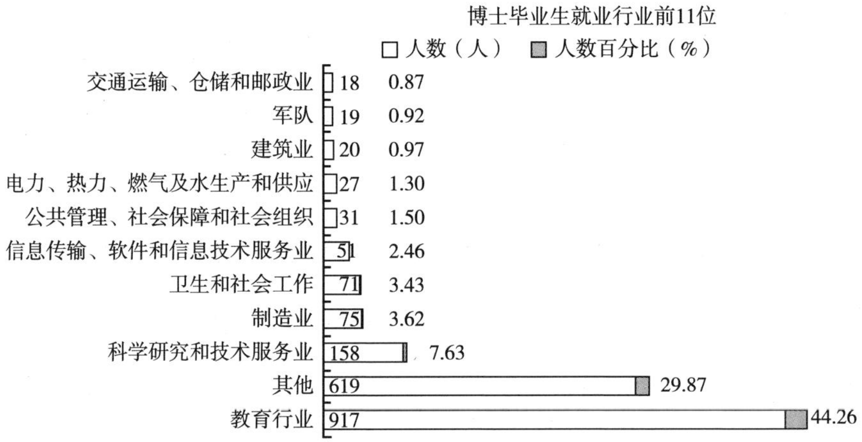

博士毕业生就业行业前11位

行业	人数（人）	人数百分比（%）
交通运输、仓储和邮政业	18	0.87
军队	19	0.92
建筑业	20	0.97
电力、热力、燃气及水生产和供应	27	1.30
公共管理、社会保障和社会组织	31	1.50
信息传输、软件和信息技术服务业	51	2.46
卫生和社会工作	71	3.43
制造业	75	3.62
科学研究和技术服务业	158	7.63
其他	619	29.87
教育行业	917	44.26

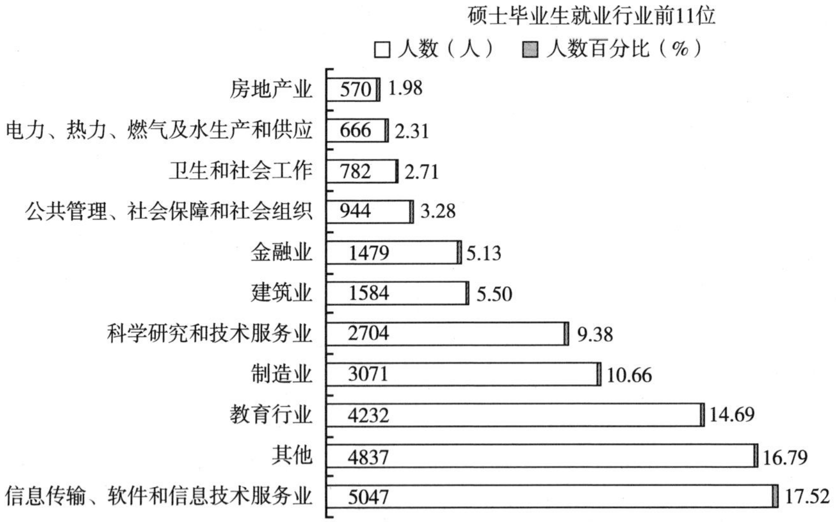

硕士毕业生就业行业前11位

行业	人数（人）	人数百分比（%）
房地产业	570	1.98
电力、热力、燃气及水生产和供应	666	2.31
卫生和社会工作	782	2.71
公共管理、社会保障和社会组织	944	3.28
金融业	1479	5.13
建筑业	1584	5.50
科学研究和技术服务业	2704	9.38
制造业	3071	10.66
教育行业	4232	14.69
其他	4837	16.79
信息传输、软件和信息技术服务业	5047	17.52

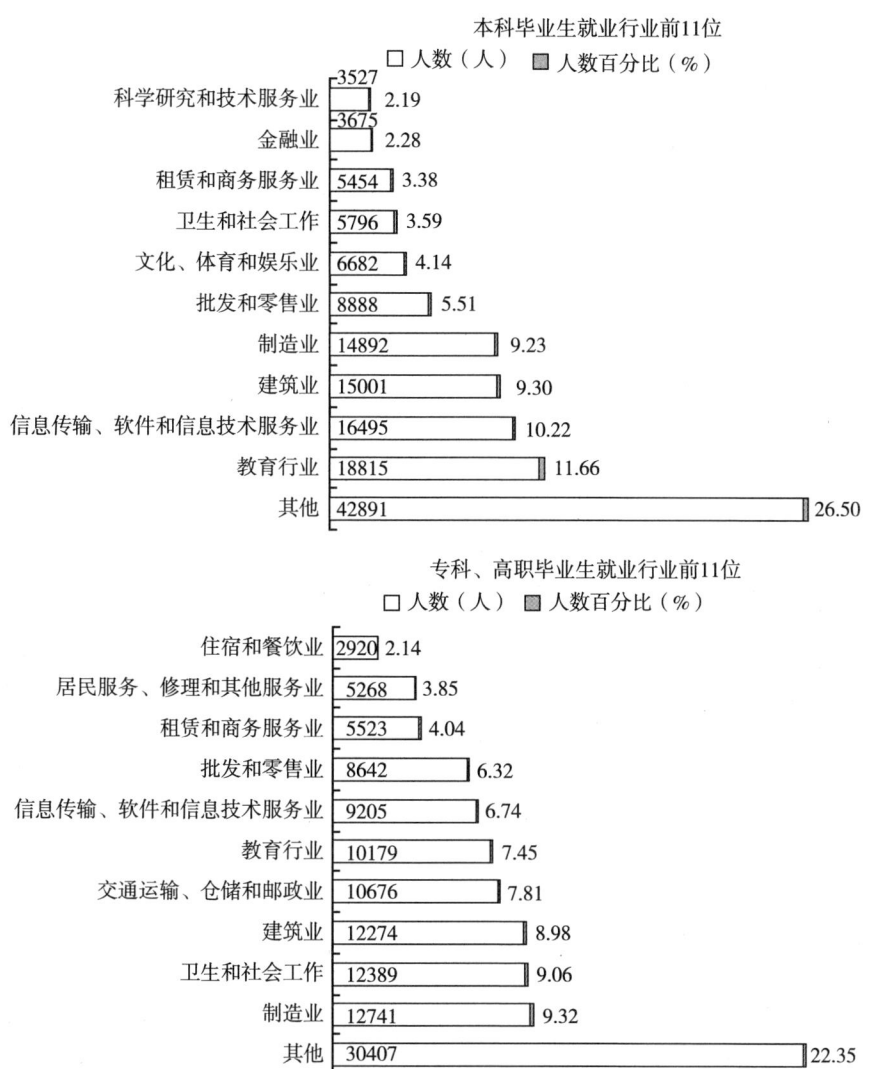

图 4 陕西大学生毕业就业情况

资料来源:《2019 年陕西省高校毕业生就业质量报告》。

3. 高端人力资源流失情况严重

作为西部地区的"科教大省""人才大省",陕西现有普通高等学校 93 所,位于西部第二位,成为西部乃至全国的人才培养基地。同时,陕西因其名声在外，也成为周边省份及经济发达地区争夺人力资源的重点目标和关注区域。

虽然单从数据上看，陕西的人力资源流入与流出基本持平，但经分析，存在"低进高出"现象，即流出的一般是高端资源、骨干资源和拔尖资源，而流入引进的一般资源占比较大。以2018年1~5月西安市落户人口构成情况为例，以买房等其他形式落户人口占主流，为41%；本科落户人口占31%，硕士研究生、博士研究生及以上人才引进落户仅占8%。

《2019年陕西省高校毕业生就业质量报告》显示，2019年全省普通高校毕业生共有328936名，其中博士研究生2072人，硕士研究生28814人。仅有12050名研究生毕业后选择在陕就业，即六成以上的博士、硕士研究生毕业后选择离开陕西就业，在留陕人员中，陕西籍学生占比高达82%。在各层次外省籍毕业生中，选择留陕就业的仅占约30%，通俗地讲，"陕西从全国招来了10名大学生，学校和地方耗费了大量的教育资源，四年后这10个人毕业了，只给陕西留下了3人"，长期存在的"陕西打井，全国吃水"的尴尬局面并未明显改观。由此可见，在流入流出数量基本持平的情况下，高端人力资源外流情况严重，并呈现持续向中东部集聚的趋势（见图5、图6、图7）。

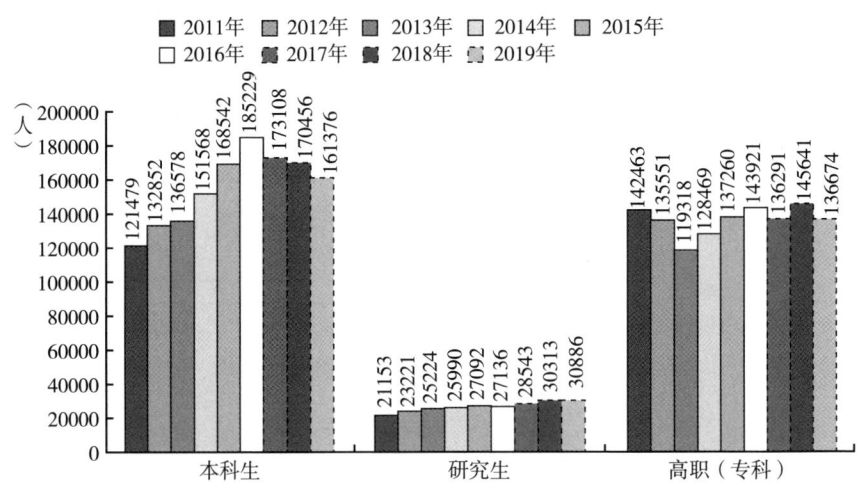

图5　陕西高校毕业生发展情况

资料来源：《2019年陕西省高校毕业生就业质量报告》。

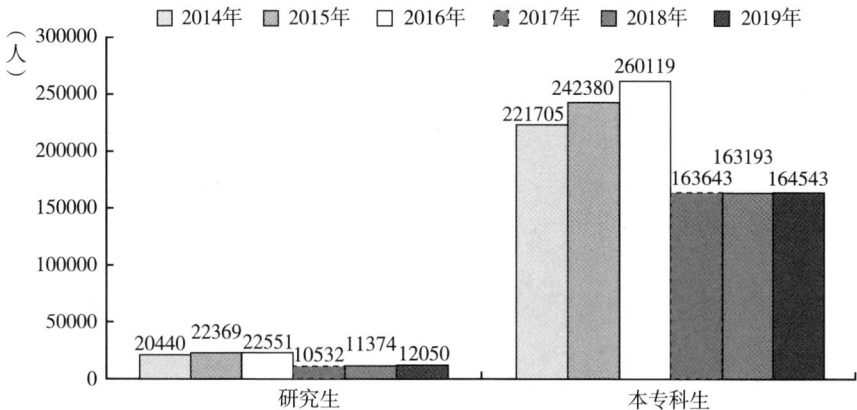

图 6　陕西高校毕业生在陕就业情况

资料来源：《2019 年陕西省高校毕业生就业质量报告》。

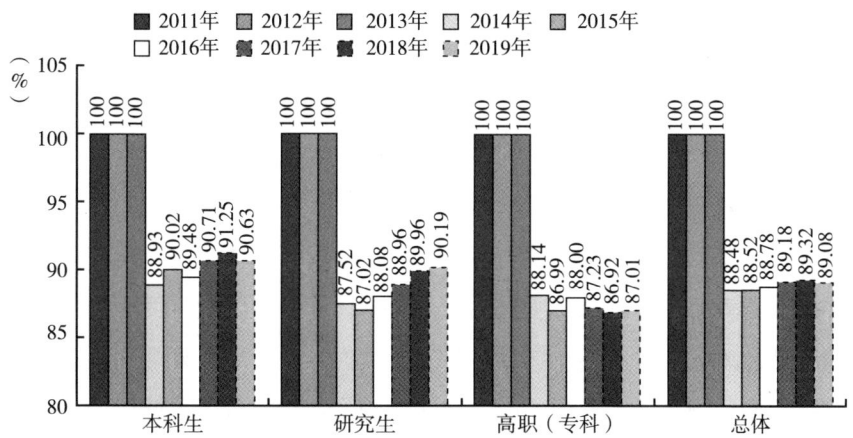

图 7　陕西高校毕业生就业率情况

资料来源：《2019 年陕西省高校毕业生就业质量报告》。

以陕西为代表的西部地区，一方面受自然条件、经济发展水平、科研平台和团队建设等诸多客观因素影响，留住高层次人才的难度较大，"孔雀东南飞"等现象多年来非但无显著改善，反而愈加严重；另一方面新型产业发展缺乏具体的实施方案，聚焦细化的专业领域不够，导致同质化竞争加剧，难以形成协调、完整的产业链和产业生态系统，更使这些有限的高端专业人才无用武之地或无法发挥应有的作用，萌生去意，如一些学术骨干、关键科研人员（如院士团队等）和高端技术企业的离开让高校、科研院所和市场损失惨重。由此导致，人力资源质量区域差异的"马太效应"已十分明显。

陕西和西部地区已陷入了一个"人才外流导致本地相关产业发展滞后，滞后的产业导致经济落后，落后的经济致使前沿产业不愿落户，前沿产业的缺失又导致人才的外流"的"怪圈"和"死循环"（见图8）。

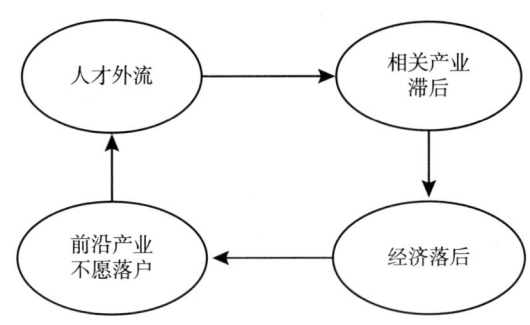

图8 陕西人才流失原因示意

4. 职业教育与地方发展需求契合度不高

陕西是高教大省，每年约有32万毕业生进入人力资源市场，但就业率并不乐观。近年来出现大学生就业难的现象，不是因为人力资本过剩，而是因为长期形成的人力资本投资结构欠缺合理性。一方面教育类别特别是高职教育特点不明晰、专业质量不高，与陕西的产业需求脱节，特别是陕西明确部署发展的新能源、高端制造、信息技术、新材料、生物医药等产业所需的高级技术工人十分欠缺，培养出的人员质量不高，达不到所需标准。另一方面在对职业教育认识层面上，存在认识不足现象，有些政府部门甚至把高职教育放在比普通专科更低的位置，造成了忽视高职教育的问题。另外，受传统教育观念的影响，人们普遍存在重学历轻能力的意识，认为高职教育就是培养低层次"工人"的教育，这对受教育者未来的职业需求起了很大消极作用，对高职教育产生了错误的导向。

5. 人才的分类评价不够精细科学

人才评价极大程度上影响着人力资源开发管理和使用。建立科学的人才分类评价机制，在树立正确用人导向、激励引导人才职业发展、调动人才创新创业积极性等方面具有重要作用。但就陕西目前的情况而言，对人才的分类评价存在笼统宽泛、评价不足、标准单一、手段趋同、社会化程度不高、用人主体自主权落实不够等突出问题，亟须通过落实中央要求、借鉴发达地区经验、深化改革加以解决。

在这些问题之中，评价标准单一尤为突出，党政领导人才唯资历、唯学历问题突出，专业技术人才唯学历、唯论文情况显著，而企业经营管理人才唯能力、唯业绩的选用标准尚未落实。这些不仅限制了人才的成长空间，同时也直接造成了人员供给和单位需求错配，加剧社会就业紧张。单一的评价标准还造成了学历贬值和知识贬值等现象，用人单位和就业群体皆倍感茫然。

6. 新经济业态所需人才供给结构失衡

当前，以数字经济为代表的新经济业态正在蓬勃发展，预计到2035年，我国数字经济领域对数字人才的需求将超过4亿人。数字经济将释放出新商业模式，创造出巨大的就业空间，促进灵活就业的快速发展壮大，激发潜在的就业市场。《中国数字经济发展与就业白皮书（2018年）》显示，数字经济每100个就业人口，72个为升级原有就业，28个为新增就业岗位。从宏观上看，目前数字人才供给缺口普遍较大。以陕西为例，数字人才主要分布在产品研发类行业部门，数字战略管理、深度分析、数字化运用、数字营销、先进制造等中高端跨境数字人才和技能型数字人才均存在不同程度的缺口。而高校毕业生中技能型数字人才的供给量不足总需求量的一半，很大程度上制约了陕西数字经济的发展。此外，陕西还存在数字人才需求结构失衡、本地高校对数字人才供给失衡等问题，如信息基础产业需求平均占比不足一半，且存在一定的结构性滞后。据陕西省人才交流中心不完全统计，陕西省对高校应届毕业生中数字人才的需求高达48%，而毕业生中数字人才的占比只有33%左右，这表明陕西对于数字人才的需求已经占据重要地位，而高校的人才供给结构严重滞后于发展需要。

二 新时代陕西追赶超越人力资源开发的思考与建议

新时代最鲜明的特征是高质量发展，而人力资源是激活高质量发展的第一资源，陕西要实现谱写新时代追赶超越新篇章就必须从全省实际出发，从阻碍人力资源活力的政策、手段、制度、服务等方面破题和改革，使人力资源规模庞大这一优势转化为推动全省经济社会发展、实现追赶超越的最大增量。

1. 积极落实党中央决策和部署，建立新形势下人力资源开发新格局

2020年伊始，突如其来的新冠肺炎疫情在全球肆虐，除对世界各国长期以来形成的固有经济社会发展方式产生冲击外，更深刻影响着全球人力资源的培养、使用、开发方式和格局。即使疫情结束，也势必会对国际高等教育及高端人力资源的流动模式产生巨大影响和深刻变革，留学生总人数会有所减少，首选留学目的地也会发生变化，一定程度上会影响国际人力资源的交流和质量的提升。但从国内应对来看，这场疫情也是一块绝佳的试金石、一台超能的助推器，它试出了我国应对重大突发公共卫生事件的效能，特别是信息化手段加速部署和应用，推动了社会各个领域的进步和革新。

在此背景下，我们要建立形成人力资源国内大循环为主体、国内国际双循环相互促进的新的培养、使用格局。就陕西而言，人才方面要"引"更要"稳"，形成以省内高校和科研院所培养为主体的省内人力资源大循环，国内国际交流、提高人力资源质量为辅助的双循环。陕西曾经在全国首先出台了人才引进政策，并同步制定了人才高地建设规划。想要留住现有人才，就要在曾经的许诺兑现速度和效果上有所体现。同时针对科技人才缺乏，特别是高层次、复合型人才严重短缺的情况，要完善包括全部专业技术人员在内的人才激励机制，加快探索完善技术入股、股权期权激励、科技成果转化收益分配等机制，对企业重要技术人才有所激励。

2. 针对追赶超越需求确定合理的人力资源结构，形成"人尽其才、才尽其用"的良好局面

人力资源开发其本质目的就是组织生存和发展而进行的选人、育人和用

人。这项任务远非一个或几个组织成员所能承担，需要成批成群的组织成员共同努力，同心同德，相互促进才能达到其目的，只有经过科学的组合，群体才能发挥出最大效能。面对新形势，陕西在追赶超越新征程上要及时调整和扭转人力资源供给侧结构性矛盾，特别是要改变重视学历学位教育、轻视职业技能教育的观念和做法，大量培养技术型人才，满足全省经济发展特别是新兴战略产业对高级技术人才的迫切需求。要实现形成已久观念和结构的转变绝非朝夕之功，在加强职业技能教育方面政府要出台硬措施，推动职业技能教育蓬勃发展，如：加大基础教育中的技能课程学时和频次，将其纳入学生学期综合素质评价和教师考核考评内容，引导学生从小树立正确的职业理念，促进教师摒弃对职业教育的落后观念。同时，在需求侧调整方面，要积极推动"校企合作"落地见效，细化专业职业分类，鼓励校企联合开办专业和开展技能培训。

在转变人力资源结构方面应积极呼吁国家加大对西部的经济投资，出台更多促进西部发展优惠政策，吸引东中部高端人才向西部迁移，平衡经济发展区域，从而实现人力资源的合理流动。

3.大力推进人才分类评价改革，建立符合新时代特点和追赶超越要求的人才评价机制

人才评价是人才发展体制机制的重要组成部分，是人才资源开发管理和使用的前提。通过深入贯彻落实《中共中央印发〈关于深化人才发展体制机制改革的意见〉的通知》，创新人才评价机制，发挥人才评价指挥棒作用，加快形成导向明确、精准科学、规范有序、竞争择优的科学化、社会化、市场化人才评价机制，建立与我国国情、制度和陕西发展实际需求相适应的人才评价制度，使优秀人才脱颖而出。

一方面要破除长期存在于教育和人才评价中，已固化形成的主要导向和"指挥棒"，改变唯学历、唯资历、唯"帽子"、唯论文、唯项目等片面的评价人才标准与指标，扭转不科学的"唯"导向机制。具体来说，对党政领导人才应遵循"看学历重品性、看资历重能力"的原则进行选用，对专业技术人才应遵循"看职称重评价、看论文重实效"的标准进行评判，对企

业经营管理人才应遵循"看思路重业绩、看经历重经验"的理念进行吸纳。

另一方面要细化关键行业和领域的人才评价改革,对推动经济社会发展起主力军作用的专业技术人才再进行细化分类评价,为工程科技人才、教育人才、社会科学和艺术人才、医药卫生人才、企业经营管理人才、农村乡土实用人才等进行评价分类,大政策要细化为陕西具体的条款措施,建立导向鲜明、合理可行、各有侧重的体系。

4. 打好"引得进、留得住、用得好"三张牌,营造良好的人力资源就业生活大环境

首先要选好引好外部资源。一方面人才的引进不能简单地靠"蛮力"来取得短期的集聚效应,而是要立足自身实际和产业需要,大力精准地引进所需的各类紧缺人才。另一方面,要解放思想和观念,强化柔性引才用才理念,不求帽子、不求学历,不求所有、不唯地域、不拘一格,通过项目、技术、咨询、交流等方式,借智借力满足发展需求。其次要留好用好本土资源,陕西的高校和科研院所众多,本土人才是陕西人力资源队伍的主力军,要通过完善政策机制、加大投入、提高待遇、加强沟通等方式不断对各类人才资源持续进行激励扶持。还要重视农村乡土人才这个"宝",充分利用其熟悉了解本土资源禀赋,"安于一隅"、埋头苦干等优势和优点,发挥这一资源群体作用,吸引更多土生土长的人才返乡回流,并成为乡村振兴的生力军,改变人力资源结构性问题。再次要服务好关爱好各群体,如在提升就业质量方面,短期内陕西虽不能与中东部省份比待遇、比财力,但可以比组织、比保障,如出台人才自由落户政策,解决配偶安置、子女入学等问题,发放可在科研平台共享、签证、住房、医疗、健康等方面享受优惠和便利的"高端人才服务绿卡",优先推荐各层次人才评选,优先解决所需领导职数和编制等问题,使政策为提高就业质量护航,提高劳动者的工作满意度、社会认可度和权益保障水平。

5. 建立数字领域新兴专业和数字人才培养体系,多维度吸引、储备数字人才

紧跟新时代就业所呈现的灵活多元特征,发展数字领域新兴专业,注重

数字学术型人才和技能型人才的培养，提升陕西整体的数字人才数量和质量。建立健全高等院校、中等职业学校学科专业动态调整机制。一方面，鼓励省内各高校直接开设数字经济相关专业，培育高端数字经济人才；同时，推进面向数字经济的新工科建设，积极发展数字领域新兴专业，促进计算机科学、数据分析与其他专业学科间的交叉融合，扩大互联网、物联网、大数据、云计算、人工智能等数字人才培养规模。另一方面，鼓励省内职业学校以数字经济基础设施建设为契机完善和进一步推动相关技术学员就业，形成数字经济基础设施建设促进数字人才吸引培养的良性可持续绿色发展。

相关主管部门要牵头建立"陕西数字经济学会"等行业组织，健全数字人才培养体系。制定数字经济领域内互联网、物联网、大数据、云计算、人工智能等数字人才培养考核标准，做好有关人才资格认证工作。加强数字人才教育师资力量培养，推动各层次教育普遍开展数字知识和技能教育，逐步建立多层次、多类型数字人才培养体系。加大职业教育数字化资源共建共享力度，加快建设适应数字经济发展的职业教育相关专业教学标准体系，进一步优化中等职业学校信息化相关专业设置。同时，要积极对陕西省人才结构进行改善和调整，促进陕西省人才结构向有利于数字经济发展方向发展，保障全省就业结构稳定、就业质量提升。

参考文献

高翔、段沁、刘予洪：《西部地区如何挖掘自身引才优势》，《中国人才》2018年第8期。

倪好：《新时代西部地区高质量发展的人才支撑策略》，《宏观经济管理》2020年第8期。

陕西省社会科学院课题组：《新世纪陕西人力资源现状与趋势分析》，载杨尚勤、甯向前主编《陕西人力资源和社会保障发展报告（2010）》，社会科学文献出版社，2010。

杨崇崇：《浅谈当前高职院校专业设置问题与对策》，《北京电力高等专科学校学报》

(社会科学版)2011年第3期。

张鸿、刘中、何文秀、盛攀峰:《数字经济对陕西省就业质量的影响》,《西安邮电大学学报》2019年第6期。

全国工商联:《2019中国民营企业500强调研分析报告》,2019。

B.8 陕西省乡村人才振兴的现状、问题及建议

吴菲霞*

摘　要： 人才振兴是乡村振兴的基础、关键。乡村振兴战略下的乡村人才振兴工作是一个在系统化思维引领下的全新领域。自党的十九大以来，陕西省出台了一系列乡村人才振兴相关文件，在现代农业人才队伍、公共服务人才队伍、乡村文化人才队伍建设等方面取得了显著成绩，返乡入乡就业创业进入高质量发展阶段。但陕西省乡村人才振兴存在概念界定不清晰、现有政策不能适应新时代乡村振兴的要求、缺乏系统思维未整体推进等问题。建议清晰界定陕西省乡村振兴人才的内涵和外延、全面谋划各类乡村振兴人才发展、做好乡村人才振兴的顶层设计尽快出台指导意见、强化政策设计让返乡入乡人员能留得住。

关键词： 乡村振兴　人才振兴　陕西省

习近平指出，乡村要实现产业振兴、人才振兴、文化振兴、生态振兴、组织振兴。《乡村振兴战略规划（2018～2022年）》提出，要科学有序推动乡村产业、人才、文化、生态和组织振兴。可见，乡村振兴战略是一个系统

---

* 吴菲霞，陕西省社会科学院社会学研究所助理研究员，研究方向：人力资源与社会保障，公益慈善。

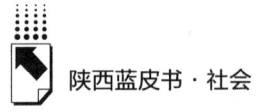

工程，在影响乡村振兴的诸多要素中，人才是关键，是灵魂。乡村振兴的各项事业都需要人才去推动，离开了人才，好的政策、资源就如同无源之水、无本之木。乡村人才建设功在当代，利在千秋。

人才匮乏是我国乡村振兴的瓶颈。陕西作为西部省份，更面临严峻的乡村人才匮乏问题，但同时，陕西又是教育大省、文化大省，优势与挑战并存，问题与机遇同在。在全面建成小康社会、打赢扶贫攻坚战的关键时期，陕西应牵住"牛鼻子"，把推进乡村人才建设作为一项重大任务来抓，要树立系统思维，着眼全局，充分摸清本省乡村人才建设基本情况，发现问题，总结以往经验教训，吸收先进省份好的做法，制定出一套符合陕西特色的乡村人才振兴方案，为乡村人才振兴奠定坚实的基础。十年树木，百年树人，乡村人才振兴也不可能一蹴而就，既要抓住时机下大力气建设乡村振兴人才队伍，也要长远打算、科学谋划。

一 从近年陕西省一号文件看陕西乡村人才振兴战略

陕西省目前对乡村人才振兴尚未出台专门的指导性文件，与之相关的政策较为分散。从2018、2019、2020年出台的一号文件①来看，陕西省对乡村人才振兴的重视程度逐年提高，内容逐步细化，相关内容表现为以下几个方面。

1. 现代农业生产经营人才、创业致富带头人培育

2018年提出把"土专家""田秀才"纳入专家库，强化对小农户实用技术和经营管理培训；加强创业致富带头人培育；健全职业农民制度、完善配套政策体系；继续实施新型职业农民培育工程，建立分层次全覆盖培养体系，创新培养机制，加大培训基地建设力度，支持农民专业合作社、专业技

---

① 即《中共陕西省委陕西省人民政府关于实施乡村振兴战略的实施意见》（2018年）、《中共陕西省委陕西省人民政府关于坚持农业农村优先发展全面做好"三农"工作的实施意见》（2019年）、《中共陕西省委陕西省人民政府关于抓好"三农"领域重点工作确保如期实现全面小康的实施意见》（2020年）。

术协会、龙头企业等主体承担培训。2019年提出鼓励大学毕业生、返乡农民工等回乡创办家庭农场，领办农民合作社；借鉴选派大学生村官的做法，选送一批电商人才、专业技术人才到农民合作社担任理事长助理。

2. "三农"干部队伍建设

2018、2019年一号文件对"三农"工作干部队伍的培养都有所涉及。2018、2019年均提出面向贫困村、软弱涣散村和集体经济薄弱村（空壳村）派出第一书记（2019年进一步提出将第一书记派驻长效工作机制向乡村振兴任务重的村拓展）。2018年提出要加强各级"三农"工作干部队伍的培养、配备、管理、使用；实施农村基层干部素质提升工程和后备干部培养"雏雁工程"。2019年提出要建立"三农"工作干部队伍培养、配备、管理、使用机制，落实关爱政策，以及落实"四个优先"要求，优先考虑"三农"干部配备；2020年提出提高农村干部待遇。

3. 乡村公共服务领域人才队伍建设

近年的陕西一号文件，从待遇、培训、职称晋升、补助等几方面提出加强乡村教师、基层医疗队伍建设。2019年陕西省一号文件还提出健全镇村两级中医药服务网络，加大基层中医药人才培养力度，提升基层中医药服务能力。

4. 农村文化人才队伍建设

2018、2020年一号文件在加强公共文化建设、改善农村公共文化服务、继承创新优秀传统乡土文化、传承好非物质文化遗产方面提出了要求，并提出了要加强农村文化人才培训，发现培养乡土文化能人、民间文化传承人特别是非遗传承人。

5. 引导人才向乡村流动

2018年一号文件提出继续实施"三区"人才支持计划，实施"三支一扶"和特岗教师计划，选拔高校毕业生到基层工作，引导高等院校、科研院所等专业技术人员到乡村挂职、兼职和离岗创业，加大向基层选派博士服务团工作力度。2020年对推动人才流向乡村做了更加详细的部署。如鼓励大学生、退役军人、企业家等到农村干事创业；支持各类专业技术人员下乡开展工作；把乡村任职经历作为城市教师、医生职务晋升的重要考量；在本科高校涉农专业设置、一流本科专业建设、职业院校涉农专业建设方面做出了更加有利于"三农"人才培养的规定。

6. 引导支持农民工等人员返乡创业

2018年一号文件从公共就业创业服务、农民工返乡创业培训、解决返乡下乡创业过程中出现的各种问题等方面对支持农民工返乡创业就业提出了要求。2019年提出鼓励城镇人口到农村创业发展，推进农村创新创业，积极落实支持政策。2020年陕西一号文件把支持农民工返乡就业创业作为稳定农民工就业的重要途径，提出从技能培训、创业补贴、返乡创业孵化平台建设、优惠政策制定、推动农民就地就近就业等方面支持农民工返乡就业创业。

二 陕西乡村人才振兴的现状

（一）新型职业农民队伍不断壮大

2012年，中央一号文件做出了大力培育新型职业农民的战略部署，陕西省积极响应，在全国率先开展职业农民研究和培育试点，把培育职业农民作为发展现代农业的重要抓手。2014年开始，陕西连续4年被农业部确定为新型职业农民整省推进省份。

目前，陕西省已经初步建立包括政策扶持、资格认证、技能培训、技术指导在内的新型职业农民制度体系，先后出台了《关于加快推进新型职业农民培育工作的意见》（2013年）、《新型职业农民培育整省推进工作方案》（2014年）、《陕西省新型职业农民认定管理办法》（2016年）等政策措施及一系列培育管理制度，全省各地也相继出台了加强职业农民培育工作的相关办法。2018年，陕西省一号文件将健全职业农民制度、培育新型职业农民纳入乡村振兴战略规划。在政策扶持方面，陕西省主要从产业扶持、科技扶持、金融政策扶持几方面展开。在资格认证方面，根据《陕西省新型职业农民培育认定管理办法》相关规定，陕西新型职业农民经过一系列认定环节后，可被认定为高级、中级、初级新型职业农民。在技能培训方面，陕西省除了依托农业广播电视学校开展职业农民培训外，还通过与西北农林科技大学联合设立陕西省职业农民培训学院开展理论教学，通过建立农民实训基地对职业农民开展实训。在技术指导方面，陕西省组建了一支由专家团队、科技干部、科技人员为主体的职业农民导师队伍，帮助新型职业农民解决实际问题。

经过多年努力，陕西省职业农民培育工作取得了显著成绩，新型职业农民数量近年来有显著提高，涌现出凤翔养猪女状元、长安"种粮大户"、"全国十佳农民"、"陕西省十佳农民"等一批先进典型。这些新型职业农民不但自身发展了，还带动了周边农户致富，帮助贫困户脱贫。国家统计局陕西调查总队 2019 年 10 月发布的《陕西新型职业农民增收情况调研报告》显示，2018 年底全省新型职业农民 87757 人，其中持有初级证书 79157 人，持有中级证书 7537 人，持有高级证书 1063 人。全省累计系统教育培训职业农民 14.93 万人。新型职业农民人均年收入是全省农村居民人均年收入的 2.55 倍。绝大部分的持证新型职业农民来自合作社、龙头企业、家庭农场、园区等新型经营主体。71.4% 的职业农民属于生产经营型，主要从事种植养殖业，专业技能型占 9.9%，社会服务型占 9.8%。

（二）乡村教师、医生人才队伍整体素质和水平不断提高

1. 乡村教师队伍

近年来，陕西省出台了《陕西省乡村教师支持计划（2015～2020 年）》（2015 年）、《关于进一步落实好连片特困地区乡村教师生活补助政策的实施意见》（2017 年）、《全面深化新时代教师队伍建设改革的意见》（2019 年）等一系列政策，为建好建强乡村教师队伍提供了有力的政策支持。《陕西省乡村教师支持计划（2015～2020 年）》提出从推进乡村教师师德建设、拓展乡村教师补充渠道、提高乡村教师生活待遇、统一城乡教职工编制标准、职称（职务）评聘向乡村学校倾斜、推动城镇优秀教师向乡村学校流动、乡村

教师素质提升、建立乡村教师荣誉制度八大方面加强乡村教师队伍建设，达到确保数量、提升质量、稳定队伍、促进交流的目标。《全面深化新时代教师队伍建设改革的意见》从乡村全科教师培养、教师素质提升、引导优秀教师向乡村流动、职称评定、教师待遇、教师荣誉和奖励等方面做出了全面规定。

近年来，陕西省积极落实出台的乡村教师队伍建设各项政策，取得了显著成效。如在国家集中连片特困县乡村教师生活补助方面，2018年陕西省连片特困县乡村教师生活补助在43个县实施，覆盖学校3196所，覆盖教师5.56万人，资金总额28121万元，人均415元，高于全国人均水平（324元）。另外，陕西省还积极扩大乡村教师生活补助政策覆盖范围，拨付资金7668万元，将13个非连片地区县乡村教师纳入补助范围，覆盖学校963所，覆盖教师2.44万人[①]。

经过多年的发展，陕西省乡村教师队伍不断壮大，教师质量不断提升，涌现出了一批优秀乡村教师。2020年，陕西省有6人入选教育部乡村优秀青年教师培养奖励计划，100人入选陕西省乡村优秀青年教师培养奖励计划。对于这部分优秀乡村教师，省上除了给予奖励以资鼓励外，还将其纳入名师工作室、学科带头人工作坊、教学能手工作站等教师骨干体系，重点进行培养，以帮助他们发挥示范引领作用，带动陕西省乡村教师队伍整体素质提升。

2. 乡村医生队伍

乡村医生是农村基本公共卫生服务的主要提供者，是农民健康的守护者，对减少贫困地区群众因病致贫、因病返贫起着至关重要的作用。2015年，陕西省颁布了《关于全面推进乡村医生队伍建设的实施意见》，该文件明确了乡村医生的职责和配置标准，设置了乡村医生的管理规范，提出了提升乡村医生专业素养、优化乡村医生学历结构、提高乡村医生岗位吸引力的措施，并对乡村医生收入保障、养老保障、工作条件和职业环境几方面做出了相关规定。

---

① 中华人民共和国教育部：《教育部办公厅关于2018年乡村教师生活补助实施情况的通报》，http：//www.moe.gov.cn/srcsite/A10/s7030/201904/t20190404_376664.html，最后检索日期：2020年12月27日。

随着《关于全面推进乡村医生队伍建设的实施意见》的深入实施,陕西省乡村医生从业人员有较快增长,学历水平、取得执业资格证书人员数量显著提升。有调查表明,陕西省乡村医生从业时间在10年以内的占41%,可见10年来陕西省在乡村医生队伍建设上成效显著。该研究还表明,陕西省受过专业教育的中专及以上学历的乡村医生占93.9%,大专及本科学历分别占42.9%、13%,达到了《全国乡村医生教育规划(2011~2020年)》规定的学历要求。[①]

(三)乡村文化人才建设取得成效

乡村文化人才培育是加强农村公共文化建设、改善公共文化服务、推进乡村文明建设、带动乡村旅游经济发展的重要支撑。近年来,陕西省对乡村文化人才的重视程度日益提高,在基层文化工作者队伍建设、非遗传承人保护培养、新乡贤文化发展等方面都有积极的举措。

在政策保障方面,近年来,省、市一级陆续出台乡村文化人才相关政策。2020年,陕西省出台了《陕西省省级非物质文化遗产代表性传承人认定与管理办法》。2019年,西安市出台了《西安市乡村文化风貌塑造工程实施方案》,提出要积极培育新乡贤文化,探索引导新乡贤依法参与乡村治理、提高乡村专业文化人才职称评聘比例、建立完善农村文化礼堂"两员"制度、培育乡村非遗文化传承人、加大乡村文化人才培养力度等乡村文化人才队伍建设相关措施。同年,西安市还出台了《西安市文化"能工巧匠"培养方案》,旨在培养乡村文化能人,打造"能工巧匠"队伍。

在人才配备方面,陕西省各县、乡镇、街道、村及社区大多配齐专职宣传文化干部,从大学生村官、支教大学生中选拔优秀人才充实到基层宣传文化队伍中。

在人才培养方面,陕西省继续依托"三区"人才文化工作者专项,加

---

① 靳红樱、吕宝:《"一带一路"视域下的陕西乡村医生队伍建设现状调查》,《新西部》2019年1月上旬刊,第69页。

强紧缺基层文化工作者、非遗传承队伍在内的乡村文化人才培养。截至2017年底，陕西省共有国家级非遗代表性传承人78人，省级非遗代表性传承人492人。①

在人才使用方面，陕西省鼓励支持文化人才积极开展基层民众文化建设，吸纳优秀民间文艺骨干参与各类公益文化活动和文化志愿活动；组织志愿者为群众文化活动服务；倡导优秀传统文化与群众日常生活结合，鼓励非遗代表性传承人开展传承、传播活动，使民间技艺在与人民日常生活需求的对接中得到传承，使其价值在重新融入现代人日常生活中得到彰显；鼓励发挥非遗传承人的传帮带作用，发展壮大手工艺、文化传承人队伍，激发贫困群众的内生动力，陕西省千阳县、澄城县、韩城、南郑等地突出利用本地刺绣、陶瓷烧纸、剪纸技艺、水盆羊肉、鼓吹乐技艺、韩城行鼓、藤编、棕编等非遗技艺产业带动力，带动了一批群众就业创业。

（四）返乡入乡就业创业进入高质量发展阶段

陕西省多年来一直积极支持大学生、农民工返乡就业创业。党的十九大以来，出台了《陕西省人民政府办公厅关于支持返乡下乡人员创业创新促进农村一二三产业融合发展的实施意见》（2017年）、《陕西省职业技能提升行动实施方案（2019～2021年）》（2019年）等一系列支持返乡创业就业的政策。随着政策环境的不断优化，陕西省近年返乡创业农民工人数逐年增多，通过创新经济实体等方式带动了周边农民就业致富。2018年，陕西省农民工返乡创业人数达48.1万人，创办经济实体25.84万个，累计投资金额414.4亿元，带动147.48万人就业。②

2020年陕西一号文件指出，要鼓励人才流向农村，"鼓励大学生、退役军人、企业家等到农村干事创业，享受与城市创业一样的政策支持。支持科研

---

① 中国非物质文化遗产保护中心：《专访陕西非遗保护中心主任洪济龙》，中国非物质文化遗产网，http：//www.ihchina.cn/luntan_details/7353.html，最后检索时间：2020年12月27日。
② （记者）雷肖霄：《陕西农民工返乡创业人数累计达48.1万人》，新华网，http：//www.xinhuanet.com/local/2018-11/09/c_1123690154.htm，最后检索时间：2020年11月27日。

人员、工程师、规划师、建筑师等下乡承担业务工作或开展带教、培训、技术指导活动"。2020年，为贯彻落实国家发改委等部门联合出台的《关于推动返乡入乡创业高质量发展的意见》，陕西省出台了《陕西省推动返乡入乡创业高质量发展2020年重点工作安排》（2020年）、《关于进一步推动返乡入乡创业工作的若干意见》（2020年）。"返乡入乡创业"是党的十九大提出的"乡村融合发展"思路的体现，是促进城乡融合的重要环节。从"返乡创业"到"返乡入乡创业"标志着陕西返乡入乡创业工作进入了一个全新的阶段。

三 陕西乡村人才振兴存在的问题

（一）"乡村人才"的内涵和外延界定不清晰

通过对乡村人才振兴相关文件及学术成果进行查阅，可知目前政府及学者对"乡村人才振兴"背景下的"乡村人才"这一概念的内涵没有做出清晰的界定，其内涵及分类尚未达成共识。2018年中央一号文件在乡村人才振兴相关论述中提到"新型职业农民""农村专业人才""科技人才"，以及投身乡村建设的"社会各界"人才，只是对"乡村振兴人才"做了一个较为粗略的分类。这可能透露着一个信息，全国各地要振兴哪些乡村人才，需要根据各省的情况因地制宜地做出考量，没有一个统一标准。自党的十九大起，陕西历年的一号文件涉及的乡村振兴"人才"如表1所示。

表1 近三年陕西一号文件中涉及的乡村振兴"人才"

年份	2018	2019	2020
类型	"田秀才"、"土专家"、农村文化人才、乡土文化能人、民间文化传承人、非遗传承人、农村基层干部、村级后备干部、乡村教师、基层全科医生、职业农民、创业致富带头人、县域专业人才、"三农"工作干部、农业职业经理人、经纪人，下乡的专业技术人员	乡村教师、基层中医药人才、电商人才、专业技术人才、"三农"工作干部、新型农业经营主体带头人（回乡创办家庭农场，领办农民合作社的大学毕业生、返乡农民工等）	基层全科医生、非遗传承人、农业科研人员、技术人员，到农村干事创业的大学生、退役军人、企业家，下乡的科研人员（包括农业科研人员）、农业技术人员、工程师、规划师、建筑师、城市中小学教师

可见，陕西省目前对乡村振兴人才尚未进行清晰界定。振兴乡村人才，需要搞清楚什么是乡村振兴人才，哪些属于乡村振兴人才的范围，哪些是现阶段急需重点培育、保障的人才，这是陕西省下一步开展乡村人才振兴工作的重要基础、重要依据。

（二）乡村振兴相关政策还不能适应新时期乡村振兴的要求

"农村"这一称谓背后的隐喻是农村是一个单一的经济体，它的功能主要是生产，"农村"和"城市"是互相独立的，而不是融合的。党的十九大召开以后，乡村人才队伍建设的惯常思路已经被打破。党的十九大报告首次提出"乡村振兴"，中共中央、国务院印发的《乡村振兴战略规划（2018～2022年）》更是在第一篇就对"乡村"一词进行定义，指出"乡村是具有自然、社会、经济特征的地域综合体，兼具生产、生活、生态、文化等多重功能，与城镇互促互进、共生共存，共同构成人类活动的主要空间"，这是一个重大的信号，代表着一种全新的思维。这一定义表明，"乡村"不再被认为单一地承担着生产功能，还兼具生活、生态、文化等多种功能，它是五亿多人口生活的家园，是粮食等农产品的供给者，是中华文明的母体和基本载体、社会治理的基础。因而乡村振兴，不仅仅是经济的振兴、产业的振兴，按照"五个振兴"的要求，还应该是乡村文化、乡村生态、乡村组织等方面的振兴。要实现"五个振兴"，需要全面振兴乡村各类人才。

党的十九大以前，陕西省出台的相关政策主要是围绕产业扶贫、乡村治理、提供基本公共服务，重点倾向于生产型人才、经营型人才、生产技术人才，以及教师、医疗卫生人才、基层治理人才，乡村人才队伍建设工作也主要是围绕以上人才展开。传统手工业人才、乡村文化能人、新乡贤、乡村旅游、乡村规划等人才受重视程度不高，还不能适应新时代乡村振兴的需要，乡村人才相关政策亟待调整。

（三）乡村人才振兴尚未整体推进

目前，陕西省乡村人才振兴的指导意见还没有出台，"乡村人才振兴"

作为陕西乡村振兴战略的一部分,由于缺乏政策的顶层设计无法整体推进,"陕西乡村人才振兴"还停留在媒体宣传报道地方经验和少数学术论文进行理论探讨的层面上。而山东省在2018年已经出台了《山东省乡村振兴战略规划(2018~2022年)》和包括《山东省推动乡村人才振兴工作方案》在内的五个工作方案,同年出台了《推进乡村人才振兴若干措施》。2020年,山东省又出台了《山东省人才发展促进条例》,把推动乡村人才振兴写进了条例,为乡村人才振兴提供了法律保障。

(四)鼓励返乡入乡政策在留人方面设计不足

陕西省近年来出台的鼓励返乡入乡的政策从简政放权、财税支持、金融服务、用地支持、人才培育、社会保障、创业载体建设、服务保障、组织保障等方面为返乡就业创业人员提供了较为全面的政策支持,政策措施逐渐具体、完善,对广大返乡入乡人才来说是鼓舞人心的好事,也吸引了一批人才返乡入乡创业就业。但扎根乡村不仅要用事业留人,还要用生活留人。返乡入乡人员不仅需要资金支持、素质提升、基础设施改善、创业平台,也在子女教育、住房保障等方面有刚性需求。国家统计局陕西调查总队2018年发布的《陕西农民工返乡创业调研报告》指出,调查的108个返乡农民工平均年龄为38.3岁,30~50岁的占66.7%,创业意识、高收入吸引和兼顾家庭是促成农民工创业的主要动机。从被调查返乡农民工的年龄来看,正是上有老下有小的年龄,相当一部分人存在子女教育需求,兼顾家庭的动机也必然包含把子女留在身边,让子女接受良好教育的考虑。目前陕西省返乡入乡政策在留住人才、让人才扎根方面存在薄弱点,有可能会导致现有的政策很好,却最终无法留住人才的局面。

四 加快陕西省乡村人才振兴的几点建议

(一)清晰界定陕西省乡村振兴人才的内涵和外延

积极领会习近平关于做好"三农"工作、实施乡村振兴战略的重要论述,以中央一号文件为首要依据,紧扣陕西省乡村振兴战略的要求,结合陕西省乡村振兴各项事业和人才发展的实际情况,参考各兄弟省份的做法,科学界定陕西乡村振兴人才的内涵,对陕西省乡村振兴人才进行合理分类,建立陕西省乡村振兴人才指导清单,各市县以此为参考,结合本地区实际情况建立本地区乡村振兴人才清单,并建立乡村振兴人才清单动态调整机制。注意厘清党的十九大以前已经出现的"农村人才""乡土人才""农村实用人才"等概念与"乡村人才"之间的关系。

(二)全面谋划各类乡村振兴人才发展

"乡村"具有多种功能,"乡村振兴"的内容是多方面的,振兴乡村的人才种类也必然具有多样性,各种有利于乡村经济发展、生态宜居、治理有效、生活舒适、精神富足的人才都应该算乡村振兴人才。乡村人才振兴相关政策的制定应突破固有思维,根据乡村振兴战略"五个振兴"的要求,结合陕西省情况,全面谋划各类乡村振兴人才的发展,建设好一支包括畜牧兽医、乡村事务管理、法治、建设规划、环境整治等领域在内的专业人才队伍,振兴非遗文化传承人、传统手工艺人、乡村文化人才、旅游能人等乡土人才队伍,留好、培育好、激励好、用好基层文化工作者队伍,鼓励新乡贤在乡村治理、引领创新创业等方面发挥作用。

(三)做好乡村人才振兴的顶层设计尽快出台指导意见

与以往农业、农村各类人才政策较为分散不同,乡村人才振兴作为乡村振兴战略的一个重要组成部分,需要把各类乡村振兴人才队伍建设作为一个整体来推进。应充分领会党中央、国务院关于新时代乡村振兴战略的精神内核,梳理现有的各类乡村人才相关政策、项目、资源,做好乡村人才振兴政策的顶层设计、统筹谋划,构建陕西省乡村人才振兴的政策框架,尽快出台陕西省乡村人才振兴的指导意见,为陕西省乡村人才振兴事业的发展提供政策依据。

（四）强化政策设计让返乡入乡人员留得住

重点解决返乡入乡人员子女的教育问题。返乡入乡人员最关心的是子女教育问题，孩子入学问题能不能妥善解决，决定了返乡入乡人员是否愿意来、能否留得住，各地应及时掌握本地返乡入乡人员子女教育需求，结合本地现有教育资源的情况，积极解决产业聚集度高、创业平台集中、教育需求大的地区返乡入乡人员子女的教育问题，改善返乡人数较多的乡村办学条件，保证教师数量和质量。

重视解决返乡入乡创业人员的居住问题，将符合条件的返乡入乡人员纳入城镇住房保障范围。依据国务院办公厅印发的《关于支持返乡下乡人员创业创新促进农村一二三产业融合发展的意见》、中央农村工作领导小组办公室、农业农村部印发的《关于进一步加强农村宅基地管理的通知》《关于积极稳妥开展农村闲置宅基地和闲置住宅盘活利用工作的通知》等规定，结合宅基地制度改革试点，探索制定解决返乡下乡人员居住问题的办法。

参考文献

马多秀、周敏敏、何姣姣等：《乡村振兴背景下乡村教师队伍建设的现状及对策——基于陕西省750名乡村教师的调查分析》，《现代教育论丛》2019年第3期。

田书芹、王东强：《乡村人才振兴的核心驱动模型与政策启示——基于扎根理论的政策文本实证研究》，《江淮论坛》2020年第1期。

赵玉亮、史雅楠：《十九大以来乡村人才振兴研究文献综述》，《安徽农业科学》2019年第24期。

B.9
陕西省残疾人基层组织建设创新研究

聂翔 李巾[*]

摘　要： 基层残疾人组织建设是残疾人事业发展的根基，也是残疾人事业治理体系与治理能力现代化的重要内容。2019年以来，陕西省残联推动了商洛市丹凤县、安康市岚皋县等10个县（区）的基层残联组织改革创新试点，在组织网络体系建设、组织运行机制建设以及基层残疾人协会制度建设等方面有重大突破，但是与新发展阶段要求相比，基层残联组织架构还不完善、人员队伍建设还很薄弱，需要加强基层党对残疾人工作统一领导，强化绩效评价与试点创新，充分调动基层残疾人工作的主动性与发展活力。

关键词： 残疾人协会　专职委员　基层组织建设　陕西省

残疾人基层组织是指县级及以下联系和服务残疾人的组织体系，残疾人基层组织建设不仅关系党与残疾人的紧密联系，也关系党长期执政地位的政治基础。《中国残联改革方案》明确提出[①]，基层是残疾人事业的根基，加强基层残疾人组织建设，强化基层组织和工作力量，构建三级联动的服务网络，不断提升基层组织活力和服务能力，不仅是以习近平同志为核心的党中

---

[*] 聂翔，陕西省社会科学院社会学所助理研究员，研究方向：残疾人工作；李巾，陕西省社会科学院社会学副研究员，研究方向：人口发展。
① 周长奎：《残联三十年　改革再出发》，http://www.cdpf.org.cn/yw/ldjh/201811/t20181130_642829.shtml。

央加强和改进党的群团工作重要举措,也是推进我国残疾人事业治理体系和治理能力现代化的应有之义。2019年,陕西省商洛市丹凤县、安康市岚皋县等10个县(区)开展基层残联组织建设专项改革试点,本文从残疾人基层组织建议改革创新入手,通过实地走访与座谈调研,深入探析基层组织改革创新经验、困难与挑战,为继续推进陕西省残疾人基层组织建设改革创新提出政策建议。

一 陕西省残疾人基层组织建设创新做法

自陕西省推进残疾人基层组织改革创新以来,各级基层残联紧紧围绕"代表、服务、管理"的"主责主业",强化基层组织网络建设以及运行机制建设,不断提升基层残疾人服务能力。

1. 强化党对残疾人工作的领导

积极推进"党建引领残建",把党建工作与残疾人业务工作同谋划、同部署、同推进、同考核,全面提升组织为残疾人服务的能力和水平。把加强党的领导贯穿到基层残联组织建设全过程,把全面从严治党向基层延伸落实到残联的每一个支部、每一名党员。通过规范"三会一课"、组织生活会、民主评议党员等制度,加强基层残联支部建设,提升党支部标准化、规范化建设,增强支部战斗力。把党建工作落实到基层服务当中,推行"代理服务"改革,让残疾人少跑路或不跑路,不断增强残疾人的获得感和满意度。围绕基层建档立卡残疾人需求,突出抓好残疾人证"一次办好"、贫困重度残疾人家庭无障碍改造、贫困残疾人辅助器具适配、残疾人"两项补贴"和贫困残疾人家庭危房改造等重点工作,强化贫困残疾人脱贫脱困支撑体系和服务体系建设。

2. 建立健全三级残联组织网络

近年来,陕西省始终把基层残疾人组织建设作为推动残疾人工作和落实中央、省残联改革的头等大事,初步建立起以县、乡、村三级基层残疾人组织网络。按照"城市重点抓社区""农村重点抓乡镇"的总体思路,夯实基层残联组织建设，县级残联组织架构都设置残疾人主席团、残疾人工作委员会以及党委联系残联制度，县级残联设有残联执行理事会和各类残疾人专门协会，乡镇（街道）设有残疾人联合会，村（社区）设立残疾人协会，总体形成县（区、市）、乡镇（街道）和村（社区）三级服务网络，实现了基层残疾人组织建设不留空白、没有盲点，纵向到底、横向到边，哪里有残疾人，哪里就有残联组织的网络全覆盖。

3. 强化基层残联组织规范化建设

制定《陕西省基层残疾人组织规范化建设达标验收标准》文件，出台《关于进一步加强基层残疾人组织规范化建设的通知》，各市、县、乡镇围绕基层残疾人组织规范化建设的文件精神，加强了对县（市、区）、乡镇（街道）、村（社区）残联领导干部的配备。各乡镇（街道）残联设主席、理事长、专职委员，主席由乡镇街道分管领导担任，理事长由乡镇（街道）部门领导担任，并配设残疾人专职委员，部分村（社区）设有残疾人协会及其专职委员，由村（社区）党支部书记或村（居委会）主任兼任残协主席增多，基层残疾人组织的凝聚力不断增强。

4. 加强残疾人专职委员队伍建设

完善基层残疾人服务队伍建设，全省各村（社区）都至少配备1名残疾人专职委员负责残疾人日常事务工作。为提升残疾人专职委员履职能力，各地残联不断加强残疾人专职委员培训工作，开展"残疾人基本服务状况和需求信息数据动态更新工作专题培训""残疾人专职委员业务管理暨创业思路培训""残疾人专职委员业务培训暨残疾人职业技能培训""残联基层康复专职委员、康复协调员培训"等业务技能培训，不断提升残疾人专职委员政策水平与业务水平。基本保障乡镇（街道）残联、村（社区）残协专职委员工资待遇，在省定每人每月200元的基数上，根据当地财力状况不断提升专职委员补贴标准。完善残疾人专职委员选聘制度，通过公开选聘、择优聘用，调整和优化专职委员队伍结构，使优秀残疾人及残疾人亲友脱颖而出，有些地市推动专职委员进入"两委班子"，不断扩展专职委员的职业前景。

5. 激活专门协会参与残疾人工作

残疾人专门协会是基层残疾人组织的重要组成部分，是对残联组织发挥作用的重要补充。各基层残联从实际出发完善协会的建设，建立健全五个专门协会法人治理结构，选优配全残疾人专门协会负责人，汉中市基层残联通过政府购买服务方式，支持专门协会开展残疾人服务和活动，同时鼓励专门协会根据需要可依法依章程增设专业委员会，进一步扩大联系服务本类别残疾人的覆盖面。同时加大对残疾人专门协会扶持，西安市新城区在经费比较紧张的情况下，尽量保障每年每个协会活动经费3万元，宝鸡推行专门协会负责人专（兼、挂）职制度，不断充实专门协会力量。

6. 提升直接服务残疾人能力水平

推动建立便民代理和"零距离"服务制度，让基层残疾人能够就近就便享受服务。深入开展残疾人服务状况与需求动态更新工作，进村入户开展残疾人需求调查，根据需求调查结果匹配资源制度，制定助残帮扶的政策性方案。宣传、解释残疾人优惠政策，强化资源统筹协调，依托村（社区）力量和社会各界参与，把残疾人急需的精准扶贫、康复、就业、基本生活保障等公共服务结合起来，以政治担当做好残疾人脱贫攻坚、权益维护等工作，关注残疾人文化体育活动、无障碍环境建设，增强残疾人组织凝聚力以及残疾人的归属感，不断提升残疾人实际获得感和满足感。

二 基层组织建设创新经验

陕西省基层残疾人组织建设创新试点以来，各试点区县积极开展基层残疾人工作体制机制创新，其中安康市岚皋县与商洛市丹凤县抓住改革创新机遇，深入推进基层残疾人工作组织领导、部门协同、责任分工、服务流程的体制机制创新，得到了中国残联相关部门的积极评价和高度肯定。

1. 丹凤县创新经验①

陕西省商洛市丹凤县属于国家深度贫困县，有12个乡镇、街道办，155个村（社区），总计人口31.42万人，持证残疾人15329人。长期以来，基层残疾人工作缺乏科学数据支撑，缺乏资源有效供给，缺乏内生动力激励机制，基本延循着"上级安排什么，残联就做什么"工作模式。2019年初，在中央省市残联直接指导下，积极纳入全县脱贫攻坚大局，推进县域残疾人一体化综合服务试点，通过"重塑残疾人服务价值链"的模式创新，以提升辅助技术服务为切入点，探索出"精准筛查＋资源整合＋辅具覆盖＋综合服务"的服务模式，破解了长期困扰基层残疾人服务"最后一公里"难题。

丹凤县残疾人基层组织建设创新做法，主要表现为：一是以残疾人需求精准筛查为突破口，编制完成《丹凤县残疾人综合服务项目需求筛查表》和《丹凤县残疾人辅助器具评估适配表》，开发残疾人需求筛查App数据收集技术，实现一次上门入户筛查对残疾人所有需求进行全面采集，通过梳理归类、比对与汇总分析，明确残疾人需求类别与服务名单。二是协同整合多样化服务资源、县委县政府多次召开协调会议，对残疾人服务需求向职能部门交办，促使行业政策、项目资金倾斜；协调民营丹凤博爱医院辅具服务站入户筛查、指导服务；邀请残疾人研究专家，为试点项目调研论证、决策、规划提供支持。三是整合残联系统内政策项目资金和资源，及时或分期解决残疾人服务需求，及时回应基层残疾人呼声。

丹凤县"重塑残疾人服务价值链"的新模式，不仅强化了基层残疾人服务价值链主体协同参与，而且强化价值链环节重构优化，由过去行政下任务指标的方式转变为基层残联自主确定任务清单，激活了基层残联内生发展动力；由过去主要残联负责转变为多元主体协同共治，整合了县域内和残联系统为残疾人服务资源；由过去残疾人服务缺乏标准规范转变为残疾人服务统一模式，推动残疾人辅具服务模式向其他领域衍生复制。截至2020年6

---

① 《精准筛查 资源整合 辅具覆盖 综合服务——残疾人脱贫的"丹凤模式"》，http://eslrb.slrbs.com/slrb/20191119/html/page_04_content_000.htm。

月,残疾人辅具需求清单全部覆盖,残疾人就业、扶贫、住房保障、产业扶持、社会保障、康复、托养、无障碍改造等需求清单基本兑现,残疾人实际获得感明显增强,丹凤残联的外在形象和服务残疾人的水平明显提升。

2. 岚皋县创新经验①

安康市岚皋县位于国家秦巴山集中连片特困地区,下辖12个镇136个村(社区),全县总共17.2万人,持证残疾人10018人。2019年,该县成为基层残联组织专项改革省级试点,围绕基层残联组织服务能力弱的突出难题,强化基层组织网络与协同共治体系建设。

岚皋县残疾人基层组织建设创新做法,主要表现为:一是完善县、镇、村三级残联组织网络,重构村(社)残协组织网络,明确村(社)残协主席由村(社)党支部书记担任,实现村(社)残疾人工作由过去残疾人专委负责向村残协负责的跨越式转变;完善乡镇残联组织建设,明确乡镇残联主席由党委副书记或其他党委成员兼任,理事长由镇民政所所长兼任,通过公益性岗位严格遴选镇级专职委员;增强县级残联组织机构职能,增设副科级领导职数1名、事业编制3名,规范设立残疾人康复、教育就业股室,增设残疾人综合服务股,推动残联组织重心下移、服务资源下沉,促进残疾人紧密团结在残联周围。二是强化党委对残疾人工作的组织领导,建立县委常委会定期听取残联工作的汇报制度、党群口定期联席会议制度和半年一次县残工委会议制度,推进残疾人工作制度化、规范化与体系化。三是强化残工委成员单位联络员工作制度,明确人社、卫健、医保、财政、民政、教育等部门职责任务,对残工委成员单位实行年度目标责任考核,促进各职能部门履职履责和部门间协同共享。

岚皋县推进基层残联组织改革和服务的工作创新,不仅推进了党委统一领导、部门协同联动、社会广泛参与的工作机制落到实处,而且改变了过去残联组织单打独斗向齐抓共管的格局转变,促进了基层残疾人工作组织体系

---

① 《岚皋县"三个三"推动残疾人工作服务全覆盖》,http://www.langao.gov.cn/Content-2094633.html。

与协同工作机制紧密结合。至工作试点以来，其基层残联改革经验不仅在全省范围内学习推广，而且得到中国残联领导的批示与肯定。

3. 其他试点区县创新经验

除了建立健全县、乡、村三级组织机构网络外，其他试点区县在密切联系残疾人机制建设、专门协会制度建设、志愿服务机制建设、基层服务机构建设等方面也进行了积极探索创新。宝鸡市岐山县充分完善基层残疾人服务网络建设，先后成立了县残疾人服务社、残疾人康复服务指导站、残疾人劳动就业服务所。渭南市大荔县加强了残疾人专门协会建设，推进专门协会社团法人登记工作。西安市新城区推动"残联+社会爱心组织"志愿者服务组织建设，不仅依托社区建立志愿者服务站和志愿者服务队，还吸纳西安市脑病医院、中海社会服务中心、陕西狮子联会等社会公益组织和西安银行新城分行等爱心企业，参与助残志愿行动。咸阳市武功县为提高基层残疾人服务效率，依托联通公司建立残疾人钉钉平台，及时解答残疾人提出的问题疑惑。延安市甘泉县制定了密切联系残疾人制度，规定领导干部每年下基层时间不少于30天，每名领导干部同1户困难残疾人结对子，直接了解基层残疾群众最关心、最直接、最现实的问题。

4. 村（社区）残协组织建设经验

基层残联组织建设难点在村（社区），其也是提升残疾人服务"最后一公里"的关键点。从目前创新情况看，村（社区）普遍建立起残疾人协会，作为基层直接服务残疾人的制度性安排。从形式上看，村（社区）残协与村（社区）"两委"关系大致分为两种模式，一种是"一个班子、两块牌子"模式，残协主席由支部书记兼任，残协专职委员由村文书兼任，这种模式极大增强基层党组织领导作用，便于残疾人工作沟通与统筹协调；另一种是"两个班子、两块牌子"，村（社区）"两委"和村（社区）残协在组织设置、人员配备、经费保障、主责主业方面都是相互独立，组织成员无交叉、业务无交集，实际工作中普遍面临沟通难、协调难等问题。从实践情况看，村支部书记担任残疾人协会主席，不仅有利于基层残疾人服务资源统一协调，更有利于残疾人工作融入整体工作大局中。

三 基层组织建设面临的困难挑战

通过试点区县实地调研与残疾人基层组织建设专题座谈发现,当前推动基层残联组织建设还面临一些困难与深层次挑战,主要表现为以下几个方面。

1. 基层残疾人工作的组织架构还不明晰

目前,多数县级残联党委、政府与残联理事会之间架构还不明确,表面上县级党委有残联分管领导,县级政府也有残联分管领导,还有县级残疾人主席团主席,但实际运行过程中经常面临残疾人工作遇到问题不知道向谁汇报。在政府体系架构下,一些县级政府残疾人工作委员会没有很好发挥协调统筹职能,各成员单位普遍对残疾人工作重视不够,缺乏硬性约束机制,许多本应政府职能部门负责的工作事项,特别是遇到信访矛盾等工作时,只要涉及残疾人信访问题,均将"皮球"踢到残联,导致很多残疾人问题处于"空转"状态。在县级残联与镇级残联组织之间,由于一些镇级残联没有健全残疾人工作组织,也无法形成良好的上下级互动关系,协调统筹残疾人工作面临许多难题。在外界看来残联被认为是"无事可干,清闲养老"的单位,外在形象与社会认知普遍不高。

2. 基层残联组织机构设置"虚化"问题突出

"十三五"以来特别是脱贫攻坚工作开展以来,基层残疾人工作任务日益增多,但是县、乡两级残联组织机构设置总体薄弱,如咸阳市武功县机关仅有5个编制,镇级残联没有专门编制,基层残疾人工作人员紧张问题突出。此外,党委领导和政府的关注直接影响着基层残疾人组织建设质量,但是大多数基层党委、政府对残疾人工作重视度不够,很难将年富力强的干部选拔进残联,大多数年轻干部也不愿意进残联,"领导干部只进不出",年龄总体偏大,生机活力不足,导致基层残联"在平行职能部门中明显处于边缘化、被弱化的地位",领导班子不强、没有影响力、缺乏话语权、工作难以沟通协调问题普遍存在,"大家能干事、愿意干事都是凭借一身情怀"。

绝大多数县级残联专门协会还非常不完善，"形同虚设"现象较多，作用发挥不明显，运行机制没有保障，工作内容较为单一，推动专门协会注册还有较多困难。助残志愿者组织发育还也不完善，推动更多社会力量参与残疾人事业缺乏资源配套，志愿者队伍专业化、职业化还有很长路要走。镇村两级残联基本没有工作经费预算，在同级党委政府中存在感较低。

3. 基层专委与人才队伍建设缺乏强有力支撑

目前，基层残疾人工作与服务主要依靠专职委员队伍，但是镇村两级专委遴选条件仍主要局限为残疾人及其家属当中，导致遴选出来的专职委员普遍文化程度不高、年龄结构大，尤其在偏远农村地区更为突出。一些专职委员对残疾人相关政策接受程度较慢、学习理解不深，具体应用不太灵活，为残疾人主动服务的意识较为薄弱，而且乡镇专委除残疾人工作之外，还需要完成上级领导分配的扶贫等其他任务。在工资待遇方面，与当地经济发展状况和财政收入密切相关，如西安市社区街道专委每月1980元，榆林市镇级专委每月2500元（带五险），宝鸡市乡镇专委每月1700元，汉中市和商洛市乡镇专委每月大约300元，安康乡镇专职委员由社保干部兼任不领工资，全省镇级专委工资待遇存在较大区域性差异，而多数村级专委普遍每月200元，专委工资补贴水平偏低直接影响了基层残联组织队伍工作热情和稳定。此外，基层专委身份尴尬也比较常见，在社区服务窗口办公的社区残疾人专职委员，有相当数量专委只拥有一张流动办公桌，群众对其社区工作人员身份认同度不高，农村地区的多数镇级专委基本没有专属办公场所，没有专项办公经费，数据核查比对、工作协调等不便开展。由于基层残疾人工作发展空间小、人员工资待遇低，残疾人康复医疗、护理、照护等方面专业人才建设几乎空白，基层残疾人组织发展后劲明显不足，勉强支撑体系日常运转。

四 继续推进基层组织建设创新的建议

基层残疾人工作是党的群众工作重要组成部分，也是推进残疾人事业治理体系和治理能力现代化的重要内容。围绕陕西省残疾人事业发展提出的

"三个残联"和"五个聚力"目标要求，基层残疾人组织建设应明确省市县三级残联统筹规划、督查落实、执行落地的责任分工，合理划分市、县残联事权责任，强化上级残联对下级残联的监督和第三方监督，激发基层残联组织活力与主动服务残疾人的热情。具体建议如下。

1. 强化基层残疾人工作的党建引领

贯彻习近平总书记关于残疾人事业重要论述，强化残联群团定位和政治引领，重视党对残疾人工作的统一领导，加强各专门协会的党建工作，凝聚优秀残疾人发挥引领示范作用，提升为基层残联服务能力。开展"问计于民"活动，加强残联领导机构、业务部门、专门协会与基层残疾群众、特定服务对象、社会服务机构之间的联系沟通，使残联"问计于民"活动成为各级残联了解残疾人需求的窗口，对与残联业务工作相关、具备解决条件、具有普遍意义的共性需求进行梳理归纳研究，进而成为残疾人工作和服务创新的基础。在各专门协会设置党支部，由残联派驻纪检委员承担纪检工作，购买服务、社会筹资、资金使用、委员提名等重要工作要通过党支部集体决定，引导和监督各专门协会围绕中心任务开展工作，依法依规开展工作。积极吸纳各专门协会中政治意识强、模范作用明显、热心为残疾人服务的骨干向党组织靠拢。建立健全村（社区）残疾人协会，由村（社区）党支部书记担任残疾人协会主席，把基层残疾人工作纳入基层党委工作大局之中，成为党紧密联系残疾人的一项正式制度性安排。

2. 提升残疾人专职委员队伍能力水平

推进基层专委队伍建设机制创新，强化农村地区乡镇专委作用，明确乡镇专委与村社专委职责分工，创新村社专委队伍建设遴选机制建设，助推基层专委队伍年轻化与信息化水平，增强残联密切联系与服务残疾人的群众基础。明确基层专委职责分工，依据基层各级专委的角色定位与工作内容，公开乡镇专委和村社专委的选任条件与考核标准，建立专委队伍的奖惩淘汰机制措施，推动专职委员向专业社会工作者方向发展。研发"基层专委助手"智能平台，实现基层专委对辖区内残疾人情况一目了然，应享受政策一键查询和网上平台申报，降低工作难度、减少工作压力、提高工作效率。建立残疾人服务需求评估、项目服务供给、服务质量验收工作过程中基层专委参与制度，允许经过业务培训、具备一定工作能力的专职委员参与残疾人需求评估、服务质量验收等项目服务工作并给予定量报酬，适当调整专职委员收入结构，提升专职委员岗位吸引力和自我能力提升动力。

3. 建立健全基层残疾人工作目标绩效评价

推进项目法与因素法相结合的资金管理方式，提升财政资金使用效益，使基层残联能主动热情工作。强化市、县残联工作目标绩效考核和地方残疾人事业发展水平的综合评估，让绩效管理成为基层残疾人工作传导压力、激发动力、增强活力、提升能力的推动力。建立县级残联工作绩效评价标准体系，完善上级残联对下级残联评估考核办法与通报制度。每年度依照评价标准开展基层残联绩效评估，评估结果适时向各级残疾人工作委员会和社会公布，对工作突出的县级残联适当予以表彰奖励。建立健全乡镇残联组织体系，明确责任分工，强化县级残联对乡镇残联工作绩效评价与监督，提升乡镇残联统一部署残疾人工作的重视程度。

4. 推动县级残联开展政策项目创新试点

增强创新引领示范作用，通过项目创新、管理创新、组织创新等方式增强县级残疾人工作活力。建立省级统一部署试点创新机制，每年度由县级残联提出试点创新建议、工作目标及实施方案、评价指标，经审议后确定试点项目并在政策、资金上予以一定优惠条件，对承担试点任务并取得经验的县级残联在年度考核、先进评比方面给予特定倾斜。对收集到的具备解决条件、具有普遍意义的残疾人共性需求，由省级安排县级残联开展试点，让创新成为推动基层残联工作的内生动力。推动各类专门协会主动参与残疾人工作，不断提升基层残联服务残疾人能力与水平。

参考文献

沈小璇：《加强基层服务型党组织建设的思考》，《求实》2013年第S1期。

米恩广、张莹丹：《政府"共谋"现象的生成机理——基于组织社会学理论的一种思考》，《理论探索》2014年第1期。

刘红凛：《政治建设、组织力与党的建设质量》，《思想理论教育》2018年第7期。

孙黎海：《基层服务型党组织建设的理论架构》，《理论学刊》2013年第8期。

叶本乾：《以党的基层组织建设引领基层社会治理》，《中国党政干部论坛》2020年第10期。

郝宇青：《加强基层组织建设的政治逻辑》，《行政论坛》2018年第1期。

B.10
陕西农村进城务工人员生存状况研究

武颖娟　段丽娜*

摘　要： 农村进城务工人员是我国工业化、城镇化进程中出现的特殊社会群体。他们的生存状况直接影响着每一个留守家庭和整个社会的稳定。本文试图通过调查研究，了解陕西省农村进城务工人员的生存状况，分析这一群体面临困境的原因，提出解决他们生存困境的有效措施，帮助他们和他们的家庭重获幸福。

关键词： 农村　进城务工　生存状况　陕西省

随着我国经济的快速发展，工业化、城镇化进程的快速推进，大量农村剩余劳动力涌入各大城市，形成了具有中国特色的特殊社会群体——农村进城务工人员。据国家统计局发布的数据，2019年上半年，我国农村进城务工人员数量已经达到2.9亿人。进城务工人员不拥有城市户口，却在城市干着非农工作，他们活跃在全国各大城市的角角落落，是城市运转和美化、城市建设和发展的重要力量。但由于长期以来政府职能发挥不到位、企事业用人机制不健全、个人自身生存技能不凸显、社会尊重关心不乐观等因素的影响阻滞，人数众多、规模庞大的进城务工人员群体长期处于既难"市民化"又被"边缘化"的两难境地。他们中有相当一部分福利待遇差，生存困难，

---

* 武颖娟，中国人民解放军火箭军工程大学副教授，研究方向：思想政治教育。段丽娜，陕西省社会科学院马克思主义研究所助理研究员，研究方向：思想政治教育。

已经成为新的贫困群体；还有相当一部分社会交往少，遭受歧视，已经成为新的弱势群体。如何改变这个庞大的贫困群体和弱势群体的生存状况，实现社会发展进步成果人人共享的目标，确保我国转型期的政治安定、社会稳定和经济发展，是值得我们研究和思考的问题。陕西省处于我国西部地区，也属于西部进城务工人员输出大省，全国其他省份进城务工人员的生存困境在陕西省也有着明显的体现。课题组选取陕西省进城务工人员作为研究对象，梳理情况、分析原因、提出对策，对于其他省份开展好这一工作也会有一定的启示意义。

一 陕西农村进城务工人员的基本情况

（一）数据选择依据

在开展研究时，为了确保数据有较大覆盖面，同时确保数据调查的人群口径选择有足够包容度，减少样本偏差，课题组从陕西省的陕南、关中和陕北地区各抽取一区两县，选取进城务工人员聚集区作为调查点，随机选取不同年龄段、不同工种、不同性别的900个样本作为调查对象，发放"陕西省农村进城务工人员生存状况调查问卷"，从个人的基本情况、实际生活状况、个人权益保障状况、接受职业培训情况、融入城市情况、对自身的评价以及对未来的打算六个方面对他们展开问卷调查。调查共回收897份问卷，删除85份无效样本后最终得到有效问卷812份，有效率为90.5%。

（二）陕西农村进城务工人员基本情况

通过分析回收的样本材料，可以看出陕西省农村进城务工人员在性别、年龄和文化程度方面的分布情况。

1. 从性别结构来看，陕西进城务工人员以男性为主

在分析问卷时可以看出，陕西三个地区进城务工人员多数为男性，占比约为68.2%，女性进城务工人员所占比例约为31.8%。陕南、关中和陕北

三个地区外出务工的女性，关中地区务工女性占比最低，陕南地区最高。而在外出务工的女性中，已婚女性单独外出务工的占比极小，多数已婚务工女性都是和丈夫一起进城务工。这说明受陕西地区"女主内男主外"传统观念和家庭内部分工的影响，承担家庭经济支柱的男性多数会选择外出务工，而女性在结婚后特别是有了孩子后多数会成为留守妇女，承担起照顾家庭和子女的职责。

2. 从年龄结构来看，陕西进城务工人员以中青年为主

调查分析进城务工人群可以看出，陕西省进城务工人员在各个年龄段都有分布。从年龄结构看，40岁以下居多，占比达到62%，25岁以下占比21%，整个进城务工群体的平均年龄是42岁。这说明随着社会节奏的加快，随着城市现代化水平的逐渐提高，身体强壮、适应能力强的中青年务工人员更容易适应城市繁重工作强度，更容易获得工作机会，已经成为进城务工的主力军。

3. 从文化程度来看，陕西进城务工人员文化程度普遍偏低

调查中我们发现，具有高中和大专文化程度的务工人员占比不到29.1%，大部分务工人员仅为初中文化程度，占比高达56.4%。经过分析调查问卷我们进一步发现，绝大多数进城务工人员，特别是中老年务工人群在进入城市工作前，几乎没有接受过多少技能培训，这使得他们在城市中可选择的工种受到极大限制。但同时我们也注意到，绝大多数农村进城务工人员都表示非常愿意接受各种技能培训。

二 陕西进城务工人员生存现状及原因分析

根据样本分析可以看出，陕西进城务工人员生存状况总体向上向好。进城务工人员大多能积极生活奋斗，在参与自身家庭建设和参与城市建设方面发挥着不可或缺的作用，但受所处环境、自身能力、婚姻家庭等因素的影响，他们在经济生活、政治生活、社会生活、家庭生活等方面存在不少问题，需要社会加以关注。

（一）在经济生活方面

在调查中我们可以看出，进城务工人员离乡打工的主要目的是改善家里的经济条件。他们通过自己在城市中打拼，改善家里的生活条件，提高子女的教育水平，为家庭防范疾病风险做好准备。他们的收入是家里收入的主要来源，占家庭总收入的70%以上。离开农村在城市工作的他们在经济生活方面有着不同于城市居民的显著特点。

1. 工作强度和工资收入形成强烈反差

由于自身文化素质普遍不高，陕西三个地区的农村进城务工人员群体在工作选择上局限性较大，他们多数从事的是制造业、建筑业、服务业，占比高达57.5%。这类行业的工作技术含量低，工作要求低，但工作强度大，工作环境差，工作时间长，都是城市居民不愿意干的"脏、累、苦、险"的工作。在我们开展调查时，调查对象普遍反映，他们平均每周需要工作6.37天，每天平均工作达9.12小时，加班是一种常态，工作是又苦又累。但与他们高强度的工作形成较大反差的是他们相对微薄的收入。由于劳动力市场供大于求，用工单位招人不愁，他们往往拔高招工条件，压低工资水平。而面对激烈的劳动力市场竞争，为了养家糊口，没有多少优势的进城务工人员往往也会为了能够获得工作机会主动降低自己的工资要求，这就导致陕西进城务工人员工资收入水平普遍不高。调查显示，进城务工人员的月平均收入不足4000元，处在所在城市工资收入的中下层。其中47%的人员收入仅够日常支出，8.7%的人员经济较为宽裕，可以看出，大多数进城务工人员劳动获得的收入仅够自身及家庭基本消费，稍有结余的较少。特别值得关注的是由于进城务工人员工作的零散性、随机性和盲目性，他们的收入也很不稳定，找不到工作的情况时有发生。调查发现，过去两年内换过工作的达到89%以上，有的甚至一年之内换工作次数达到5次以上。

2. 住宿饮食和文化娱乐活动简陋单一

陕西进城务工人员绝大多数承担着养家的重任，是家庭的经济支柱。他们的收入是家庭基本花销、子女教育投入和家庭医疗支出的主要来源。为了确保家庭的正常运行,进城务工人员承担着较大的经济压力。在进城务工期间,他们极力压缩自己的生活成本。除了食、住、行等生活必须消费外,他们几乎没有其他的花销。在饮食方面,进城务工人员的消费标准相对城市居民比较低。他们或者吃企业提供的简单的一日三餐或者在街边不知名的小店简单对付,三餐大多数只考虑是否便宜足量,几乎很少考虑是否营养美味的问题。通过问卷调查我们可以看出,陕南、关中、陕北三个地区的进城务工人员中,关中地区务工人员在饮食方面的花费最低。在住宿方面,进城务工人员的住宿条件也比较简陋。从问卷调查结果可以看出,进城务工人员的居住状况和他们就业的行业和收入水平密切相关。那些在企业务工的人员,虽然他们可以住在企业提供的集体宿舍里,但和其他城市居民相比他们的住宿条件比较简陋,并不宜居;那些在建筑工地务工的人员为了降低生活成本,大多吃住在工地,居住环境相对较差;而那些没有固定雇主的务工人员则大多租住在郊区的民房,有的房间仅有一张床、一只煤炉等生活必需品,没有卫生间,有的甚至没有水电,居住条件大多数并不舒适,有的甚至较为恶劣。在娱乐方面,可以看出陕西农村进城务工人员几乎没有多少文化娱乐活动。因为考虑到花费的问题,进城务工人员几乎不去影院看电影或者购买图书报纸,他们没有太多休闲娱乐的时间,天气恶劣无法工作或者找不到工作的时候,他们更愿意选择不用花钱的娱乐项目。调查显示,选择看电视、打扑克和上网的占比较高,达69%以上,上街瞎逛或者选择去周围免费公园的约有21%,也有的务工人员选择老乡聚会聊天的方式来消耗闲暇时光。可见进城务工人员并未享用到城市的各种文化设施,他们的生活并没有因为身在大城市而变得丰富多彩。特别值得关注的是,通过打扑克方式来消遣的部分务工人员有时候会参与赌博,有的数额较大,有的甚至沉溺其中不可自拔。这在男性务工群体中已经成为较为普遍的现象。

(二)在社会生活方面

长期外出务工对进城务工人员的社会生活影响很大。他们根在农村,却和农村户籍地乡邻们的联系越来越不紧密,他们住在城市,和城市居民的联系却不深入密切，他们的社会生活状况也令人忧虑。

1. 社会交往范围窄，更加注重乡缘联系

由于长期在外务工，务工人员除重要节日、除家里发生大事外很少回家，他们常常被排除在农村民主建设、村务公开、公共事务决策之外，和乡邻们的关系也远不如务工前亲密。在外务工期间，他们的社会交往范围相对变窄，主要局限于务工的老板、租住房附近的邻居、共同务工的工友，特别是共同务工的老乡。对于离开家乡来到陌生环境的进城务工人员，老乡成为他们在城市工作生活依靠的重要对象。在调查中我们发现，由老乡介绍工作的务工人员占比约29%，有51%的人现在和老乡在一起工作。当经济紧张时，70%的人会向老乡求助；当想找工作时，59.7%的人会找老乡帮忙；当遇到不顺心的事时，72%的人会找老乡诉说；当自身合法权益受到侵害时，他们首先想到的还是从老乡那里得到帮助，而不是通过政府、通过社会组织、运用法律武器来维护自己的合法权益。值得关注的是，陕南和陕北地区务工人员的老乡观念更重一些，共同务工的老乡之间相互影响更大。

2. 社会认可度较低，难以融入城市生活

尽管大部分进城务工人员选择进城务工是因为务农实在无利可图，因为繁重的家庭经济压力，但在城市里，进城务工人员却难以参与到城市生活中去，他们往往处于社会的最底层，不仅工作辛苦，还往往得不到城市居民的认可，甚至经常受到城市居民的歧视。在调查中发现，进城务工人员中觉得城镇居民对他们"很友好"的人数占比为17.5%，认为"说不清""不友好"的约占28.6%，更有7.2%的被调查者明确表示他们在城市遇到的最大困难就是被歧视。他们经常被认为是社会治安和卫生状况恶化的制造者，这在一定程度上影响了中国社会的公正性和合理性。分析调查结果我们发现，只有个别企业中的务工人员参加了工会等组织，91.2%的人员未参加任何社会组织。因为农民身份，进城务工人员在政治上享受不到工人待遇，碰到劳动纠纷、工伤事故等，往往也没有工会支持和帮助，只能忍气吞声或者找老乡帮助；作为非城镇居民，农村进城务工人员享受不到城镇居民享有的住房、医疗、教育及养老等基本社会福利，处于低福利甚至是非福利状态。

（三）在家庭生活方面

进城务工人员家庭生活基本稳定，但在家庭生活中的长期缺位，严重影响到他们的夫妻关系、子女教育和老人的赡养照顾，他们的家庭生活状况不容乐观。

1. 恋爱婚姻生活遭受冲击，影响婚姻稳定

对于未婚务工人员来说，他们年纪轻轻就远离家乡和亲人，"漂"在城市里面，根基不稳，建立的社会关系比较少，缺少认识适龄异性的机会和条件。再加上他们收入有限，社会地位不高，难以找到条件合适的伴侣，有的到了30多岁还没有找到合适的另一半，不仅父母着急，他们也很无奈。特别是随着他们适婚期接近，婚恋情感问题已经成为他们严重的心理困扰。对于已婚的进城务工人员来说，当他们从相对封闭的农村来到比较开放的城市，当他们从传统的农耕活动转变为现代的工厂作业，全新的生产生活方式严重冲击着他们的人生价值观念，导致他们的婚恋观念和婚恋行为都发生了前所未有的剧烈变化。因为面临与配偶长期分居两地，因为面临高强度的工作压力，大量进城务工人员最基本的感情需要无法满足，最基本的亲密关系被撕裂，使得"临时夫妻"成为一种较为常见的现象，这给进城务工人员的恋爱婚姻生活带来了一系列危机，在一定程度上也影响着社会的稳定。

2. 家庭教育严重缺位，影响子女成长

由于客观条件的限制，绝大多数进城务工人员不得不把子女留在家乡，由夫妻中的一方或者由孩子的祖辈来负责照顾。父母中一方在家庭教育中的缺失，或者父母双方在家庭教育中的同时缺失，给留守子女的教育带来一系列负面影响。当父亲进城务工时，留守在家的母亲被家庭生产和家庭琐事占去了大部分时间，她们没有精力也没有能力去辅导教育子女。对于父母双方都缺位的家庭，留守子女的教育就更令人忧虑。年迈的祖父母没有能力更没有精力去教育自己的儿孙，往往对他们听之任之，甚至骄纵溺爱。父母在家庭教育中的长期缺位导致子女在学习上缺少监督和引导，成绩下降；父母在家庭情感中的缺位导致子女在情感上缺乏关心和呵护，缺乏引导和帮助，使

他们容易产生思想和心理上的问题。对于随同父母共同到城市生活的子女来说,情况也不容乐观。由于陕西各大市县优质教育资源的缺乏、按照户籍地入学政策的限制,进城务工人员子女入校难,入名校更难。在学校中,和其他一直享受优质教育资源的城市子女相比,他们的成绩大多数并不占优势,这给他们融入新的环境带来了一定阻力,在一定程度上也给他们带来巨大的压力,甚至带来情感的伤害。

三 解决陕西进城务工人员困境的对策措施

通过调查研究我们发现,陕西进城务工人员虽然改变了生活场所和职业,但他们仍然游离于城市体制之外,面临种种困境。帮助他们摆脱困境,帮助他们更好地融入生活、提高收入、获得情感的满足,值得政府部门、社会各界齐心协力,共同努力。

(一)从宏观来讲

1. 缩小城乡差距,拓展进城务工人员就业创业渠道

从目前来看,进城务工人员劳动力市场处于饱和状态,特别是单纯依靠体力的劳动力市场更是供大于求。大量务工人员涌入城市,他们的"食、住、行"给城市带来了一定的压力。要化解这种压力,解决进城务工人员生存困境,关键在于振兴乡村经济,缩小城乡差距,提高农村经济吸引力,不断拓宽务工人员就业创业渠道。总体来说,政府各级必须加快推进城镇化进程,提高村镇经济水平,减少城乡经济差距,不断健全完善村镇公共基础设施,增强村镇吸引力。要充分发挥科技在农村经济发展中的引领作用,在加大农业科技资金投入的基础上,进一步整合各方面农业科技创新资源,完善农业产业技术体系和农业农村科技推广服务体系,发挥科技创新的作用,激发农业农村发展新活力。要出台优惠政策,支持和鼓励农村进城务工人员返乡就业创业,加大对返乡创业人员的教育培训,加大对农村干部的教育培训,真正培养造就一支"三农"工作队伍。

2. 破除户籍制度壁垒,保护进城务工人员权利权益

我国现行户籍制度将我国户口划分为"农业"和"非农"两种,两种户口性质享有不同的劳动用工、住房医疗、教育就业等权益。这种二元户籍管理制度不但限制了劳动力的流动、阻碍了城市化进程,同时也带来了管理上的混乱,成为进城务工人员融入城市的主要障碍。我们要解决陕西农村进城务工人员融入城市生活面临的一系列问题,特别是居住、社交、子女就学等问题,政府相关部门必须探索改革现有二元户籍制度,消除城乡居民的身份差别,取消进城务工人员面对的有形无形门槛。要建立城乡统一的户籍登记制度,逐渐将附加在户籍制度之上各种不合理的权益剥离,让进城务工人员与城市居民真正处于相对平等的地位,从根本上改变城乡居民福利待遇差别太大的问题,才能切实给进城务工人员以平等的社会地位和公民权利,才能保障他们的各种权利,让进城务工群体能平等分享社会进步和经济发展带来的实惠。

(二)从微观上来讲

1. 完善政府监管机制体制,保护进城务工人员合法权益

当前,陕西农村进城务工人员高强度、超时长工作现象仍很普遍,工资拖欠、权益被侵犯的现象也时有发生,这一群体的生存状况令人忧虑。为切实保障进城务工人员权益,陕西政府各级要采取多项措施。一方面,要成立机构加强对劳动力市场的监管,全力维护进城务工人员的合法利益。要在省、区、县各级成立进城务工人员就业监查委员会,联络协调各相关业务部门,建立监督管理体系,加强对各务工单位的劳动监督执法检查,依法落实进城务工人员最低工资标准,为进城务工人员提供良好的就业保障,切实保护这一群体的合法权益。另一方面,要加强关于进城务工人员问题的立法工作,要出台"陕西省进城务工人员权益保护办法",对进城务工人员工作、培训、子女就学、居住、医疗、社会保障等方面做出强制性规定,并加强劳动执法检查,用法律强制力切实保护农村进城务工人员这一弱势群体的合法权益。

2. 创造良好务工平台环境，保护进城务工人员就业权益

要破除进城务工人员"务工难，难务工"的困境，陕西各级政府要多措并举，要为进城务工人员搭建良好的务工平台环境。要采取措施大力促进非公有制经济的快速发展，进一步拓展进城务工人员就业的渠道，为进城务工人员创造更多的工作岗位，从而缓解进城务工人员的就业压力；要采取政策倾斜、平台搭建等种种措施，积极扶持劳动密集型的中小企业、服务业的快速发展，增强他们吸纳进城务工人员就业的能力；要采取各级政府引导、各个部门牵头、重点企业助推、社会团体参与等形式，开展岗位技能提升和就业创业培训，努力提升进城务工人员的素质技能，提高他们在劳动力市场的竞争力，进一步扩展他们的就业领域，增加他们在高层岗位就业的机会。在努力为进城务工人员搭建就业平台的同时，还要积极为他们营造务工保障环境，具体来说就是要全面建成城乡统筹、保障适度、可持续多层次的社会保障体系。要在建立城乡一体基本医疗保险制度的基础上，逐步将在城市居住务工3年以上的进城务工人员纳入城市社区医疗服务范围，逐步将有意愿的进城务工人员纳入城镇居民基本养老、住房保障实施范围。要进一步开放政策，城镇公办义务教育学校要逐步分批对进城务工人员随迁子女开放，让符合条件的随迁子女在城市参加中、高考。

3. 提高社会关爱服务质量，保障进城务工人员身心健康

进城务工人员的心理健康对进城务工人员家庭稳定和整个社会稳定来说非常重要，因此需要社会各界积极作用，采取有力措施，关心关爱他们，做好他们的思想和心理引导工作。对于新生代进城务工人员来说，他们年龄较小，世界观、人生观和价值观正处在逐渐确立不断成熟的阶段，对个人和社会问题的认识和判断缺乏一定的甄别能力，具有较大的不确定性，因此需要对他们进行思想引导与心理疏导工作，特别是关于职业技能训练，生活消费观念等的引导。要教育和引导培养他们主动学习的观念，培育他们热爱生活的心理，为他们更好地适应城市生活和工作做好各项准备。对于中青年务工人员来说，他们的感情生活更需要社会关注。一方面，政府部门要积极创设条件，帮助中青年进城务工人员解决有关婚恋、子女教育等问题。要引导他

们进一步强化正确婚恋观念，强化家庭责任意识。要对他们进行心理疏导，加强情感关怀，帮助他们度过心理创伤期。另一方面，中青年进城务工人员也要主动提升自身素质，扩大社会接触面，为开展情感生活做好各项准备。各级政府和社会组织还需要进一步丰富务工人员的精神文化生活，加大他们所居住社区的文体设施建设力度，进一步推动公共文化场所免费向进城务工人员开放。各务工单位也要积极创造条件，建设篮球场、阅览室等业余文体活动场所，开展进城务工人员喜闻乐见的业余文化活动，倡导健康向上的生活方式，帮助进城务工人员在满足精神文化需求的同时更好地融入城市社会生活。

参考文献

朱杰堂：《农民工的边缘化状况及其融入城市对策》，《中州学刊》2010年第2期。

吴军：《农民工职业角色边缘化问题浅析》，《辽宁行政学院学报》2008年第8期。

张若恬、周敏：《我国农民工法律援助制度：意蕴、困境与优化路径》，《当代经济科学》2013年第6期。

程名望、史清华、顾梦姣：《农民工城镇就业满意度及其影响因素：模型与实证》，《经济理论与经济管理》2013年第5期。

国家统计局：《2018年农民工监测调查报告》，《建筑》2019年第11期。

治理篇
Social Governance Reports

B.11 陕西政府治理现代化的现状、发展趋势及对策

胡映雪*

摘　要： 政府治理现代化是国家治理现代化的重要组成部分，要实现国家治理现代化，其先行步骤就是推进政府治理现代化。党的十八大以来，陕西依据党中央、国务院的各项文件，在政府治理方面突破难题、大胆创新，政府职责体系不断优化，职能转变向纵深推进，政府组织机构改革成效显著，政府治理方式不断优化，依法行政水平大幅提高。同时，陕西政府治理仍存在薄弱环节有待突破，治理理念有待进一步转变，公共服务能力与人民群众的期望仍有差距，政府治理的信息化、智能化水平有待提高、政府治理主体之间协同性不足。面对新时代、新要求，陕西政府治理的制度化、法治化对于

---

* 胡映雪，陕西省社会科学院政治与法律研究所助理研究员，主要研究方向：政府治理、政务公开。

提升治理效能的支撑作用愈加凸显，危机管理在治理中的地位愈加重要，基层政府治理能力对治理效能的影响愈加明显。未来，陕西应不断激励基层政府治理创新，强化政府治理创新的法治支撑，加强政府治理的协同性，充分运用大数据等方式提高政府治理能力。

关键词： 政府治理现代化　治理效能　治理能力　陕西省

党的十九大报告为我国未来发展设定了"两步走"的目标，其中第二步中提出，到21世纪中叶实现国家治理体系及治理能力现代化。十九届四中全会报告进一步提出，坚持和完善中国特色社会主义行政体制，构建职责明确、依法行政的政府治理体系。政府治理现代化是国家治理现代化的重要环节，推进国家治理现代化就要同步推进政府治理现代化，这是由政府的地位和职能决定的。要形成科学完善的政府治理体系，必须改进和完善政府职责体系和政府组织结构。政府治理现代化的重点是治理能力现代化，而治理能力是一种包含治理手段、治理目标、治理结果的综合优化能力，只有进一步完善政府治理的理念、结构、机制及方式，才能使政府充分发挥其职能。

一　陕西政府治理现代化的成效

（一）政府职责体系优化，职能转变稳步推进

改革开放以来，社会主要矛盾随着经济社会的发展逐渐产生变化，政府职能定位也随之不断调整。解决"人民日益增长的美好生活需要和不平衡不充分的发展之间的矛盾"是当前政府职能转变的重要依据，政府职能转变首要任务就是"放管服"改革。2013年12月7日，陕西省出台《陕西省人民政府关于深化行政审批制度改革推进简政放权工作的实施意见》，放管

陕西政府治理现代化的现状、发展趋势及对策

服改革开始持续推进。

在转变政府职能方面，陕西省以优化营商环境为抓手推进"放管服"改革，以良好的营商环境激发市场活力、推动高质量发展，在提升政府公共服务水平、规范政府监管行为、维护市场秩序、明确监督保障措施等方面取得积极进展。2017年以来，陕西省实施了"1+6"行动计划，"1"是形成一张总体蓝图，"6"是六个行动计划，包括：全面提升优化营商环境、完善事中事后监管、深化"减证便民"行动、探索相对集中行政许可权改革、县域营商环境监测工作、加快建设自贸试验区政务服务平台。通过实施"1+6"行动计划，陕西政府服务水平大幅提高，营商环境持续优化，企业登记、注销等事项办理时间进一步缩短，程序不断简化，"双随机一公开"监管全覆盖，企业各类交易成本降低，各类市场主体办事创业的体制机制障碍减少。2020年，陕西省"以'放管服'改革为重点持续优化营商环境，'一网通办'取得积极进展，600项省级事项实现'掌上可办'，企业开办时间压减至3个工作日，21处省界收费站全部取消"。①

在简政放权方面，着力突出"简"字，办事程序和环节得到极大精简。2013年以来，"陕西省先后6批次清理行政审批事项，省级部门行政审批事项总量精简65.62%，其中行政许可项目由684项减少到363项，精简46.93%。先后取消、调整省级行政审批事项580项，全面取消'非行政许可审批事项'这一审批类别。"② 各项办事材料和程序大为简化，实现了群众少跑路。2016年9月底开始，"陕西省政府逐步公开了省级52个部门、10个设区市和杨凌示范区、107个县（市区）的权力和责任事项。同时，对40个省级部门168项公共服务事项逐项编制了办事指南，也通过统一发布平台对外公布"。③ 通过权责清单制度建设，陕西省进一步规范了权力运

---

① 陕西省人民政府：《陕西省2020年政府工作报告》，http://new.shaanxi.gov.cn/info/iList.jsp?tm_id=416&cat_id=17581&info_id=160690，最后检索时间：2020年11月27日。
② 《陕西省持续深化"放管服"改革促进政府职能转变》，http://www.sn.xinhuanet.com/snnews1/20170613/3721901_m.html，最后检索时间：2020年11月27日。
③ 《陕西省权责清单统一发布平台　正式上线运行》，http://www.sxbb.gov.cn/s/info-2187251473213979650.html，最后检索时间：2020年11月27日。

行,明确了部门职责,为群众办事提供了方便,促进了权力在阳光下运行,也推动了政务公开。

(二)政府组织机构改革稳步推进

陕西省、市、县党政群机构改革不断创新。部分机构、职能进一步整合,人员不断精简,组织战斗力不断提高。省级党政群机构改革完成后,"全省市级政府机构一般减少2~4个,县级政府机构一般减少5~7个;省市县各级行政编制精减10%;部门内设机构参照省级改革综合设置,平均精减1个"。①

事业单位整合精简愈加规范。首先是整合不同类型事业单位,此类单位按照单位性质进行整合,行政类事业单位转为政府部门,经营类事业单位转为自负盈亏的企业,对于公益类单位则按各自功能、领域加以整合。其次是控制事业编制总量,"将行政类和经营类事业单位予以撤销的编制收回,公益类编制总量精简30%"。② 对于市县两级党委、人大、政协等群团机构改革,各级政府按一定比例设置内设机构和编制,尤其是严格控制领导岗位编制数量。最后是对事业单位基本信息规范管理。陕西省开通了全省统一的登记管理公共信息平台,机构名称、职责任务、人员编制等信息可在平台查阅。

在政府机构改革方面,重点领域机构整合成效显著。陕西在地方政府机构改革工作中,以市场监管责任、监管力度、监管力量为整合标准,将具有相关市场监管职能的工商、质监、食药监三个监管机构加以整合,组建了市场监督管理局,进一步健全了大市场监管体制,县级市场监管机构补齐了短板,形成了合力,监管能力得到全面加强。

陕西省已完成了党政群组织架构重建,机构职能更加科学,组织结构更加合理,为陕西持续深化各领域改革、不断突破难点痛点提供了制度支撑。

---

① 《陕西省机构改革整合精简走在全国前列》,http://www.sxbb.gov.cn/s/info-5541101456207466663.html,最后检索时间:2020年11月27日。
② 《陕西省机构改革整合精简走在全国前列》,http://www.sxbb.gov.cn/s/info-5541101456207466663.html,最后检索时间:2020年11月27日。

机构改革后,陕西省级机关共设置党政机构60个,组织更加精干有力,为实现政府职能高效、协同奠定基础。

(三)依法行政水平大幅提高

党的十八大以来,党和政府高度重视政府治理法治化的理论和实践创新,把法治化贯穿于国家治理体系和治理能力现代化建设全过程,在转变政府职能、优化行政组织结构、推进决策科学化民主化、加强依法行政等方面取得明显成效。陕西以依法治国的总方略为引领,推进政府治理法治化,在政府治理制度体系、决策体系和执行体系方面取得长足进步。

依法行政制度体系不断完善。重点领域立法进一步加强,尤其是深化改革、民生保障、基层治理、生态保护等重点领域的立法不断健全。陕西自2018年开始不断规范优化提升营商环境的制度依据,已出台了《陕西省优化营商环境条例》,标志着陕西省营商环境更加规范化、法治化。在其他立法重点领域,陕西"2019年完成重点立法项目16件(10件地方性法规草案,6件政府规章),"[1] 夯实了依法行政的制度基础。进一步完善了政府规范性文件管理,修订完善了《陕西省行政规范性文件制定和监督管理办法》,印发《省级行政规范性文件"三统一"实施方案》,完善了陕西重大公共行政决策制定程序,规范了省级行政规范性文件管理制度。

决策体系和执行体系方面取得长足进步。重大行政决策科学化程序更加完善,决策前的合法性审查成为必经程序,没有法律依据的决策不予通过,注重决策实施后效果评估,通过决策前、后两道关口保障决策的科学性。修订了《陕西省人民政府法律顾问工作规则》,完善讨论、决定重大事项前听取法律顾问意见的工作机制,法律顾问已覆盖全省各级政府和部门。"全年省政府法律顾问共办理涉法事务141件,对62件重大决策及重要涉法事件

---

[1] 《陕西省人民政府关于2019年法治政府建设情况的报告》(陕政字〔2020〕18号),http://new.shaanxi.gov.cn/zfgb/169080.htm,最后检索时间:2020年11月27日。

提供法律意见和处理方案。"① 进一步完善行政执法责任制和问责制,严格行政执法资格审查管理制度,落实行政执法公示制度,执法人员资格、权限、所属单位均可公开查询,推行执法全过程记录制度,行政执法工作进一步规范。

二 陕西政府治理的薄弱环节

(一)治理理念有待进一步转变

遵循科学的理念是解决一切问题的总原则。树立了科学的治理理念,政府治理活动才能在正确的道路上前进。当前,虽然陕西政府治理取得了长足进步,但政府治理理念仍然未转变到位,阻碍了政府治理能力的进一步提升。

一是官本位思想根深蒂固,未时刻做到以人民为中心。由于我国的封建历史传统,官者管也,管制思维已成为政府的习惯性思维。新中国成立后,政府职能中也更加偏重政治统治职能,政府包揽经济、政治、文化等一切社会事务。在经济体制转轨过程中,政府由于职能转变不到位,也出现政府管理错位、缺位的现象。陕西省在推进政府职能转变过程中,下放权力与基层权限、能力不匹配问题较为突出。部分下放的行政许可权保障措施跟进不及时,事权下放但相对应的执法权尚未同步下放,造成接不住、接不好等问题。如陕西将"水生野生动物驯养繁殖许可"下放到县级水利行政主管部门,但县级水利部门未获得管理员权限,系统内办证信息无法录入、打印,不能完成证件办理,出现接不住的现象。

二是服务意识有待加强。我国国家治理理念中一个非常重要的转变就是从"管理"到"治理"的转变,这要求政府治理由"管理"向"服务"转

---

① 《陕西省人民政府关于2019年法治政府建设情况的报告》(陕政字〔2020〕18号), http://new.shaanxi.gov.cn/zfgb/169080.htm,最后检索时间:2020年11月27日。

变,这就意味着政府要转变治理理念,从一个高高在上的领导者转变为引导社会的服务者。陕西省在政府治理中"服务"理念贯彻得并不彻底,例如,政府虽然从社区物业管理中退出,物业管理成为小区业主和物业公司之间双向选择的市场行为,但由于政府对小区自治组织培育和引导不充分,居民认为在此领域政府缺位,这即是服务意识不到位的表现之一。政府少管、社会多管虽然是政府治理创新的方向之一,但仍然要求政府在进行治理的过程中,以公民需求为导向,坚持以民为本,不断提高政府服务水平,满足广大人民群众对优质公共服务的需求。

(二)政府公共服务能力与人民群众的期望仍有差距

公共服务能力是政府治理能力的重要内容。公共服务可指政府为公民提供的服务、产品的总称或具体指政府的"公共服务职能",包括基本公共教育、劳动就业服务、社会保险、基本社会服务、基本医疗服务、人口和计划生育、基本住房保障、公共文化体育等。可见,公共服务能力在政府治理能力结构中处于重要地位,是政府治理能力现代化的有力抓手。当前,陕西经济社会不断发展,人民生活水平不断提高,对公共服务的质量要求也越来越高,然而陕西省基本公共服务能力却难以满足人民群众的需求,尤其是与东部发达地区相比,公共服务能力仍有较大差距。公共服务总量偏小、服务水平较低、区域发展不平衡,这是陕西省基本公共服务存在的主要"短板"。

首先,陕西公共服务资源在城乡区域间配置失衡,基础设施和服务水平差异较大。以医疗资源为例,根据陕西省统计局调查,2020年排在全省城市居民和农村居民新年愿望首位的是"创新医疗体制,切实解决群众看病难、看病贵问题"。"这一愿望从2016年起连续五年居全省人民新年愿望之首,且今年占比超过一半,医疗问题已成为'当之无愧'的我省百姓关注的首要民生问题。"① 当前陕西省城市和农村医疗资源供求矛盾突出,且分布不均衡,城市里个别大

---

① 陕西省统计局:《2020年陕西万户居民新年愿望调查报告》,http://tjj.shaanxi.gov.cn/126/111/20565.html,最后检索时间:2020年11月27日。

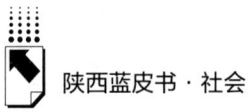

医院人满为患、一号难求，社区和乡镇医院、乡村卫生所则因为医疗条件较为落后而无人问津，造成低水平医疗资源重复建设和浪费。

其次，基层公共服务基础设施供给不足、服务水平有待提高。2020年，位居城市居民和农村居民新年愿望第三位的是"合理配置教育资源，解决子女就学入托问题"，① 可见陕西城乡居民对基础教育的焦虑。当前陕西教育基础设施建设水平不高，还不能满足人民群众对优质教育资源的渴望，如何保证教育资源的相对公平配置，是目前需要破解的一个难题。虽然近年来陕西加大了对教育的投入，一系列政策措施陆续出台，但是随着城镇化率逐年提高，群众对于子女教育问题日趋重视，对于基础教育服务水平的要求更高，所以陕西省教育公平虽然逐年改善，教育基础设施日益完善，但是仍然无法满足群众的需求。

（三）政府治理的信息化、智能化水平有待提高

提高政府治理的信息化、智能化水平是政府治理创新的发展方向之一。近年来，"网络强省""数字陕西""智慧社会"等成为热词，网络舆论环境大为好转，数字经济发展加快，电子政务不断完善，各类数据平台纷纷涌现，全省信息化、大数据蓬勃发展。然而，治理的信息化发展程度仍显滞后，智能化水平仍然有待提高。

一是对治理信息化、智能化的重视不够、认识不足。信息化、智能化建设已是当前提高政府治理效能的主要抓手之一，可以为治理释放出巨大活力。但政府在进行智能化建设时，未将智能化作为优化政府服务、支撑陕西跨越式发展的重要因素，仅仅停留在"技术"层面，把平台功能全面和系统性能优异作为建设目标，忽视了软环境建设，只将智能化建设当作一种管理"手段"，出现体制机制建设不完善、后期管理维护不到位等一系列问题，导致智能化建设的核心价值难以实现。

---

① 陕西省统计局：《2020年陕西万户居民新年愿望调查报告》，http://tjj.shaanxi.gov.cn/126/111/20565.html，最后检索时间：2020年11月27日。

二是对信息化、智能化建设的法治支撑不到位，全局意识和顶层设计理念较为缺乏。智能化建设是一项长期的系统工程，不仅需要硬件系统完善，还需要相关制度作为支撑。目前陕西省关于政府治理智能化建设，尤其是大数据管理的法规制度较为缺乏。2020年4月，中共中央、国务院出台《中共中央国务院关于构建更加完善的要素市场化配置体制机制的意见》，首次认可了数据作为生产要素的地位，同时提出要从推进政府数据开放共享、提升社会数据资源价值、加强数据资源整合和安全保护三方面加快培育数据要素市场。围绕国家大数据战略，各省市都积极制订、实施大数据政策，引导当地大数据产业健康发展。截止到2020年10月，陕西省尚未出台省级大数据政策，也未成立省级大数据工作机构，这不利于政府治理信息化、智能化水平的提高。

三是政务基本信息共享还未实现全覆盖。中央明确要求公民、企事业单位和社会组织基本信息全国共享，但在实际操作中困难重重，严重制约了治理效能的提升。陕西政府部门之间信息数据共享程度不高、沟通不畅，例如"放管服"后，虽然相关行政部门不再出具"婚姻证明""单身证明"等材料，但在办理财产分配、征地拆迁对象认定、银行贷款、就业入职等具体事项时，办理机关仍然需要相关证明，而负责机关却不再出具，导致群众不知所措，造成了新的办事难。一些政府部门的网站在政务公开方面存在更新不及时、咨询建议办理拖延等问题，信息化利用程度不够，导致智能化、信息化治理效能大打折扣。

（四）政府职能部门之间协同性不足

政府职能部门能否协同工作是评价政府治理能力的标准之一。"协同性是指国家治理要摆脱单向度治理理念和模式，而在治理主体、模式、工具等方面相互协调、互动合作。"[①] 政府各部门间的协同性也是影响政府治理效

[①] 郭道久：《整体性与协同性：改革开放以来国家治理的重要经验》，《国家治理》2018年第36期。

能的重要因素，陕西各政府部门之间治理协同性不足，制约了治理效能的提升。一是部门间信息共享不畅。各部门统计口径不一和工作标准不同，造成相关信息不对称、数据不一致、平台不关联。管理平台由各职能部门分别开发、管理和应用，很多信息分散在各个系统中，造成基层人力物力重复浪费，增加了工作负担，结果却常常不尽如人意。二是部门联动工作机制不健全。当前，由于部门间协同意识较为缺乏，政府不同部门间协同机制尚不完善，各部门职能部分交叉、责权关系边界不清，以致出现政府部门各自为政的状况。很多具有区域性、全局性的问题，单一部门难以解决，而多部门共管又权责不清，多头管理、推诿扯皮现象时有发生，治理效率低下。例如大气污染治理，由省生态环境厅主要负责，但其中调整产业结构、优化能源结构却需要由发改委负责落实，完善运输结构则需要省交通运输厅配合，各职能部门之间若互相推诿，不能实现协同工作，防污治污目标则不可能实现。三是政府治理沟通渠道不畅。我国行政体制结构决定了政府系统内部信息传递方式主要是垂直传递，即上下级之间纵向传递，传递渠道单一，这种情况下，上级政府主要依靠下级政府的报告来了解情况并做出判断。"一旦有危机发生，下级政府出于地方利益与保护自己官位等自利性考虑，往往有意隐瞒危机信息或者拖延报告时间，造成信息传递不全面、滞后，使上级政府无法及时、迅速地获得信息，难以及时、正确、有效地做出决策。"①

三 陕西政府治理的发展趋势

（一）政府治理的制度化、法治化对于治理效能的支撑作用愈加凸显

当前，陕西的改革和发展也逐渐步入深水区，政府治理对改革发展的引领作用更加重要，各方面的制度、体制、机制亟须健全和完善，且制度的可操作性也需要进一步提升，只有完善政府治理的制度规范，才能使政府治理

---

① 史盼：《陕西省智慧政府建设的现状及对策研究》，《中国管理信息化》2020年第4期。

成为陕西发展的强大支撑。"治理机制是通过制度安排一系列治理社会问题的指导原则、治理范围、治理规则、治理程序、治理协议、治理的组织和机构等理想设计方案,用以解决国家和社会公共事务。"① 但法规、制度、机制必须落到实处,才能使制度在治理实践中发挥其应有的功能和作用,这不仅是地方政府治理体系完善的重要体现,也是治理能力现代化的必然要求。制度化、法治化的治理机制是政府治理体系的重中之重,它为整个治理生态系统提供了行为规范,发挥了规则引导、示范作用,使社会中治理主体及其行为的发展方向和结果处于可预期状态,从而降低治理成本。良好的制度支撑和法治支撑在很大程度上决定了社会发展的方向和质量,陕西应更加注重政府治理活动的制度化、规范化和程序化,这样才能为陕西追赶超越保驾护航。

(二)危机管理在治理中的地位愈加重要

2020年,疫情防控工作给整个社会生活带来新的变化,也对政府治理提出了更高要求,社会风险控制成为政府越来越重要的职能,尤其是危机管理意识,危机来临前的应急措施,危机来临时的资源调配,都为今后完善政府治理提供了新的发展思路。政府治理中危机管理应趋于常态化,常态管理和非常态管理相结合的目的在于提高全社会抵抗风险的能力,以及提高可持续发展的能力。当前政府治理能力建设要贯彻预防为主的指导思想和工作方针,不仅要继续推动危机管理理念的更新和转变,同时也更需要将预案优化和体制机制健全摆在首要位置。在非常态化治理方面,陕西政府需要进一步提升快速反应与高效处置能力。从疫情防控的实践看,当前政府主导的治理体制在面对突发公共卫生事件时的反应能力有待提升,无论是对疫情形势的研判,还是应急物资调配,都对治理体系产生了较大压力。随着疫情防控的常态化,下一阶段提升政府快速反应与高效处置能力的任务依然十分艰巨。健全完善制度化风险评估也是危机管理的一项主要任务,现阶段迫切需要用风险评估机制的健全与完善来支撑常态化管理向

---

① 金荣:《政府在国家治理体系中的角色定位及改革趋势》,《人民论坛》2014年第2期。

非常态管理转化，尽可能地减轻乃至消除各类突发事件为治理带来的巨大压力与损失。

（三）基层政府治理能力对治理效能的影响愈加明显

基层政府不仅是国家服务人民群众的平台，更是国家治理的基础，与人民群众有着非常紧密的联系。我国各级政府肩负着将党的路线方针政策贯彻到实践中的重任，基层政府连接着上级政府和基层社会，基层政府治理是国家治理的"最后一公里"，在很大程度上影响国家各项战略部署的最终实现，并且对人民群众的获得感和幸福感产生直接影响，因此，基层政府治理能力必须不断提高，才能使其不论在完善国家治理体系，还是在推进国家治理能力现代化进程中的支撑性作用发挥更加充分。基层政府承担了推进改革发展、保持社会稳定的大量工作，一方面要在法律和制度规定的范围内严格行使权力，另一方面还必须创造性地落实党和国家各项政策，这对基层政府治理能力是非常大的考验。因此，新时期的陕西政府治理应当以基层为重点，从治理依据、治理结构、治理方法等方面入手，以满足基层群众的需求为目标，不断增强基层政府治理的针对性与有效性，提高基层治理效能。

四 完善陕西政府治理的对策

（一）鼓励基层政府治理创新

政府创新是提升政府治理能力的重要途径，基层政府改革与创新治理机制是提升政府治理能力的核心，也是激发整个社会活力与创造力的重要因素。要建设一个组织合理、服务高效的政府，必须全面优化治理理念、职能结构以及治理手段。因此，陕西基层政府治理创新需要把握好以上重点环节，不断创新和完善政府治理方式，全面提升陕西治理现代化水平。

在治理理念方面，要树立以人民为中心的治理理念，虽然地方政府治理的目标包括推进经济发展、保障人民权利、维护生态环境等，但始终应将最广大人民的根本利益作为一切工作的出发点,这是由我国社会主义本质所决定的。要使基层政府治理创新保持正确的发展方向,必须把维护人民利益放在首位,将此作为破解地方政府治理难题的根本指引。在转变职能方面,应以公共服务为导向,加快政府组织机构调整,建立健全科学、合理的体制机制。推动政府治理现代化,应以构建系统完备、科学规范、运行高效的政府机构职能体系为目标,通过政府体制改革和制度完善来健全陕西政府的组织机构及职能体系,为全面推进陕西政府治理现代化提供扎实的制度保障。应健全行政监督体系,完善行政监督机制,增强行政监督实效,进一步优化行政监督体制,为政府治理创新纠偏纠错。

(二)强化政府治理创新的法治支撑

法治是人类治理文明的重要成果,也是治国理政的基本方式,在推进政府治理创新的过程中必须坚持法治方式和法治思维。"所谓法治思维,是指人们将法治的基本价值、运作方式、基本要求等内化于思想意识所形成的一种认识事物、判断是非、解决问题的思维方式。"[①] 法治思维的核心要义是权利义务思维,法治思维要求厘清各方权利义务,使各方在自身的权利范围内行事,尤其是政府要尊重和保障公民的合法权益,将法治思维贯穿于地方治理的全过程。

规范政府权力运行是强化法治支撑的核心内容。政府权力过大,政府与市场、社会边界不清和功能错位是政府治理面临的主要障碍,许多权力滥用甚至以权谋私现象因此产生。应把规范和限制政府权力作为改革、完善地方政府体制及其运行机制的主要抓手,不断优化政府权力配置关系,划定权力边界,在体制机制上为地方政府治理创新提供保障。

政府治理的基本方式是依法治理。政府及其工作人员应树立法律至上意识,良好的法律意识是实现依法治理的前提。有法不依、执法不严、权大于法仍然是政府行使权力的突出问题。把依法治理作为政府治理的基本方式,

---

① 王宗礼:《推进地方政府治理创新的必由之路》,《人民日报》2015年10月19日,第7版。

就要做到严格按照权力清单行使权力,依法履行法定职责,不缺位、不越位,使政府的一切治理行为都于法有据,不随意干涉市场行为,进而提高政府治理的稳定性和可预见性。

(三)加强政府部门间的协同性

目前我国政府仍然对整个社会具有较强管控能力,可以说是一个强政府,社会的发展一方面高度依赖于政府调控,另一方面也受到政府的管制和约束。陕西追赶超越过程中遇到的难题多为跨领域、跨层级问题,其关系相互交织,不能继续沿用"头痛医头、脚痛医脚"的治理思路,应当着眼于治理全局,加强多部门、多领域的协作配合。

首先应加强政府内部协同性,改善不同层级、职能部门间存在的职权分散与传播封闭的矛盾,尤其是职能交叉中治理碎片化现象,"跳出条条框框限制,克服部门利益掣肘"①,从而实现治理主体和治理过程的协同一致。同时,还应增强治理措施的协同性,科学处理政策的统一性与差异性,使各项治理政策相互配合、相互促进。

其次应加强政府与市场、非政府组织以及公民等多主体之间的协同性。如何进一步简政放权,让市场发挥资源配置的决定性作用不仅是改革的"深水区",还是政府治理的"硬骨头",也是实现治理体系和治理能力现代化必须跨越的一道门槛。应不断推进治理理论创新、制度创新,同时综合统筹各方面治理资源,使各治理主体之间能够实现良性互动。重视非政府组织对政府治理的重要作用,可将部分公共物品供给和公共服务职能委托给非政府组织行使,非政府组织在某些机制上更为灵活,效率更高,与人民的联系更为紧密,因此应充分发挥非政府部门在政府治理中的作用。

(四)充分运用大数据提高政府治理能力

随着信息技术的日益广泛运用,大数据已成为政府治理创新的重要驱动

---

① 习近平:《习近平谈治国理政》,外文出版社,2014,第87页。

力，对于政府治理理念、治理模式、治理手段的变革产生了极大推动力。目前，陕西在治理中的大数据运用水平还不高，还存在政府服务效能不高、大数据对于决策科学化支撑程度较低、政府数据开放不足等问题，因此，实践中牢固树立大数据思维，创新应用大数据深化"互联网+政务服务"，完善服务型政府建设，重视大数据运用监管，完善大数据运用法规、制度，打造陕西大数据监管规则体系，不断推进陕西政府治理体系和治理能力现代化。当前，运用大数据推进政府治理创新、加速政务服务改造升级是全国各地提升政府治理能力的重大机遇，陕西能否抓住这一机遇实现陕西经济社会发展追赶超越，是摆在陕西各级政府面前的新课题，大数据时代的到来正在全方位倒逼政府自身变革。陕西应充分利用大数据加强政府自身建设、提升治理效能，以大数据技术的运用引领治理制度与模式创新和服务创新。

参考文献

李清伟：《论服务型政府的法治理念与制度构建》，《中国法学》2008年第2期。

吴建南、马亮、杨宇谦：《比较视角下的效能建设：绩效改进、创新与服务型政府》，《中国行政管理》2011年第3期。

俞可平：《权利政治与公益政治》，社会科学文献出版社，2005。

朱德米：《政务公开与公众参与：转型期中国政府与公民关系的重构》，《上海行政学院学报》2007年第6期。

中国行政管理学会课题组：《政府效能建设研究报告》，《中国行政管理》2012年第2期。

B.12
陕西省优化提升营商环境调研问效专题报告

陕西省优化提升营商环境调研问效课题组*

摘　要： 2020年3月16日，陕西省出台了《2020年深化"放管服"改革优化营商环境工作要点》，各地市高度重视营商环境工作，采取有力措施优化营商环境，千方百计降低企业运行成本，营商环境得到明显改善，97%的调查走访企业群众对营商环境非常满意或满意。但同时也存在以下问题：一是政务服务标准化程度不足，信息资源共享水平偏低；二是部门间统筹衔接不畅，部分政策兑现落实较难；三是企业经营负担依然偏重，一些审批环节周期偏长；四是公共服务尚不完善，与群众期待还有一定差距；五是政策宣传不够精准，服务水平有待加强；六是"好差评"形式多样，统一监督评价体系尚未建立。产生这些问题的主要原因：一是部门间协同联动合力不足；二是主动担当作为不够；三是创新服务意识淡薄。为此，需要采取如下对策措施：一是不断提升"一网通办"服务水平；二是全面推进政务服务中心标准化建设；三是多措并举降低企业运营成本；四是协同推进公共服务改善提升；五是健全完善跨部门协同联动机制；六是加大政策宣传和本地产品推介力度；七是加快建立全省统一"好差评"系统。

---

* 课题组组长：白宽犁，陕西省社会科学院副院长、研究员。课题组成员：郭普松、史鑫旺、马建飞、吴菲霞、孙雅姗、田新华、韶华。执笔人：郭普松、史鑫旺、田新华、韶华。

陕西省优化提升营商环境调研问效专题报告

关键词： 营商环境 企业运行成本 深化改革 陕西省

2020年3月16日，陕西省人民政府办公厅发布了《2020年深化"放管服"改革优化营商环境工作要点》，布置了6项重点任务——持续深化行政审批制度改革、进一步降低市场准入门槛、加强和规范事中事后监管、不断提高政务服务质量和水平、健全优化营商环境制度体系以及深入开展专项行动。陕西省优化提升营商环境调研问效课题组对照这6项重点任务，就政务服务环境、各项政策落地落实情况、降低企业运行成本、工程项目审批改革、加强和规范事中事后监管、帮助企业解决各类问题等6个方面赴西安、咸阳、宝鸡、杨凌、商洛、延安和榆林等市（区）开展专题调研，形成此报告。

一 营商环境主要工作开展情况

各地高度重视营商环境工作，采取有力措施优化营商环境，千方百计降低企业运行成本，营商环境得到明显改善，97%的调查走访企业群众对营商环境非常满意或满意。

（一）持续优化政务服务环境

将方便企业群众办事和办事不求人作为衡量服务型政府建设成效的标尺，持续提升办事服务效能。西安聚焦企业群众关切需求，积极推行"一件事一次办"主题服务，通过业务协同、信息共享、流程再造，将职能部门办理的"单个政务服务事项"集成为企业群众视角的"一件事"，实现线上"一次登录、一网通办"，线下"只进一扇门、最多跑一次"；各区县、开发区已累计推出"一件事一次办"主题套餐服务1400余个，极大地方便了企业群众办事创业。咸阳开通了"掌上咸阳通"政务服务App，完成13个县市区共121个镇所属政务服务事项梳理和上线运行工作。杨凌打造24小时"不打烊"自助服务，在政务服务中心设立"24小时无人自助服务区",企业和群众在税务自助机上可以申领发票、代开发票业务、自助盖章,可通过自助服务终端和自助文件柜自助办理事项。宝鸡出台《支持总部经济企业发展十条政策》,在各级政务服务大厅设立总部类企业登记注册窗口,全面推行企业登记"审核合一制",扩大审批服务窗口直接审批的核准事项,确保企业注册登记即时办结;已举办8批引进总部企业集中签约仪式,累计签约企业411户,其中272户已完成注册登记;72位受访企业群众均感觉办事非常方便或方便。商洛为确保疫情期间纳税服务质效,不断畅通电子税务局、自助办税设备、手机App、咨询电话等"非接触式"办税缴费服务通道,目前全市"非接触式办税"比例已达到82%。

(二)狠抓各项政策落地落实

面对新冠肺炎疫情带来的冲击和影响,各地加大政策落实力度,推动企业更好更快复工复产。杨凌在政务服务中心设立"惠企政策兑现专区",专区集成示范区发改等多个部门的29项惠企政策,按照"一窗受理、分流转办、部门办理、限时办结、统一反馈"的运行机制,统一受理惠企政策业务,累计减免养老、医疗、工伤、失业保险费4963.6万元,兑现政策补助资金3279万元。宝鸡制定出台财税金融、物资保障、交通运输、企业用工、科技创新等针对性措施,力促快速精准落实到复工复产企业。咸阳编制《惠企便民政策汇编》(电子书),积极搭建政银企对接平台,为支持复工复产新发放贷款258.68亿元。98%的受访企业群众对中央和陕西省减税降费效果非常满意或满意。商洛为每户应享受减税降费政策的纳税人建立宣传辅导"四清册一台账",精准梳理统计出符合支持疫情防控税费优惠政策的纳税人清册37767户,并逐户注明企业所适用税费优惠政策的具体明细项,建立精准服务台账和税务干部直连包抓责任制,进行"点对点、一对一"辅导,确保各项优惠政策落地落实。

(三)多措并举降低企业运行成本

通过便利企业获得水电气、信贷支持、减税降费、清理行政性收费、规范中介收费等方面综合施策，降低企业成本。宝鸡推行"互联网+服务"模式，水电气暖业务实现一次性网上办理。严格执行收费目录清单管理制度，对收费事项实行动态管理。网上中介服务超市基本建成，入驻中介机构28家，可办事项67项。咸阳进一步清理更新政府性基金和行政事业性收费事项，取消雷击风险评估费、防雷设计技术评价费、防雷随工与竣工检测3项涉企收费和房屋转让手续费等19项行政审批中介服务收费。主动对标北京、上海，全面提升低压客户接入容量上限至160千伏安，实现小微企业接电"零成本"。杨凌坚持把因垄断地位产生的"权力"关进制度的笼子，破除水电气暖服务"顽疾"，派出政府监管代表下沉水电气暖污等公共服务企业兼任第一书记，对企业的价格核定、工程预算等经营行为进行全程监管，清退多收企业费用600余万元，核减水电气暖行业工程项目资金287万元。商洛积极监督降低企业用电成本政策执行情况，共检查转供电主体120余家，减免、清退用户电费129万余元，有效减轻了企业负担；印发《关于开展涉企收费专项治理工作的通知》，查处违规设立的行政事业性收费、政府性基金和行政审批前置经营服务收费项目，持续为中小微企业减负，不断降低市场主体运行成本。榆林落实阶段性减免企业社保费政策，减免全市中小微企业1.7亿元，返还失业保险费1.4亿元；着力降低企业融资成本，累计办理再贴现3.7亿元，对4.3亿元企业贷款降息1727万元；全面推进税费优惠政策，累计为疫情防控重点物资生产企业增值税期末留抵退税2455万元；对纳税人运输防护物资取得的收入免征增值税25万元；对鲜活肉蛋产品、蔬菜批发零售免征增值税1479万元。

（四）扎实推进工程项目审批改革

各地不断深化工程建设项目审批制度改革，通过推行容缺审批、代办服务等方式，加速重点投资项目落地。西安开展工程建设项目审批制度改革以来，取消了14个事项环节，合并了16个办理事项，转变了4种办理方式，调整了13个事项时序，通过实施全流程、全覆盖改革，各项改革举措陆续落地见效，到2020年年底，要实现政府投资类项目审批时间压缩至90个工作日内、社会投资类项目审批时间压缩至50个工作日内的目标。宝鸡全市统一的工程建设项目审批和管理体系基本建成，政府投资、社会投资建设项目审批时限分别压缩至120个工作日和90个工作日以内改革目标。咸阳划定工程建设项目审批专区，按照"一口进一口出""台前受理，台后审批"模式按时限办理，基本实现了工程建设项目审批事项全覆盖、全流程。杨凌启用示范区工程建设项目审批管理系统，将房屋建筑及城市基础设施工程建设项目审批事项统一纳入示范区政务服务中心工程建设项目专窗受理。延安成立了工程建设项目审批专班，对市级重点建设项目和新区、高新区、南泥湾开发区所有建设项目审批实行即报即审、专班研究；对符合容缺和承诺条件的建设项目，按照告知承诺容缺审批办法先行办理，压缩项目审批办理时限，全力支持和保障项目早开工、早建设。

（五）进一步加强和规范事中事后监管

各地不断加强和规范事中事后监管，以公正监管促进公平竞争。西安高新区创新建立市场综合监管平台和"企业直通车"App，对企业实行智慧化精准化监管，同时依托监管平台，开展部门联合检查，极大地减少了检查次数，为企业开展经营活动提供了良好环境，更加激发了市场活力。宝鸡推动全市12个县区、41个市级部门2332个用户联网使用云平台进行日常监管；修订《市场监管领域部门联合随机抽查事项清单（第二版）》，汇总市场监管领域22个部门、88类、142项联合随机抽查检查事项，实现市场主体监管"一张网"，部门联合"双随机、一公开"监管全覆盖、常态化。咸阳制定联合双随机抽查工作计划及成员单位的"一单两库一细则"，探索实施包容审慎监管，最大限度减少对中小企业生产经营活动的影响。杨凌大力推行部门联合抽查，2020年底前基本实现市场监管领域相关部门"双随机、一公开"监管全覆盖、常态化，建立行业主体库和专业特长检查员库，积极推进"互联网+监管"，不断提高监管的精准性和有效性。

（六）积极帮助企业解决各类问题

帮助企业排忧解难，解决项目和企业在建设运营中遇到的实际困难。宝鸡深入实施"双包一解"活动，严格实行"四个一"帮扶机制，全市13个指导组、66个工作组，1909名领导干部下沉一线，"一企一策"精准帮扶企业1616户、重点项目336个；全市联企活动帮扶企业复工复产率达到98.8%。咸阳依托"互联网+"大走访平台，将全市385个市级重点项目、625户规模以上工业企业、724户限额以上商贸企业等具有代表性的市场主体要素信息全部录入大走访数据库，全方位、全天候、高效率受理解决项目和企业在建设运营中遇到的困难问题，平台上线运行以来收集项目企业存在问题2577条，办结2513条，办结率97.5%。

二 存在的主要问题及原因分析

（一）主要问题

1. 政务服务标准化程度不足，信息资源共享水平偏低

在调研中发现，各级政务服务中心统一了政务服务标识，但各地在划转事项、进驻事项、窗口设置上没有统一标准，一些政务大厅面积较小，进驻单位偏少、服务功能不够完善，距离市场主体期盼还有一定差距。当前，陕西省已建立统一的政务服务平台，但各地市政务信息资源整合依然在路上，"一网通办"信息共享水平依然不高。一些地方政务信息资源尚有公安、教育、人社、住建、市场监管、农业农村等部门数据未整合接入。

2. 部门间统筹衔接不畅，部分政策兑现落实较难

在一些事项流程再造方面，由于权限划分不明确，有关部门的责任未完全压实，改革的政策红利尚未有效释放。一些地市尚未理顺住建与审批之间的权责关系，工程建设项目审批制度改革成效不明显。一些企业希望政府招商引资承诺尽快兑现到位，工程建设资金、电子商务和新能源财政补贴及时

拨付到位。部分企业因历史原因造成项目未批先建、边批边建，建成后在完善手续时遇到一些困难。

3. 企业经营负担依然偏重，一些审批环节周期偏长

新冠肺炎疫情以来，企业盈利能力普遍出现较大幅度下降，在市场尚未完全回暖的背景下，企业经营面临的最大困难还是各种成本偏高。目前陕西省在降低企业成本方面做了大量工作，但是融资难融资贵、用地难用地贵、招工难招工贵、物流成本高等制约企业发展的瓶颈问题还没有得到有效破解。中小微企业融资难、贷款难成为企业反映突出问题，调查问卷中15%的受访者对中小微企业融资服务不太满意。土地、环保等手续办理周期长，如果严格按照相关标准和程序，一些中小企业短期内较难达到审批要求，影响了工程项目建设和企业抵押融资，企业普遍希望审批环节时间能再缩短一些。

4. 公共服务尚不完善，与群众期待还有一定差距

随着营商环境持续改善提升，市场主体对营商环境要求越来越多元化，在教育、医疗、产业配套、产品推介等方面提出更高要求和新的期待。不少企业反映因教育、医疗、生活配套不匹配，高层次技术人才流失严重，很大程度制约了企业发展。在某些地市政务大厅走访时，有企业正因当地招不到高技术人才、其他地方人才不愿意来而将企业注销迁往西安。陕西正泰公司反映，企业职工和技术人员子女教育入学难问题日益成为影响营商环境的深层次问题。

5. 政策宣传不够精准，服务水平有待加强

群众对营商环境政策知晓度有待进一步提高，西部智谷公司反映通过网络查找当地优惠政策、办事流程等方面还不是很便捷，难以为园区内入驻企业提供政策精准对接。在一些政务大厅，调查问卷中约有1/5办事群众"不太知晓""不知晓"中央和陕西省出台的优化提升营商环境政策。一些企业希望向发达地区看齐，进一步提高窗口服务水平。西诺医疗器械反映，东部沿海地区利用政府公信力大力推介本地企业和品牌，陕西各地对本土企业、品牌宣传推介不够，应加强对行业龙头企业、知名品牌企业提供政策解读和加大灵活执行政策力度。

6. "好差评"形式多样，统一监督评价体系尚未建立

当前，各地普遍建立起了"好差评"制度，办事企业和群众可通过评价器、热线电话、政务网络、手机App、微信小程序、意见箱等多种途径对服务质量进行评价，没有在政务办事窗口提供统一便捷的评价方式。各地评价标准不一、渠道不一，评价结果难以汇集反馈，对政务服务监督约束作用难以充分发挥，也不利于对陕西全省各地政务服务情况进行统一监督评价。

（二）原因分析

当前，陕西省在推进营商环境建设中还存在诸多问题和短板，打造国际化、市场化、法治化营商环境依然任重道远。一是部门间协同联动合力不足。优化营商环境是一个系统工程，任何一个部门的减损或延迟都会影响营商环境。从调研情况看，单个部门可独立完成的任务因权责清晰、任务明确基本得到很好落实，但在数据共享、综合审批、联合监管、统一评价等方面，因涉及多部门协同联动，不同程度因各自为政、推诿扯皮而影响工作进度。二是主动担当作为不够。随着"放管服"改革优化营商环境的不断深入推进，企业群众对业务人员的综合素质、专业能力、政策精准运用提出了更高要求，一些部门和办事人员依然存在惯性思维和路径依赖，凡事等着上级明确政策和细则，一些政策执行起来机械呆板、缺乏灵活性，不敢为、不愿为、不会为现象较为突出。三是创新服务意识淡薄。对新情况新问题研究不够、办法不多，与先进地区在思想观念和创新服务方面差距较大，一些地方在项目审批方面，过去为了加快速度经常"先上车后买票"，现在对如何合理简化审批流程、压缩时限创新探索不够。

三　对优化营商环境的意见建议

要把营商环境建设摆在突出位置，更加注重政策的可行性、协调性、细化、量化政策措施，蹄疾步稳深化重点领域改革，下硬功夫打造好发展软环境。

（一）不断提升"一网通办"服务水平

大力破除政务数据条块分割和信息壁垒，加快建设政务大数据交换共享平台，实现部门系统的互联互通和数据共享，为"一网通办"提供数据支撑。将个人办事、法人办事、行政权力、公共服务四类事项全部纳入"一网通办"范畴，实现所有面向企业群众的政务服务"进一网、能通办"。

（二）全面推进政务服务中心标准化建设

构建五级联动服务体系，加快推进异地办理、同城通办，畅通线上线下两种办事渠道。进一步明确五级政务服务体系中各级的职责定位、建设标准，对政务服务事项、办事指南、服务流程、监督评价实行标准化管理，构建市县两级重点办理法人事项、镇村两级通办个人事项的政务服务格局。

（三）多措并举降低企业运营成本

进一步规范中介服务，推进中介超市标准化建设。全面清理与企业性质挂钩的规定和做法，发挥纾困基金和技术改造奖励资金作用，放开具备竞争条件的经营服务性收费，促进民营经济发展。允许企业分期缴纳土地出让金，鼓励采取长期租赁、先租后让、租让结合、弹性年限出让等方式使用工业用地。创新民营企业信贷服务，通过提前续贷审批、设立循环贷款等，有效解决企业借助外部高成本"过桥"资金续贷问题。加快建立完善的征信体系，进一步推广企业综合授信，对长期守信的企业给予更多优惠支持。

（四）协同推进公共服务改善提升

协同推进教育资源、医疗资源、治安环境等均衡发展，提升公共服务质量和水平。进一步扩大优质教育资源均衡供给，落实外来务工经商人员随迁子女入学相关政策，主动对接重点龙头企业帮助解决员工子女就学问题。围绕群众最关心的医疗保障领域的热点、难点、堵点问题，推动医疗保障工作理念、制度、作风全方位深层次变革，不断提升基层医疗保障水平和就医便利化。通过社会治安、深化扫黑除恶、长效化治理提升公众的安全感，帮助企业营造良好的治安环境和稳定的生产发展环境。

（五）健全完善跨部门协同联动机制

以企业和群众满意度为导向，以一件事一次办为抓手，创新政务服务模式，持续推进政务流程简化。健全多方联动、高效协作的工作推进机制，建立跨部门联合监管、联席会商、联合督查、协调服务的常态化工作模式，共同研究破解营商环境各类问题的路线图和时间表，形成跨部门协同的强大合力。

（六）加大政策宣传和本地产品推介力度

充分运用多种形式媒体广泛宣传营商环境政策，在办事窗口根据不同群众不同办事类型有针对性地发放不同类型的政策汇编或电子二维码资料，多渠道常态化加强营商环境宣传。加大对当地品牌企业或中小微企业服务力度，定期组织开展品牌产品、新产品推介会，利用信息技术手段搭建智慧推介平台，积极组织本地企业参加各类博览会、展销会等宣传销售平台，进一步扩大本地产品的知名度和销售渠道。构建对口服务企业长效机制，充分发挥各类行业协会商会作用，畅通企业诉求反映解决渠道。

（七）加快建立全省统一"好差评"系统

建立陕西省统一、线上线下全面融合的政务服务"好差评"系统，实现"好差评"服务事项、评价对象、服务渠道全覆盖，以企业和群众评价促进政务服务质量和效率提升。建立完善行政审批工作人员常态化业务培训机制，通过集中培训、学习考察、专题研讨、经验交流等方式，大力提升业务人员综合业务能力。

参考文献

陕西省人民政府办公厅：《陕西省规范涉企收费专项行动方案》，2019年6月6日。
陕西省人民政府办公厅：《陕西省促进政策落地落实专项行动方案》，2019年6月6日。
中华人民共和国国务院令第722号：《优化营商环境条例》，2019年10月23日。
陕西省人民政府办公厅：《2020年深化"放管服"改革优化营商环境工作要点》，2020年3月16日。

B.13
陕西环境公益诉讼调研报告

闵晶晶*

摘　要： 自2012年修正的《民事诉讼法》首次规定了环境民事公益诉讼制度以来,环境公益诉讼制度在我国已运行8年。8年来,陕西省环境公益诉讼迅速发展,环境公益诉讼案件诉讼主体范围不断扩大、案件类型日趋多元、保护要素更加全面、检察机关提起的复合型诉讼不断增加、重点区域环境保护逐渐加强,生态环境修复探索成果显著,呈现良好的发展势头。然而,陕西环境公益诉讼依然存在环保组织提起诉讼积极性不高、司法鉴定费用高昂等不足。进入新的历史时期,陕西环境公益诉讼必须针对已经存在的不足积极探索,不断加强基础理论的立法研究,探索司法鉴定费用保障制度,鼓励环保组织提起环境公益诉讼,关注重点区域环境保护研究,推进环境司法专门化,推动陕西环境公益诉讼工作再上新台阶。

关键词： 环境公益诉讼　环境司法专门化　司法鉴定　环境公益基金　陕西省

环境公益诉讼制度作为环境保护法治化重要组成部分,对于防治污染、保护生态环境有重要意义。2012年《民事诉讼法》确立环境公益诉讼制度至今已8年,环境公益诉讼发展初见成效。尤其是2015年《环境保护法》

---

* 闵晶晶,法学博士,陕西省社会科学院政治与法律研究所助理研究员,研究方向：法理学。

修订，赋予社会环保组织提起环境公益诉讼资格后，环境公益诉讼进一步发展。2015年，最高人民法院颁布了《最高人民法院关于审理环境民事公益诉讼案件适用法律若干问题的解释》，对提起环境公益诉讼的社会组织资格等具体问题做出解释，指导环境公益诉讼在实践中展开。2017年《行政诉讼法》修订，检察公益诉讼制度确立。关于环境公益诉讼的学术讨论愈加火热，环境公益诉讼在理论层面进一步完善。陕西省作为13个检察机关提起公益诉讼试点地区，检察环境公益诉讼迅速发展。本文通过分析近年来陕西省环境公益诉讼情况，总结陕西省在开展环境公益诉讼中存在的问题，并提出建议，希望对完善陕西省环境公益诉讼制度有所帮助，保护陕西生态环境，维护公众环境权益。

一 陕西环境公益诉讼实践

2015~2020年，陕西省各级法院审理的环境公益诉讼案件逐年增加，检察机关2018年办理环境公益诉讼案件3295件，2019年办理4969件，2020年前八个月办理环境公益诉讼案件3560件，已经超过2018年全年办理数量。分析陕西省环境公益诉讼案件具有以下特点。

（一）诉讼主体增加

《最高人民法院关于审理环境民事公益诉讼案件适用法律若干问题的解释》第二条至第五条明确了可以提起环境公益诉讼组织的基本条件和对"无违法记录"做出解释，从司法解释层面对社会环保组织提起环境公益诉讼做出解释。目前陕西省有11家符合法律规定的环保组织，对环境保护有重要意义。一方面环保组织策划组织环境保护宣传活动，向公众宣传环境保护知识；另一方面环保组织承担提起环境公益诉讼职能，从司法层面保护环境。

2015年，陕西省作为首批检察机关提起环境公益诉讼试点地区，检察机关在环境保护中地位愈加重要。2018年1~12月，全省检察机关公益诉讼立案6243件，其中生态环境和资源保护领域立案3295件，占52.8%，提起环境公益诉讼71件。2019年1~12月，全省检察机关公益诉讼立案7251件，其中生态环境和资源保护领域立案4968件，占68.5%，提起环境公益诉讼162件。2020年前八个月，全省检察机关公益诉讼立案5811件，其中生态环境和资源保护领域立案3560件，占61.3%，提起环境公益诉讼93件。

（二）复合型诉讼明显

《最高人民法院最高人民检察院关于检察公益诉讼案件适用法律若干问题的解释》第二十条明确了提起复合型诉讼的法律依据。根据司法解释规定，检察机关在提起刑事公诉的同时，可以提起附带民事公益诉讼，陕西省检察院2018年提起公益诉讼126件，复合型诉讼82件。2019年提起公益诉讼208件，复合型诉讼166件。复合型诉讼在逻辑上保持了案件的完整性，一方面可以节约审判资源，检察机关在查明环境污染事实的同时取得当事人刑事犯罪证据；另一方面同一审判组织对于案件把握有相同尺度，保证案件公平审理。

（三）保护要素全面

《环境保护法》第二条采用"列举+归纳"的方式，明确环境的定义。近年来，陕西各级法院受理的环境公益诉讼保护环境要素全面，涉及野生动植物保护，水污染、大气污染治理等。较为典型的有：石某某盗采国家重点植物案。野生红豆杉为国家一级重点保护植物，具有较强科考价值，石某某将其盗挖至自家院内，经过法院审理，判决石某某有期徒刑一年四个月，缓期两年执行，并处罚金3000元，追回被盗采野生红豆杉一株，移植到适合的环境中。

（四）重点流域环境公益诉讼开展

陕西省作为沿黄的主要省份之一，同时陕南地区是长江流域和南水北调工程的重要水源涵养地，开展好黄河、长江流域（陕西段）生态环境保护工作对于陕西省生态环境乃至全国的生态环境都具有重要意义。为此，陕西省高度重视对黄河流域保护，高层次部署、高规格推进、高质效落实，积极探索创新，全力推进工作。截至2020年10月，全省检察机关共受理公安机关提请审查逮捕破坏黄河流域环境资源案件73件142人，批准逮捕51件105人。受理公安机关移送审查起诉破坏黄河流域环境资源案件196件361人，提起公诉143件275人。共立案涉黄河流域生态环境公益诉讼案件9029件，办理诉前程序案件8744件，起诉321件，督促相关行政机关清理污染水域面积1000余亩，清理污染和非法占用河道1300余公里，修复黄河湿地8000余亩，整改拆除违法建筑面积18万平方米。凤翔大气污染案入选最高检指导性案例。扶风渭河沿岸土地资源保护案、府谷黄河生态环境保护案等案件被最高检评为典型案例。

（五）探索生态环境修复方式

生态环境修复是环境公益诉讼责任承担的重要方式，陕西省在生态环境修复领域做出探索，结合本地区生态环境损害情况，采取有效方式恢复受损生态环境。韩城市西部沿山由于历史遗留原因，破损山体面积共计5600余亩，其中平面面积2600余亩，立面面积3000余亩。受损害环境由于产权变革、产业调整等原因，造成生态环境损害的企业已经不复存在或者没有能力对受损环境进行修复。韩城市政府编制《韩城市矿山地质环境保护与治理规划（2018~2025年）》，对受损环境进行修复。面对受损生态环境修复费用高、难度大等问题，韩城市创新资金募集方式，引入市场主体参与受损环境修复治理，共募集社会投资1.5亿元。

市场主体参与生态环境修复，一方面充分利用社会资金，推动本地区经济发展，另一方面利用市场主体资金和技术，修复了受损生态环境，这是陕西省第一例通过市场化运作修复受损生态环境的例子。资源无序开发在陕西省神木、府谷等地造成矿山修复困难，生态环境破坏等问题，通过韩城市成功实践可以在神木、府谷引进市场主体参与环境修复，植树造林。在生态修复市场化时要重视监管，既要使环境修复落到实处，同时还要保护市场主体利益。

二 陕西省环境公益诉讼困境

从宏观层面看，环境公益诉讼构建以来，陕西省稳步推进环境公益诉讼实施，在重点流域保护等方面取得重大成就，但从微观层面看陕西省环境公益诉讼依然在诉讼制度设计，基础理论等方面值得商榷。

（一）环保组织提起环境公益诉讼消极

正如前文所述，当前陕西省符合法律规定的环境保护组织11家，但目前尚未有一起环境公益诉讼由环境保护组织提起，究其原因如下：第一，环保组织经费匮乏。来自中华环保联合会2014年的调查显示，全国60%的环保组织无力建立固定办公场所，超过80%的组织年度筹资不足5万元，而近半组织没有法律相关业务。综观所有由环保组织提起环境公益诉讼，社会环保组织不仅要承担诉讼费用还要承担高昂的鉴定费用，在提起环境公益诉讼时，高额的诉讼费往往使环境保护组织望而生畏。因此大部分环境公益诉讼组织因为资金缺乏只能去从事环境保护宣传等工作，对提起环境公益诉讼望而却步。环境公益组织消极提起环境公益诉讼并不只是陕西省一个地区的困境，2015年以来，全国法院受理的社会组织环境公益诉讼案件年均仅51件。在我国31个省、自治区、直辖市中，受理社会组织提起的公益诉讼案件数量10件以上的仅有江苏、宁夏、贵州、北京4地，而案件数量在5件以下的则达到19个，其中黑龙江、上海、西藏、陕西、青海迄今还未实现零的突破。

第二，环境保护组织人员组成单一。环保组织属于社会团体，在人员构成方面具有较强自主性，但实践中大部分环保组织人员以高校教师为主。以西安环境法学研究会为例，西安环境法学研究会作为陕西可以提起环境公益诉讼案件的环保组织之一，研究会主要任务是宣传教育，大部分成员是高校教师，主要精力在科研教学方面，重学术理论研究，对于提起环境公益诉讼等实务缺乏热情和经验。

第三，政府支持不足。环境保护组织设立主要分为政府支持设立、民间自发设立、大学生设立等。当前提起环境公益诉讼的主要社会组织中华环保联合会等为政府支持设立，政府支持方式主要分为资金支持和政治支持。资金支持直接为环保组织提起公益诉讼提供物质支持，政治支持体现案件在审理以及调查取证方面，各行政机构对于政府设立的环境保护组织开"绿灯"，为政府设立的组织提供支持。

（二）司法鉴定困难

环境公益诉讼涉及案件具有致害原因多样、污染时间较长以及损害严重滞后等特点。因此在环境公益诉讼中确定污染者行为与环境损害之间的因果关系，以及确定环境污染或者生态破坏后果，对于案件审理、判决有重要意义。当前陕西省只有两家环境损害鉴定机构，鉴定范围涉及污染物性质司法鉴定；地表水和沉积物司法鉴定；环境大气司法鉴定；土壤与地下水司法鉴定；生态系统司法鉴定；环境经济司法鉴定；其他类（噪声、振动、光、热、电磁辐射、核辐射、环境法等）司法鉴定。陕西省司法鉴定存在以下困境。

第一，鉴定机构数量较少。当前陕西省只有两家环境司法鉴定机构，无法满足诉讼的需要，以检察机关提起环境公益诉讼为例，2019年全省检察机关提起环境公益诉讼162件，且司法鉴定周期较长，涉及的鉴定范围广泛，既包括常规的水污染，还包括电磁污染等，两家机构难以满足鉴定需要。

第二，鉴定机构地区分布不均。当前陕西两家环境损害司法鉴定机构均在西安，陕西其余地区没有设立环境损害司法鉴定机构。但在陕西其他区域，污染环境、破坏生态的案件相较于西安附近地区多，部分原因与陕西的地理特征息息相关。陕南地区森林覆盖率高，河流较多，陕西省高级人民法院公布的8起典型意义的环境资源审判案件4起分布在陕南地区。陕北地区（榆林、延安等地）以黄土高原为主，植被覆盖率低，生态脆弱，环境极易遭到破坏。污染高发区与司法鉴定机构所在地区不匹配，导致环境损害案件鉴定成本高昂，难以及时救济。

第三，环境损害司法鉴定费用较高。环境损害司法鉴定初始投资高，周期长，对专家的技术要求度高，且目前缺乏收费标准，导致价格虚高。环境受害人多为自然人，即使作为环境民事公益诉讼原告的社会组织也大多处于初创阶段，缺乏资金实力，烦琐的鉴定程序和高昂的鉴定费用往往成为他们诉讼的负担。实践中，部分的评估鉴定费用甚至会超出当事人主张的诉讼标的额，这无疑成为制约环境侵权被害人提起损害赔偿诉讼的"拦路虎"。

三 推进陕西省环境公益诉讼发展的建议

推进陕西省环境公益诉讼发展，不仅要坚持问题导向，更要借鉴和创新。应该从以下几个方面推进。

（一）扶持环境保护社会组织的发展，增加环境公益的社会力量

如前文所述，虽然《民事诉讼法》第58条以及《最高人民法院关于审理环境民事公益诉讼案件适用法律若干问题的解释》明确了环保组织提起环境公益诉讼的条件，但陕西省11家符合起诉条件的环保组织并没有提出一起环境公益诉讼。针对其原因应该从以下方面推进。

第一，设立环境公益基金。在前文中，环境保护组织经费匮乏是公益组织怠于提起环境公益诉讼的主要原因，基于此特设立环境公益基金支持环保组织提起公益诉讼。设立环境公益基金应考虑资金来源、管理机构、基金适用范围和使用程序、监督机制等问题。环境公益诉讼的出发点是维护环境公共利益而非私人利益，受益者绝不仅仅是原告自身，还应当包括其他当代人类、生物、自然环境，乃至后代人、生物、自然环境，因此环境民事公益诉讼费用制度与普通民事案件诉讼费用制度有所区别。就承担方而言，不应当是经济实力弱小的原告，而应当最终落实到国家身上，所以环境公益基金应由国家负担。管理机构方面，我国已经逐渐开始试点，世界各国也有相应实践。目前世界上基金管理方式有三种：政府机构、信托公

司、设立基金三种方式。三种资金管理方式各有利弊，综合分析，结合我国具体情况，当前我国适用基金方式管理。因为在我国已经在环境损害生态赔偿资金管理方面，开始基金试点，积累了相关经验，我国也形成了一批成熟的基金管理团队。因此，我国应该设立环境公益基金，保障环境公益诉讼有序展开。

在基金适用范围及程序方面，环境公益基金本质是只保证环境公益诉讼中原告提起诉讼的费用，原告在诉讼中需要鉴定费、勘探费等可以向基金申请，符合条件的可以垫付费用，在案件判决后，若原告胜诉则被告承担相关费用，各项费用退回基金。原告败诉的，基金应当考察原告的具体行为，若原告各项行为都符合环境公益诉讼法律规定，则费用由基金垫付，若原告存在违法行为，则基金可以向原告追回相应费用。在基金监管方面，根据现有基金监管机制，应建立内部和外部监管机制。内部方面，在基金管理内部制定监管制度，成立监管机构，明确基金具体使用流程、资金审批、拨付以及资金募集等。外部监管是由国家行政机关和公众组织负责监管，环境公益基金由国家财政设立，国家行政机关具有监管的义务，负责基金设立、解散以及对基金审核等工作，社会公众组织负责基金信息公开等面向社会公众事务。

第二，鼓励环保组织设立。首先，依托陕西丰富教育资源，吸收环境领域相关学者、学生等加入环境保护组织。陕西省具有仅次于北京、上海的高校数量，环境保护专业从业者较多，应鼓励相关从业者结合自己专业职业加入环境保护组织，保证环保组织成员组成多样化，既包括高校教师，还包括环境行业从业者。其次，为环保组织配备公益律师。前文中谈到环保组织人员主要由高校教师构成，主要从事理论学术研究，从事实务工作较少。陕西省当前有律师11446名，为提高环保组织提起环境诉讼能力，应一方面可以吸收律师从业者加入环保组织，另一方面与律所加强合作，努力促成环保组织人员构成多样性。最后，平衡环境保护组织在全省范围内的地域分布。当前陕西省11家环境保护组织，主要分布在西安地区，在陕南、陕北地区环保组织较少，应因地制宜，增加其他地区的环保组织数量。

（二）完善司法鉴定制度，支持环境公益诉讼

前文中已经对陕西省环境损害司法鉴定现状进行分析，当前陕西省存在环境损害司法鉴定机构较少、鉴定费用高昂以及鉴定机构地区分布不均等问题。为此应加强以下工作。

第一，培育本地司法鉴定机构。陕西省当前只有两家环境损害司法鉴定机构，难以满足环境诉讼的需要，急需培育本地司法鉴定机构。具体而言，利用陕西省丰富的教育资源和科研院校，考虑到教育机构、科研院所具有司法鉴定所需的仪器、专业人员等，依靠其设立司法鉴定机构具有先天的优势。另外，教育科研院所等机构科研属性和中立性可使得其做出的结论质量好，可信度高。同时相关的实务活动可以使科研院所等将理论与实践相结合，推动科研院所学科建设与发展。

第二，加强理论研究和试点工作开展。由于环境损害司法鉴定在实践中存在周期长、费用高等问题，是否可以设计一项制度，弥补司法鉴定的缺陷？专家辅助人作为民事诉讼中应用广泛的一项制度，逐渐被引入环境公益诉讼中，帮助当事人或法官认定案件环境损害行为与损害结果的因果关系以及损害范围问题。专家辅助人引入环境公益诉讼在学理上具有合理性：一方面，采用成本—效益理论分析，采用专家辅助人与司法鉴定机构都是对于专业问题进行解读，明确损害行为与损害结果之间的因果关系等问题。无疑专家辅助人所耗费的社会成本较少，周期较短，且避免了司法鉴定费用高昂等问题。另一方面，就专业问题进行解读，增强法官的内心确信。环境公益诉讼中专业问题的定性往往成为案件判决的重要依据，专家辅助人通过向法官解释具体的专业问题，帮助法官达成自己内心确信。

专家辅助人在环境公益诉讼中往往作为专家证人与专业陪审员出现。作为专家证人的合理性主要体现在以下几个方面：首先，出庭方式一致性。无论是专家辅助人还是专家证人都是当事人申请，法庭批准。其次，证明内容相同。专家证人与专家辅助人出庭证明都为案件中具体的科学问题。最后，意见真实。专家辅助人以及专家证人都只对具体问题发表意见，保证意见中

立真实。

第三，健全司法鉴定资金制度。如前文所述，环境损害司法鉴定费用过高是环保组织难以提起诉讼和环境公益诉讼难以发展的原因。为此，当前解决司法鉴定费用高昂，学界主要有两种观点：环境公益基金和环境责任保险。关于环境公益基金具体构建，资金来源、管理机构、监督机制等问题在保障环境保护组织诉讼费用部分已经说明。环境责任保险作为风险社会转嫁环境损害风险重要方式，在国外已有实践，在我国也有相关实践。然而，环境责任保险类别、税率以及采取自愿征税或强制征税方式这些问题，都有待讨论，所以环境责任保险并没有被广泛推广。

（三）推进重点领域环境司法专门化

环境司法专门化是环境法治发展的目标，是对环境公益诉讼专业性、复杂性的回应。近年来，最高人民法院指导全国各级法院大力推进环境资源审判专门化建设，为环境公益诉讼制度的发展提供了有力的组织保障。截至2018年11月，全国法院共设立环境资源审判专门机构1040个，其中22家高级法院、105家中级法院、258家基层法院设立了环境资源审判庭。其中2016年1月，陕西省高级人民法院在西安铁路运输中级法院和西安铁路运输法院两级法院成立环境资源审判庭，并始集中管辖西安和安康两地的环境资源刑事、民事、行政案件，形成跨行政区划集中管辖和刑事、民事、行政"三审合一"归口审理的新型审判机制。2017年7月31日，陕西省高级人民法院正式成立环境资源审判庭，全面管理和指导全省环境资源诉讼案件，着力构建包括审判机构、审判机制、审判程序、审判理论以及审判团队专门化在内的"五位一体"专门化体系建设。

下一阶段，应该加强重点领域环境司法专门化进程，黄河在陕西境内全长719公里，流域国土面积、人口、经济总量分别占陕西的65%、76%和87%，该区域的生态保护治理对陕西的社会和经济发展至关重要，为此应加强对黄河流域的司法保障，韩城市人民法院已经向陕西省高级人民法院和渭南市中级人民法院申请成立全国首家黄河生态保护法庭，正在审批。未来，陕西环境司法发展方向应该在环境保护的重点区域,以专门机构为依托,组建既精通法律又熟悉环境专业知识,既能审理案件又能开展理论研究的环境资源审判专业团队,树立精品化审判战略,提升环境公益诉讼案件理论研究和实践水平。

四 总结

环境公益诉讼建立8年,各项制度逐渐完善,环境公益诉讼已成为环境司法法治化重要组成部分。陕西省环境公益诉讼逐渐发展,提起环境公益诉讼数量逐渐增多,检察机关提出环境公益诉讼比重较大,具体环境公益诉讼制度构建有待完善,环境公益诉讼费用较高,司法鉴定难,生态损害赔偿和生态修复资金管理,修复主体等问题需要进一步讨论。宏观层面分析,陕西环境公益诉讼与全国环境公益诉讼呈现相同特点。就微观层面分析,陕西环境公益发展呈现地域特色。在环境保护组织提起环境公益诉讼中,陕西虽有11家符合法律规定环保组织但没有提起1起环境公益诉讼,究其原因与组织成员组成、组织经费等有关。陕西司法鉴定机构只有两家,存在司法鉴定机构较少以及地区分布不均等问题。

要解决环境公益诉讼中存在的上述问题,一方面需要响应国家层面关于环境公益诉讼的政策号召,另一方面根据陕西省公益诉讼存在问题积极探索新出路,依靠陕西丰富的教育资源,解决环保组织提起环境公益诉讼的资金、人员组成单一问题,探索司法鉴定机构设立、资金管理制度。根据陕西省环境污染状况以及具有生态价值地理事物分布,如黄河、秦岭等,推进重点保护领域环境司法专门化。另外,还应结合陕西环境污染情况,积极进行制度探索。

总之,陕西环境公益诉讼发展与全国环境公益诉讼发展是普遍性与特殊性的关系,在推动环境公益诉讼发展时,既要遵循全国的主要政策,又要与地方环境结合,积极探索,创新制度发展。只有让环境公益诉讼制度扎根陕西,才能让三秦大地山青水绿,持续发展。

参考文献

江必新:《中国环境公益诉讼的实践发展及制度完善》,《法律适用》2019年第1期。

王旭光:《环境损害司法鉴定中的问题与司法对策》,《中国司法鉴定》2016年第1期。

王雨彤:《环境民事公益诉讼成本高难题怎么解？建立环境公益诉讼基金制度能有效解决原告巨额诉讼成本负担问题》,《环境经济》2019年第13期。

杨炀:《民间环保组织参与环境公益诉讼的困境与对策》,南京工业大学硕士学位论文,2018。

张梓太、程飞鸿、张守慧:《检察环境公益诉讼的实践隐忧和完善路径——从功能与定位的视角切入》,《环境保护》2020年第16期。

徐祥民:《〈环保法（2014）〉对环境公益诉讼制度建设的推进与再改进》,《政法论丛》2020年第4期。

王元凤、王旭、王灿发、郑振玉:《我国环境损害司法鉴定的现状与展望》,《中国司法鉴定》2017年第4期。

巩固:《2015年中国环境民事公益诉讼的实证分析》,《法学》2016年第9期。

巩固:《环境民事公益诉讼性质定位省思》,《法学研究》2019年第3期。

杨勇:《矿山地质环境生态修复的有效性探究》,《冶金管理》2020年第11期。

B.14
陕西高校院所职务科技成果产权改革调研报告

陈 波*

摘 要： 作为陕西科技创新的重要主体，高校院所拥有大量职务技术成果但转化率并不高，科技创新力量对地方经济社会发展的驱动力尚未完全凸显。究其原因，职务科技成果产权初始界定的制度设计不合理，没有赋予科研人员作为成果创造者而应享有的权利主体地位，无法有效保障其在科技成果转化中的合理利益。同时，知识产权治理环境有待优化，"严保护、大保护、快保护、同保护"的新格局有待加速形成，这就需要构建管理科学、保护严格、服务完善的知识产权治理体系，为促进职务科技成果转化提供系统性制度支撑。报告从"合理赋权，探索公平且富有激励性的职务科技成果知识产权混合所有制度""科学管权，提升职务科技成果知识产权混合所有制改革的制度效能""高效用权，加快职务科技成果价值实现""强化维权，构建推进职务科技成果混合所有制改革的知识产权大保护格局"等方面提出具体的对策建议。

关键词： 高校院所 职务科技成果 知识产权 混合所有制 陕西省

---

* 陈波，陕西省社会科学院政法所副所长、副研究员，研究方向：法治建设、知识产权法等。

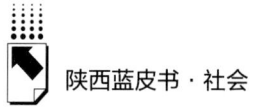

2020年习近平总书记来陕考察，提出"陕西要坚持新发展理念"，"要围绕产业链部署创新链、围绕创新链布局产业链，推动经济高质量发展迈出更大步伐"，这指明了陕西未来以科技创新推进经济高质量发展的基本方向和路径，为陕西奋力谱写新时代追赶超越新篇章提供了基本遵循。但长期以来，科技成果转化率不高导致陕西高校院所的科技创新实力未充分发挥出推动地方经济转型发展的支撑作用，从而形成"科技强、经济弱"的陕西现象。为此，陕西采取了许多改革措施，尤其是2014年国务院提出以"使用权、收益权、处置权"为核心的科技领域"三权改革"以来，陕西省制定了《促进科技成果转化若干规定》等文件，在"下放职务科技成果产权""大幅提升对科研人员的奖励报酬比例"等方面采取积极措施，以激发科研人员参与成果转化的热情，促进高校院所职务科技成果转化，但五年来的效果并不尽如人意。究其原因，主要在于现有制度设计忽视了职务科技成果转化的市场属性以及在市场环境下产权安排对科研人员的可期待利益，造成科技成果转化中科研人员权利缺位，其参与科技成果转化的积极性主动性无法得到完全释放。此外，知识产权侵权严重而保护难、知识产权融资机制欠缺、知识产权中介服务力量不强等诸多问题不仅制约职务科技成果转化的效率，也在很大程度上影响科研人员参与高校院所职务科技成果转化的积极性、主动性。

一 深化高校院所职务科技成果产权改革是推进陕西创新驱动发展的重要路径

1. 推进陕西创新驱动发展必须加快高校院所职务科技成果转化

近些年，科技创新对陕西经济社会发展影响日益重要。在2020年，面对新冠肺炎疫情带来的负面冲击，陕西经济发展面临巨大的下行压力，但高新技术产业依然保持较高的增长速度。以一季度为例，"陕西省实现地区生产总值5439.66亿元，同比下降5.6%，在全行业都基本呈现较大幅度下降的情况下，以计算机、通信和其他电子设备制造业为代表的高新技术产业却增长26.3%；在投资领域，一季度全省固定资产投资（不含农户）同比下降16.5%，但高技术制造业投资增长51%"[1]。

若从重大科技成果数量与质量、获得专利数量等指标来看，高校院所科技创新实力强的特点非常突出。据统计，2018年度获得专利授权最多的前100家陕西省内机构中，高校有29家，并且专利前9强都是大学[2]，而在前20名中，基本都是高校和国有事业或企业编制的研究所，仅有1家民营企业且排名第20位，2018年陕西省获得授权的发明专利中高校专利约占81.51%[3]。同时，陕西新兴领域的专利也以高校为主导[4]。相较而言，企业的科技创新能力则较弱。

但实践中，高校院所科技成果转化的整体水平并不高。依据《2018年度陕西省技术市场统计年度报告》，2018年陕西高校院所"成交合同11411项，成交额263.14亿元，其中科研机构科技合同成交额为232.68亿元，占高校院所科技合同成交额的88.42%，高校科技合同成交额仅为30.46亿元"。高校技术合同成交数额与企业等市场主体差距更远，依据上述统计报告，陕西当年"技术输出合同37952项，总成交额达到1125.28亿元"，而企业占据了总成交额的75.13%。在成交的技术成果中，知识产权类成果的合同成交额仅225.03亿元，约占总成交额的1/5，其中的技术保密类合同成交额为173.98亿元，而高校院所拥有的、真正代表陕西创新实力的大量专利类科技成果尚待加快转化。

2. 实现高校院所与项目完成人之间利益平衡是完善职务科技成果产权配置的关键

首先，从价值形成的角度来看，职务科技成果虽然是创造性智力成果，

---

[1] 李卓然：《总统计师解读陕西一季度国民经济运行情况》，http://news.cnwest.com/bwyc/a/2019/04/19/17753620.html，最后检索时间：2020年12月11日。
[2] 陈立新：《2018年陕西省专利100强——西安交通大学重夺第一名》，http://wap.sciencenet.cn/blog-681765-1211537.html?mobile=1，最后检索时间：2020年12月11日。
[3] 数据为课题组按照国家知识产权局、陕西省知识产权局以及其他相关网络文献公布统计数据分析所得。
[4] 陈立新：《2018年陕西省专利发展结论——高校专利亟需转化》http://blog.sciencenet.cn/blog-681765-1211946.html，最后检索时间：2020年12月11日。

是科研人员智力创造的直接产物,但国家财政资金的资助支持、高校院所等单位的组织管理、平台支持、制度保障、学术资源积累与传承等因素也对职务科技成果的形成有重要影响,很多科研成果单凭科研人员自身智力劳动是无法形成的,因此对于职务科技成果价值的形成应当客观看待、理性分析,全面认识影响其价值形成的诸因素,这是合理配置产权的基础。

其次,从价值实现来看,职务科技成果转化逐步从科研人员单独与企业对接向高校院所组建专门转化机构批量化、集成化、长期化面向市场推介、推广,这是深化社会分工发展趋势、降低交易成本的现实需要,同时也体现了在职务科技成果转化过程中中介机构、管理人员的作用及其参与智力成果价值分享的合理性,但实践中这些有助于转化的部门与人员的利益也往往是以单位为整体来考虑的。

3. 推进知识产权混合所有制改革是加快职务科技成果转化的有效经验

知识产权混合所有制就是利用产权的激励功能,通过赋予科研人员对职务科技成果一定比例的产权,使得科研人员可以以权利主体的身份充分参与到科研成果转化进程中来,最大限度发挥科研人员与单位两方面的积极性,促进职务科技成果转化。

由于中国高校院所的职务科技成果管理被纳入国有资产管理程序中,为防止国有资产流失,相关制度对包括知识产权等无形资产在内的国有资产转化做了较为严格的规定。由于手续复杂且存在承担国有资产流失风险,一些单位虽然鼓励科研人员参与科技成果转化,但在具体制度设计中,能否转化的决定权仍然掌握在单位手中。通过推进知识产权混合所有制改革,在保证国有资产流失风险被控制在安全阈值范围内赋予参与人一定比例的所有权,增强参与人对科技成果转化的决策权与参与积极性显然非常必要。

二 近年来陕西高校院所职务科技成果产权 改革的实践探索及其不足

1. 省内高校院所贯彻落实职务科技成果产权改革的具体举措

调研发现,绝大多数高校院所比较重视科技成果转化工作,积极落实国务院关于科技领域"三权"改革要求，如制定相关文件、成立促进本单位科技成果转化机构并配备专职人员、加大对科研人员转化收益的奖励报酬、鼓励中介组织参与高校院所参与转化等，具体体现在以下方面。

一是建章立制，制定、修改完善促进科技成果转化的制度规定。目前，大多数省内高校都制定了有关促进科技成果转化的办法，为本单位加快科技成果转化提供了具有可操作性的制度依据。有些高校是新制定的，而有些高校是在之前制定的基础上做了完善和改进。

二是强化激励机制，提高对科研人员奖励报酬比例，扩大激励对象范围。

首先，大幅度提高对科研人员奖励与报酬的比例。各单位具体规定的比例不一，很多高校院所都将奖励比例作了较大幅度提高，如西安理工大学等院校将奖励比例提高到90%。

其次，奖励对象范围也有所扩大。有些高校不仅对完成承担该科研项目科研人员进行奖励，还对在宣传、中介服务等方面对促进转化有重大贡献人员予以奖励。如陕西师范大学在其《科技成果转化实施暂行办法》（2018）第十三条规定：学校将不低于70%的技术股权奖励给成果研发团队人员和为成果转化做出重要贡献的人员（以下统称"团队"）。

最后，还有些高校院所将离职、退休科技人员以及在校学生视为在职科研人员并享有同等待遇，扩大了对科研人员激励范围。如西北农林科技大学就规定：离职、退休科技人员为成果唯一完成人的，转化后净收入分配为：30%归学校，10%归成果完成人所在二级单位，60%奖励给该离职或退休人员和为成果转化做出重要贡献的人员；仅由学生申报的专利，专利权人为学校的，转化后净收入30%归学校，10%归学生所在学院（所），60%奖励给学生个人和为成果转化做出重要贡献的人员。

三是强化组织与管理，成立负责科技成果转化的专职机构、配备专职人员。大多数高校院所都成立了由单位领导为负责人，以校内的科研、财务、人事、国有资产管理以及相关教学科研机构为成员单位的领导小组，强化了对本单位职务科技成果转化的组织与管理。如《陕西师范大学科技成果转化实施暂行办法》（2018）第六条规定：学校成立科技成果转化工作领导小组,组长由校长担任,副组长由分管科技和产业的校领导担任,领导小组成员由科学技术处、人事处、社会科学处、国有资产管理处、资产经营有限责任公司、财务处、教务处、研究生院、学生处、毕业生就业指导服务中心、团委主要负责人及相关学科专业技术人员组成。领导小组下设科技成果转化办公室,办公室挂靠学校科学技术处。

四是完善了科技成果转化程序。包括明确转化方式、定价方式、转化合同的签订审批履行监督程序等内容。西安体育学院《科技成果转移转化实施办法(暂行)》(2017)不仅规定了项目完成人在转化科技成果时签订转化合同的相关程序,还规定了"向他人转让或许可的科技成果或以科技成果作价投资的"分级审批程序:"(一)100万元以下,由院科技成果转移转化工作办公室审核,学院院长办公会审定;(二)100万元以上(含100万元),由学院院长办公会审批,学院党委办公会审定。"

五是加大科技成果转化工作在职称评定、岗位管理、考核评价中的占比,激励科研人员参与科技成果转化。如陕西师范大学规定"为鼓励教师积极从事应用开发研究,参与科技开发、成果转化工作,推动产学研合作,更好服务区域社会经济发展,学校在职称评定、岗位管理和考核评价中将科技成果转化业绩作为重要的评价依据,科技成果转移转化绩效突出人员,纳入破格晋升职称序列"。

六是设立转化基金,创新科技金融新模式。陕西师范大学规定:"为加快我校科技成果产业化,推动产学研活动的持续发展,学校设立科技成果转化基金。"该基金主要资助对象是:技术比较成熟、具有市场潜力但需要继续进行中试放大、技术推广、开发成熟产品和生产工艺的应用性项目;资助成果转化职业经理人队伍建设,如培训、聘任技术转移转化人员等。其资金的主要来源是学校投入、科技成果转化收益及资产经营有限责任公司投入。

2. 取得的成效

上述举措对高校院所科研人员参与科技成果转化的积极性起到了一定激励作用,据统计,2018年陕西省高校技术合同登记数量为6303份,较上年增加近21%，合同金额达30.46亿元，较去年增长1.46亿元①。大多数高校院所科技成果转化状况有了一定改善。以西北大学为例，2017年该校科研经费到款首次突破2.8亿元，与上年同期相比增长了33.3%，其中横向项目到款数增幅达到40.4%，并涌现出了诸多标志性成果，如范代娣团队研发的类人胶原蛋白系列生物材料与相关产品已实现产业化②。上述措施不仅对相关高校院所科技成果转化起到促进作用，而且对整个省内高校院所科技成果转化起到积极示范作用。就高校院所占比较高的西安市而言，"这些年在西安市700余家科技小巨人企业中，有超过70%的企业，都是由高校、科研院所科技人才创业、实施科技成果转化，并从初创的小微企业成长壮大而来的"③。

3. 陕西高校院所职务科技成果产权改革实践的不足之处

（1）激励科研人员参与科技成果转化的机制不健全

一是赋予科研人员的获得奖励报酬权是一种消极权利，不足以有效激励科研人员参与科技成果转化的积极性。首先，科研人员不能决定诸如奖励与报酬的幅度比例、获得条件、获得的程序以及最终期限等一系列问题，获得相应的奖励报酬具有很大的被动性。其次，能否获得报酬是与科技成果转移转化的状况联系在一起的，如果科技成果转化缺乏良好的经济收益，科研人员的报酬也就无从谈起，从而在事实上沦为一种"纸上的权利"。最后，奖励与报酬激励模式同科技成果转移转化的市场行为性质不符，更不会激励市场主体参与成果市场转化的积极性、主动性。我国《促进科技成果转化法》第四十四条就做了如下规定："职务科技成果转化后，由科技成果完成单位对完成、转化该项科技成果做出重要贡献的人员给予奖励和报酬"，故，即使项目完成人不参与转化，只要该科技成果转化，那么都应当向项目完成人

---

① 吕扬：《陕西省高校科技成果转移转化落地开花》，《陕西日报》2019年11月1日，第14版。
② 王之康、张行勇：《西北大学：促科技成果"下书架、上货架"》，《中国科学报》2018年3月6日，第6版。
③ 张哲浩、杨永林：《创新驱动：西安"蝶变"之路》，《光明日报》2016年7月13日，第1版。

支付一定的奖励和报酬。

二是程序设计不周全,奖励报酬激励兑现难。绝大多数高校院所规定了科研人员享有获得奖励与报酬权利,甚至也规定了获得奖励与报酬的最低标准,但是在关于科研人员可以获得奖励与报酬的时间期限、获得条件、成本收益的界定等方面没有明确规定,导致在对科研人员奖励的具体操作中造成困难,有些单位对科研人员奖励不能如期落实的情况亦时有发生①。

三是过高奖励难以平衡科技成果转化中的利益关系。科技成果转化是需要多方主体协助进行的工作。除科研人员参与外,还需要其他管理人员、科辅人员配合。从价值分配角度而言,对于参与科技成果转化的各方主体所付出的劳动均需要尊重并给予相应的利益激励,否则不仅没有收益,而且可能因为工作付出越多而承担的风险越大,作为理性人,在利益一定情况下,要减少风险,必然会消极怠工。

(2)科研人员参与科技成果转化的权利保障制度供给不足

一是科研人员尚未充分享有对科技成果转化的直接决策权。诸如是否转化、转化方式、转化成果的定价权等与科技成果转化直接相关的决策权,大多数高校院所缺乏明确规定,或者说这些权力目前尚集中在单位方面。有些学校规定,科研人员可以与其所在二级学院协商后提起转化科技成果的申请,但最终需要单位审批通过并且由单位主管科技成果转化的部门负责签订相关协议后方才生效②。而另有些高校院所则直接规定是否转化以及转化的方式都由学校决定。③ 实践中存在有些高校院所不愿转化科技成果或拖延科技成果转化进程的现象,但科研人员往往是束手无策。

二是有的高校院所不仅赋权不够,而且超出法律规定,对科研人员的权利进行了更大限制。如西安交通大学在其《科技成果转化管理办法》中规

---

① 孟圆:《科技部实施〈促进科技成果转化法〉若干规定》,http://yp.gmw.cn/2016-03/15/content_19301342.htm,最后检索时间:2020年12月11日。
② 陕西师范大学:《科技成果转化实施暂行办法(2019年)第九条》,http://xxgk.snnu.edu.cn/info/1025/3000.htm,最后检索时间:2020年12月11日。
③ 西安理工大学:《科技成果转化管理办法(2017年)第六条》,https://kjc.snut.edu.cn/info/1022/1860.htm,最后检索时间:2020年12月11日。

定:"退休或离开学校三年内做出的与在校本职工作或分配任务有关的创造及技术成果"视为职务技术成果。但我国专利法实施细则的规定是:"专利法第六条所称执行本单位的任务所完成的职务发明创造,是指:(三)退休、调离原单位后或者劳动、人事关系终止后1年内做出的,与其在原单位承担的本职工作或者原单位分配的任务有关的发明创造。"显然,上述学校文件对职务技术成果的范围界定超出国家法律法规的规定,而对科研人员,特别是离退休和离职的科研人员在科技成果转化中加以更大限制,而不是赋予更多权利。

三是缺乏对科研人员知情权和优先受让权等权利的保障制度。知情权、优先受让权等权利制度缺失使得科研人员对于单位科技成果转化情况不仅缺乏及时了解,更无权监督,当单位怠于转化科技成果时,科研人员没有主动或自动的优先受让权,从而以权利主体身份去积极推动科技成果转化。

四是有些高校院所将非职务科技成果与职务科技成果同样规定,变相限制了科研人员对非职务科技成果的自主转化权。在调研中,一些高校院所的文件对科技成果的类型没有进行清楚界定,将本来属于项目完成人所有的科技成果也被纳入职务科技成果调整范围,从而在奖励报酬分配比例、定价权等方面将二者混合在一起,严重侵犯了项目承担人的权利[①]。

(3)管理效率低导致科研人员参与科技成果转化的成本仍然较高

科技成果转化是一项复杂的系统工程,需要既懂管理又懂经营,既了解科技专业也了解法律及相关政策的人员,对从事科技成果转化人员素质要求高,但实践中,高校院所对科技成果转化还是重视不够,有些高校院所虽设立了转化机构和人员,但力量总体薄弱,不能满足高校院所潜在的科技成果转化的需求。

具体体现在:一是对促进科技成果转化的管理没有统一规范,有的单位由十几个部门组成,有的仅有两三个部门,而有些高校院所甚至没有设立领

---

① 《陕西师范大学关于促进科技成果转化暂行办法》第二条规定的科技成果包括了职务与非职务科技成果,但在其后面的规定中,如第十三条分配转化收益的规定中却并没有进行区分,显然是将非职务科技成果也纳入其中。

导小组,这样科技成果转化经过的环节和效率存在很大差异。部门过少,缺乏相应的支撑;而参与部门过多,则会影响科技成果转化效率。

二是有些管理规定限制了转化的实施。如,《陕西师范大学关于科技成果转化暂行办法》(2018)依然规定对科技成果的转化要根据国有资产管理的规定向上级主管部门办理国有资产使用或处置备案审批手续后方能转移转化,这同国务院《关于〈中华人民共和国促进科技成果转化法〉若干规定》中:"国家设立的研究开发机构、高等院校对其持有的科技成果,可以自主决定转让、许可或者作价投资,除涉及国家秘密、国家安全外,不需审批或者备案"之内容并不相符,对职务科技成果转化具体实践造成一定障碍。

三是当前财务管理制度缺少对科技成果创造、转化中科研人员智力劳动价值的评价、分配机制。这就在事实上造成科技成果的主要价值是科研人员的创造性劳动付出但在价值分配环节并未给予相应的报酬。并且在创造完成以后,如果是职务科技成果,那么其产权就属于单位而与科研人员没有直接关系。

(4) 支持科技人员参与科技成果转化的中介服务保障体系还有待完善

一是知识产权服务业法人单位数量少,分布不均衡,行业总体规模小。近些年来,陕西省知识产权服务业特别是专利代理机构的数量有了较快增长,截至2019年12月全省专利代理机构发展到115家,执业专利代理师增加到342人,具有专利代理资格的储备人才增加到1077人,"与2014年相比,全省专利代理机构增加了86家,执业专利代理师增加了178人,分别是2014年的4.1倍和2.1倍"[①]。但相比陕西科技成果转化的需求,中介服务机构的力量还较弱。这些中介代理机构从业人员规模偏小,主要经济指标,如年营业收入、主营业务收入、营业利润等重要指标均处在全国"中游"水平,与北京、浙江、广东等发达省份差距较大。

二是知识产权中介机构的服务层次不高,商用化和咨询服务能力弱。提

---

① 程靖峰:《2019年全省专利代理机构发展到115家》,《陕西日报》2020年1月21日,第3版。

供的服务内容主要是代理企业申请专利等处于下游的业务，附加值低，而知识产权评估、价值分析、交易、转化、质押、投融资、运营、托管等商用化服务能力弱，特别缺乏针对高校院所科技研发与科技成果转化提供专利布局、专利预警、风险评估等知识产权战略类的高端咨询服务。知识产权服务与科技成果的创新转化结合不够，专利产出率和市场化率低。

(5) 科研人员参与科技成果转化的法治环境有待进一步完善

一是尊重知识产权的社会意识不强。在科技成果转化中，无论是作为转化方的高校院所，还是作为被转化方的企业等市场主体，或是作为科技成果完成人的科研人员都普遍缺乏保护与尊重知识产权的内在意识。

首先，调研中发现一些科研人员重视职务科技成果的技术信息，对其所拥有的知识产权关心不够，缺乏主动运用知识产权获取利益的意识。具体表现在：科技成果还未申请专利，一些科研人员就发表了相关论文，使得相关创新性技术信息被泄露，导致在申请专利时的新颖性存疑，甚至有些还被其他主体吸收转化后研发出新技术，从而使自己技术的市场价值大打折扣。

其次，高校院所对科技成果的知识产权保护意识也普遍不足。这体现在对侵权行为不敏感、对保护措施不严密、对救济方式准备不足等方面。一些高校没有建立系统的知识产权保护机制，特别是没有保护预案和专门的机构，往往在遭受侵权很久的情况下才启动救济程序，但救济效果较差。

最后，企业等市场主体知识产权意识淡薄，在合作过程中存在窃取或变相窃取高校院所及科研人员科技成果的现象。调研中一些研究单位反映在与企业合作过程中，有的企业往往不愿意付钱买成果，而是在合作中偷学或仿制，甚至通过高薪挖人等手段将掌握相关技术的科研人员聘请到企业工作，致使高校院所的科技成果还未转化就已流失。

二是对知识产权侵权惩处机制不完善，影响了高校院所及其科研人员对转化科技成果的信心。

首先，入罪门槛高。实践中当事人提起刑事自诉的立案标准、证据标准以及侵权数额计算方面都存在较高门槛，"公安机关往往要求当事人在立案时就承担较重的举证责任,甚至接近于证明犯罪成立的标准,这几乎已经达到检察机关审核提起公诉的标准",其后果是"许多人求诉无门或望而却步"。①

其次,赔偿数额低。2020年我国专利法修订后规定:"人民法院可以根据专利权的类型、侵权行为的性质和情节等因素,确定给予三万元以上五百万元以下的赔偿。"但据统计,"我国专利侵权实际赔偿额平均只有8万多元"。②

最后,专利等知识产权执法力量弱,处罚力度不强,对专利侵权等违法行为难以形成有力震慑。陕西省知识产权局虽设立保护协调处,专门负责全省知识产权执法等工作,但该处不到10人。在市一级,大多数地方的知识产权局与市科技局合署办公,如西安市就是"一套人马、两块牌子",其内设知识产权管理处,既负责知识产权执法工作,还要承担"拟订全市知识产权中长期发展规划和地方性法规、规章草案与政策"等多项职能,有限的人员根本无法有效查处省内、市内权利侵权行为。区县知识产权部门一般是在科技局内设立,由于区一级人员更少、承担的任务更重,很少有专门负责知识产权事务的机构与人员,甚至具有执法资格的人员也不多。有些虽然具有专利执法资格,但由于专利侵权技术性很强,一般的执法人员在查处时对很多具体情况难以判断,这进一步加剧了执法难度。

4. 小结

基于以上分析,可以看出产权配置问题是影响科技成果实际转化的主要障碍,其表现为项目完成人想转化而无权自主决定、高校院所有权决定但不愿实施,不合理的产权配置无法有效释放各方主体参与职务科技成果转化的积极性,而与收益比例是否提高没有直接关系。正因如此,产权的初始界定非常关键,而目前法律法规将产权初始界定给国家或者高校并不是最优的选择。当然,在现行体制下大多职务科技成果价值形成及其顺利转化无法依赖任何单一主体独立完成,需要平衡国家、单位与项目完成人之间的利益关

---

① 何国强、马婷婷:《知识产权刑事案件立案、定罪、量刑问题考察》,《湖北警官学院学报》2013年第5期,第29~30页。
② 宋河发:《科技成果转化与知识产权运用》,《光明日报》2015年2月6日,第4版。

系，促进职务科技成果转化而赋予项目完成人一定产权不能以损失国家、单位利益为代价，同时要遵循权责利相一致原则，在赋予某一主体权利的同时，也要规定其应有的转化义务。基于此，在单位与项目完成人之间探索知识产权混合所有制无疑就成为一种现实而有效的路径。

三 进一步完善陕西高校院所职务科技成果产权改革的对策建议

促进高校院所职务科技成果转化的关键在于完善制度建设，一方面强化产权制度改革，通过建立健全知识产权混合所有制对科研人员合理赋权，激发其参与科技成果转化的积极性、主动性、创造性，另一方面要从加强知识产权管理、严格知识产权保护、优化知识产权服务、加强全社会尊重知识产权的法治意识等方面不断完善知识产权协同配合机制，为促进科技成果转化提供配套制度保障。

1. 合理赋权，探索公平且富有激励性的职务科技成果知识产权混合所有制度

一是明确试点知识产权混合所有制改革的职务科技成果类型。从表现形式而言，职务科技成果种类繁多，一些职务科技成果（如专利技术）与市场联系紧密并易于转化，而另外一些职务科技成果（如软科学成果、基础理论研究成果）则与市场联系并不紧密甚至无法转化。应当依据现行法律法规的规定，从易于向市场转化的角度出发，制定开展知识产权混合所有制的职务科技成果清单。

二是赋予科研人员对职务科技成果享有所有权或长期使用权的权利主体地位。通过法律制度变革，允许项目完成人或负责人可以自项目立项到项目完成的整个过程向该科研项目所属单位提出产权确认申请，通过双方约定权属比例的方式，对职务科技成果进行分割确权。

三是在赋权的同时规范单位与科研人员的权责义务。

首先，除非国家法律法规明确规定或经双方约定，产权及产权比例是单

位与项目完成人在职务科技成果转化中行使决策权、经营权、收益权、使用权、处置权等各项权能的依据。

其次，在行使上述各权能时，单位与项目完成人应协商取得一致。在达不成一致意见时，以产权比例大者的意见为准，产权比例小者不得影响职务科技成果转化中产权权能的运行。

最后，产权占比大者负有在一定时间内推进职务科技成果转化并取得预期收益的义务。在约定时间内，产权占比大者未按照约定实现科技成果转化或未取得预期的转化收益，经双方协商，可以终止产权分割协议，使职务科技成果产权恢复到初始状态。

2.科学管权，提升职务科技成果混合所有制改革的知识产权制度效能

一是加强制度建设，夯实高校院所开展职务科技成果混合所有制改革的知识产权制度基础。加快制定《陕西高校院所职务科技成果混合所有制改革试点指导意见》等文件，明确推进职务科技成果混合所有制改革的指导思想、基本原则、试点对象、改革目标、试点内容，为推进该项改革提供总体依据；充分利用西安市作为国家全面改革试验区的契机以及陕西自贸区等区域具有的制度创新优势，在西安市高校院所及自贸区内开展职务科技成果知识产权混合所有制改革探索，围绕职务科技成果的确权、鉴价评估、金融担保、中介服务、法律保护等制定具有创新性的政策，先行先试，为在全省推广提供经验；指导省内开展知识产权混合所有制试点的高校院所完善相关制度，推动该项改革有序进行。

二是完善组织机构和专职人员配备，为推进"职务科技成果混合所有制改革"和职务科技成果转化提供组织保障。支持试点单位成立由科技成果管理、资产管理、财务、审计、学院（所、中心等）、技术专家及投融资专家等组成的工作小组，或授权相关机构，负责职务科技成果权属比例认定工作；支持试点单位设立技术转移办公室等专业性、市场化服务机构，管理成果状况、了解市场运营情况、对接科技成果的交易市场等工作，同时提供及时有效的中介信息、指导合同签订、法律维权等服务；壮大职业化科技成果转移转化人才队伍，支持试点单位设置技术转移岗位和探索技术转移转化

类职称评聘制度,加快实行技术经理人市场化聘用制;设立高校院所职务科技成果转化专项基金,鼓励进行成果转化的完成人与单位以股权质押融资等方式获得创业起步资金;将成果转化工作绩效纳入高校院所的职称评价体系,加大对成果转化优秀工作团队表彰力度,着力形成以科研转化业绩突出为荣的良好氛围。

三是增强试点高校院所内部知识产权管理能力。积极推进陕西高校院所知识产权贯标活动,不断提升高校院所知识产权管理水平;逐步推行知识产权管理资质考核,不断提升高校院所科技成果管理人员的知识产权能力;发挥知识产权行政主管部门作用,除联合中小企业局、国资委、科技厅等相关部门围绕高校院所知识产权重点工作开展综合培训外,积极落实国家关于停征专利登记费、公告印刷费、著录事项变更费、PCT专利申请的传送费等各种优惠措施,切实降低高校院所及科研人员申请、运用知识产权的成本和门槛,增强其自觉、主动运用知识产权的信心。

3. 高效用权,加快职务科技成果价值转化与实现

实现价值转化是推进职务科技成果混合所有制改革的核心要义,这就需要在权责利相一致基础上,从转化时间、转化途径等方面督促权利人提高转化效率,同时完善中介服务为加快职务科技成果的价值实现提供有力支撑。

一是明确职务科技成果转化的时间期限。根据科技成果种类、转化难度以及同行业的实际情况,由高校院所与完成人协商确定职务科技成果转化实施工作的时间期限、转化方式及转化进度,以及未在约定期限内实施转化的后果,以督促权利人积极履行职责,加快科技成果转化。

二是实施产权回转制度。若该职务科技成果自完成之日起三年内未转化,或者在转化未成功后恢复职务科技成果产权初始状态一年内仍未转化的,应当执行产权回转制度,即将该职务科技成果产权收归国有,由当地政府国资管理部门协同有关机构在产权交易市场进行转让、拍卖、作价入股,或者用于激励本省科技型中小微企业发展需要,以减免使用费等方式交由这些企业使用或作价入股该企业。

三是积极发展中介行业,为职务科技成果转化提供有力支撑。大力扶持

和发展专业化、规范化知识产权服务机构，鼓励专利代理服务机构延伸服务链条，拓展知识产权全链条服务。向前延伸服务参与高校院所创新、研发等环节，提高知识产权创造质量，向后延伸至知识产权保护和运用环节，打通包括"创造、运用、保护、管理、服务"在内的知识产权全链条，针对高校院所科技成果转化中具体问题提供专利情报分析、专利布局、专利维权、国际专利申报等服务，特别是要有针对性地指导高校院所及其科研人员深挖科技成果背后的专利价值，努力设计长链条、多方向、立体式专利申请方案，大力提升科技成果的市场价值。

4. 强化维权，构建推进职务科技成果混合所有制改革的知识产权大保护格局

一是严厉惩处高校院所科技成果转化中的违法犯罪行为。强化行政效能，发挥行政执法对科技成果转化中违法行为的惩处作用。执法机构要定期或不定期主动巡查、抽查高校院所职务科技成果转化情况，发现违法行为及时查处；对于高校院所等创新主体反映的侵权行为要尽早介入，如果属于违法行为应当及时查处，如果是一般侵权行为则可在当事人同意下进行行政调节；建议省政法委牵头省高院、省检察院、省科技厅、省知识产权局拟定具有申请司法强制执行力的知识产权侵权行政调处文件，增强行政调处的法律效力。

二是建立知识产权多元纠纷解决机制。在陕西自贸区、高新技术产业园、大学科技园、众创空间等高校院所科技成果转化密集区设立包括司法机关、行政管理机关、专业组织、行业协会等各种社会力量参与的知识产权侵权纠纷快速调解组织，形成具有可执行力的调解文书；加强国家"12330"平台及维权援助与举报投诉体系建设，拓展维权援助服务渠道，更好为包括科研院所在内的各种创新主体提供维权服务；鼓励各知识产权维权援助中心在大学城等高校密集区或者科技成果转化量大的高校设立分中心、工作站等，积极主动提供维权服务，帮助高校院所制定完善的维权方案，提高确权效率，降低维权成本。

三是提升高校院所知识产权自我保护能力。科研人员应当与本单位知识产权管理部门密切联系，加强专利检索和分析、收集信息、及时发现科技成

果信息是否被他人所窃取或利用，提前做出预判及处理方案。一旦发现被侵权，立即搜集证据，依法举报，通过行政或司法渠道实施有效维权；对没有申请专利的科技成果在转化前加强专利预警分析，判断其是否与已有专利技术重合，以免在转化中造成侵权；聘请法律顾问或发挥本单位法律教学研究人员力量，将他们吸收在科技成果转化管理部门中。

参考文献

吴汉东：《中国知识产权理论体系研究》，商务印书馆，2018。

汝绪伟、李海波、陈娜：《科技成果转化体系建设研究与实践》，科学出版社，2019。

中国科技评估与成果管理研究会、国家科技评估中心、中国科学技术信息研究所：《中国科技成果转化2019年度报告（高等院校与科研院所篇）》，科学技术文献出版社，2020。

张惠彬、吴运时：《从奖励导向到权力导向：新中国70年职务发明权属的变革》，《中国科技论坛》2020年第4期。

B.15
陕西省县乡人大推动基层社会治理对策研究

乔欣 何文兰*

摘　要： 随着我国社会治理实践的发展，基层人大肩负着自下而上反映民意、自上而下宣传国家大政方针的重要职责，凭着与人民群众之间紧密联系的天然优势，在共建共治共享的基层社会治理格局中不断凸显重要作用。本文立足陕西实践，阐述了当前陕西省县乡人大工作和建设现状，结合人大职能就基层人大在基层社会治理中的作用发挥进行了分析，并指出县乡人大工作和建设中存在的主要问题，进而提出了推动陕西省县乡人大在基层社会治理中更好发挥作用的对策建议。

关键词： 县乡人大　基层社会治理　陕西实践

党的十九届四中全会《决定》提出坚持和完善共建共治共享的社会治理制度，强调完善党委领导、政府负责、民主协商、社会协同、公众参与、法治保障、科技支撑的社会治理体系，建设人人有责、人人尽责、人人享有的社会治理共同体。县乡人大作为由选民直接选举产生的代表民意的地方国家权力机关，肩负着自下而上反映民意、自上而下宣传国家大政方针的重要

---

* 乔欣，课题组负责人，陕西省社会科学院政治与法律研究所，研究方向：治学理论、政治思想史；何文兰，课题组成员，陕西省社会科学院政治与法律研究所，研究方向：党建理论、基层党建。

职责，凭着与人民群众之间紧密联系的天然优势，在共建共治共享的基层社会治理格局中不断凸显重要作用。

一 陕西省县乡人大工作和建设成效

《中共全国人大常委会党组关于加强县乡人大工作和建设的若干意见》（中发〔2015〕18号文件）出台以来，特别是《中共陕西省人大常委会党组关于加强县乡人大工作和建设的实施意见》（陕发〔2015〕17号）出台后，全省各市县（区）、乡镇（街道）人大在认真组织学习，深入领会文件精神的基础上，积极争取上级和同级党委支持，紧抓机遇、周密部署，县乡人大工作和建设总体上取得了明显进步。

1. 各级党委切实发挥对县乡人大工作的领导作用

陕西省委高度重视和大力加强县乡人大工作和建设，通过听取人大常委会党组工作汇报、召开人大工作会议、出台指导性文件、加强领导班子建设等形式，研究解决人大工作中的重大事项和重要问题，支持和保证了县乡人大依法行使职权。县乡党委也非常重视对人大工作的领导，把人大工作纳入整体工作布局，统一部署和推进，同时县乡党委善于通过人大常委会党组实施对人大工作的领导，确保了党的路线方针和决策部署在人大工作中得到全面贯彻和有效执行。县乡人大自觉把党的领导贯穿于人大工作全过程，遇重大事项、重要工作及时向党委请示报告，确保人大工作坚持正确的政治方向。省市人大也十分重视县乡人大工作和建设，通过加强对县乡人大工作的联系和指导，共同做好新形势下人大工作。例如省市人大采取调研、经验交流、以会带训、从县乡人大选派优秀干部到省市人大机关学习培训等多种方式，对县（区）乡镇（街道）人大工作予以指导，成效显著。县（区）人大常委会通过建立工作机制、强化经费保障、开展监督指导、加大目标责任考核，强化对乡镇（街道）人大工作的指导，促使乡镇（街道）人大工作有序开展。

2. 县（区）人大工作和建设亮点纷呈

安康市镇坪县人大常委会，在全国率先建立科学管用好用的县乡（镇）

人大工作绩效标准体系，其核心思想是通过依法依规将县乡（镇）党委（党组）、人大、政府和"一委两院"与人大相关联的重点工作分割为若干个板块，再将每个板块的目标、内容、流程、成效等进行细化、量化、具体化。县乡（镇）人大工作绩效标准共53类372条1386款，其中县（区）人大工作绩效标准28类199条730款，乡镇人大工作绩效标准25类173条656款，涵盖县乡（镇）党委（党组）、人大、政府和"一委两院"与人大相关联的重点工作的各方面和全过程，系统推进县乡（镇）两级人大工作落实、落细，更好发挥人大职能作用。宝鸡市凤翔县人大常委会把过去对一般公共财政预决算的单一监督，逐步拓展为县人代会及其常委会对全县公共财政预算、政府基金预算、社保基金预算、政府债务预算等的多维监督，实现了预算监督的全覆盖。落实专门办公用房，设置预算联网中心，配备专职人员、硬件设施、布设专网。利用现有网络信息，设置了预算执行、动态监控、综合查询、异常报警、基础信息设置等功能，建立了整改问题台账，实行了销号制度，既盘活存量资金又节约有限的财政资金。汉中市汉台区人大建立健全区委常委与"一府两院"联系人大代表、市县（区）人大常委会联系人大代表、市县（区）人大代表联系群众的"三个联系"制度，实现了各级领导联系基层代表的全覆盖、代表联系群众的常态化。韩城市人大用"四个保障"（保障人大的政治地位、人大正确的政治方向、人大依法履行职责、人大工作条件）不断加强改进工作，为把韩城建设成为黄河沿岸区域性中心城市贡献了人大力量。榆林市靖边县人大创新实施"两报两审一评一公开"监督办法，清涧县将"三评议"运用于履行监督职责全过程，增强了人大监督实效。商洛市建立代表数据库，开展代表向选举单位述职活动，具有创新意义。

3. 乡镇（街办）人大工作和建设的规范化、科学化、制度化水平不断提高

延安市宝塔区冯庄乡和河庄坪镇人大探索推行"民情五步工作法"，即倾听民声"说事"、体察民情"理事"、排解民忧"办事"、安定民心"督事"、知晓民意"评事"。民情五步工作法的推行，一方面让人大代表有了更多机会听到群众的声音，打通服务群众"最后一公里"，使听民声、察民

情、办民事、解民忧成为基层人大工作常态；另一方面，深化了代表联系选民活动，使人大代表更加接地气，选民反映意见建议更加畅通，选民和人大代表的关系更加融洽，实现了"真实反映民情民意，切实解决基层难题，有效化解基层矛盾，促进基层稳定发展"的目标。渭南市临渭区人大探索推行街道人大工委"议政会"制度，促进了街道政务公开。

此外，大多数乡镇都能按照规定，每年举行1~2次乡镇人民代表大会。闭会期间，有些乡镇探索每两个月或三个月组织召开1次乡镇人大主席团会议；乡镇人大主席团或乡镇人大主席、副主席能够发挥身处最基层的优势，开展党的路线方针政策和有关法律法规的宣传，加强日常工作监督，认真处理群众来信来访，组织代表听取审议乡镇政府专项工作报告，联系和组织代表开展活动，听取和反映代表、群众的意见建议。乡镇（街道）人大均已配备了专职主席（主任），有些乡镇（街道）配备了专职副主席（副主任）。从总体上看，乡镇（街道）人大的编制、经费、办公条件等方面都有不同程度改善，围绕中心工作，探索创新工作模式，代表作用得到有效发挥，人大职责得到履行。

二 陕西省县乡人大在基层社会治理中的作用发挥

（一）通过听取审议各项工作报告、提交相关建议参与基层社会治理

审议是人大代表行使表决权的前提。审议各项工作报告，是宪法和法律赋予人大代表的一项重要职权，更是代表参与基层社会治理的重要形式。工作报告经过人民代表大会审议，根据代表意见修改并表决通过后，即成规范性文件且具有法律效力。省十三届人大三次会议期间，省人大代表对省人民政府等六个工作报告进行了认真审议，并提出856条具体的审议意见。其中，对省政府及计划财政工作提出意见603条，对省"两院"工作提出意见106条，对省人大常委会工作提出意见147条。从内容来看，市县代表和省代表的关注点比较一致，尤为关注基层社会治理，其中提高基层社会治理

效能的有48条建议。

人大代表对各方面工作提出建议,也是人大代表执行代表职务、行使国家权力的一项重要形式。近两年来,陕西省的全国代表和省代表提出建议的质量和数量稳步上升,充分说明代表的履职意识在不断提高。从建议分类来看,医疗、社保、就业、教育、民生、交通、扶贫等与民生相关的建议数量排在前面。经统计,2019年221件全国人大代表建议由48名代表提出,占代表总数的73.8%;2020年258件建议由50名代表提出,占代表总数的78.1%。2019年835条省代表建议由321人提出,占代表总数的56.9%;2020年889条建议由342人提出,占代表总数的60.8%。比较来看,全国代表比省代表提交建议积极,尤其是领导干部提建议的数量和占比均大于省代表。

(二)通过"三个联系"参与基层社会治理

2018年陕西省人大及其常委会出台了《关于进一步加强省人大常委会联系省人大代表、委员会联系省人大代表和省人大代表联系人民群众的若干意见》(简称"三个联系")。按此意见,各市、县、区人大普遍建立了联系制度,有些地方在此基础上还开展了"助力脱贫攻坚""人大代表在行动""代表接待日"等履职实践活动,拓宽了代表履职渠道,发挥了代表应有作用。比如,镇安县的"五落实"活动要求,每位代表每年"提一条高质量建议、发展一项产业、包扶一户贫困户、为群众办一件好事、化解一件矛盾纠纷"。175名县人大代表固定联系了1750名群众,对群众的意见建议和愿望诉求,分类处理,并及时答复反馈。两年来,镇安县人大代表共包扶贫困户571户,带头或引导群众积极发展蚕桑、茶叶、食用菌、中药材及畜牧、水产养殖等10大产业,累计为群众办实事好事850件,协助化解各类矛盾纠纷232起。

(三)县乡人大参与基层社会治理的其他形式

近年来,陕西省各级人大按照全国人大的要求,积极探索代表履职新途径新方式,搭建代表联系人民群众新平台,努力为民办实事,形成了代表参与基层社会治理的几种有效形式。

1. 发挥代表工作室作用，解决群众问题常态化

近年来，各地设立的代表工作室、代表联络站等成为闭会期间人大代表联系人民群众的重要工作平台。目前，陕西省在乡镇（街道）、村组（社区）和有关单位建立的人大代表工作室（站）等共有 5030 个。代表按照代表工作室的安排，定期接待选民，深入群众发现问题，帮助群众解决实际问题，既增强了代表的履职意识，更密切了代表与选民的关系，发挥了代表在基层社会治理中的积极作用，是新时代"枫桥经验"的生动实践。

2. 人大代表电视问政，督促基层社会治理公开化

近年来，电视问政越来越多，不仅为人大代表、普通老百姓提供了一个监督政府的机会，还让他们直接参与到基层社会治理中来，成为对政府官员执政能力的最直接最有效的监督。同时，电视问政也是政府问政于民、问需于民、问计于民，把社会焦点问题、与群众切身利益相关问题迅速收集起来的有效途径，从而开创十九届四中全会提出的"共建共治共享"的基层社会治理新模式。

3. 依法开展代表约见活动，推动基层社会治理制度化

近年来，代表在履职中为更快捷地反映人民群众的意愿和诉求，更有效地推动有关问题解决的愿望越来越迫切。汉中市、商洛市人大常委会根据法律规定，顺应代表愿望，积极调研探索，出台了人大代表约见国家机关负责人暂行办法。按此办法，组织约见活动，形成了人大代表参加基层社会治理的制度安排，取得了良好的社会效果。

三 陕西省县乡人大工作和建设存在的突出问题

尽管陕西省县乡人大工作和建设从总体上取得了明显的进步，在基层社会治理中发挥了一定的作用，但是还存在一些亟待解决的实际困难和问题，主要表现如下。

1. 县乡人大组织建设需加强

第一，绝大多数县（区）人大常委会组成人员结构不合理，专职组成人员占比距文件要求的60%差距甚远。各县（区）人大常委会机构设置差异比较大，比如有些县（区）人大常委会是"一办六委"，而有些县（区）是"一办五委"，甚至有的还是"一办四委"。机构设置与省市不配套，比如省市人大设有教科文卫、农业与农村工作委员会，但大部分县（区）没有设立，其工作职能划归财政经济工作委员会，从而导致上下联系工作衔接无序，沟通渠道不畅、效率不高。第二，编制单列落实不到位。目前，省、市人大常委会主任、副主任、专职委员编制单列已经落实到位，但从县（区）层面来看，部分县（区）只是实现了人大常委会主任和副主任编制单列，专职委员编制未单列；还有部分县（区）采取减少机关编制的做法，变相实行了人大常委会主任、副主任、专职委员编制单列，但机关编制没增反降。同时，大部分县（区）人大常委会工作机构人员配备不到位，工作委员会未设置副职和工作人员，存在"一人一委"现象。第三，乡镇（街道）人大专职主席或副主席（主任或副主任）不"专"的问题突出。虽然乡镇（街道）人大基本都配备了专职主席或副主席（主任或副主任），但大多兼职多项党委、政府具体工作，既存在"自己监督自己"的问题，也存在投入人大工作精力不足的问题。第四，中央18号文件规定，不设区的市、市辖区人大常委会可在街道设工作机构或者明确相关机构。但实际工作中，人大街道工委的机构设置不规范、职责不明晰、工作定位不准确；联系人大代表、人民群众的形式和渠道不便利；组织代表活动不经常；开展工作缺乏有效的法律支撑等问题依然存在。

2. 县乡人大代表的履职能力有待提高

基层人大代表履职不到位是基层人大工作目前存在的一个突出问题。主要表现在：第一，县乡人大代表候选人提名推荐工作程序、工作分工和职责不够完善。实际工作中，县乡人大在人大代表提名过程中参与较少，以至于推荐履职优秀的代表参加连选难以落实。第二，一些县乡人大代表在会议期间依法履职的意识、能力以及责任感不强，存在"挂名代表""会议代表"

"荣誉代表"等不作为现象。第三,在闭会期间,一些县乡人大组织代表开展活动较少,且不能吸纳全体代表参加,大多数代表很少参与视察、专题调研等活动,导致代表很难提出质量较高的建议和意见,代表作用发挥受限。

3. 县乡人大重大事项决定权行使不充分

中发18号文件和陕发17号文件,都对依法行使重大事项决定权做出了明确规定,但在实践工作中还存在一些不容忽视的问题,特别是基层人大对重大事项决定权行使不充分的问题比较突出。主要表现在:第一,对行使重大事项决定权的意义与地位认识不到位。在依法行使重大事项决定权的过程中,县乡党委和政府表现出在认识上认可、实践上不习惯的状态,仍习惯于"党委决策—人大监督—政府执行"或党委、政府共同决定重大事项的传统权力运行模式。同时,县乡人大对重大事项的内容范围、决定权的行使把握不准,从而产生了怕与党委"争权"、与政府"分权"、自身"越权"的思想顾虑,造成了在行使重大事项决定权的过程中,多一事不如少一事的情况。第二,对重大事项决定权的运用不够充分,没有充分把决定权贯穿于权力运行全过程。目前,人大所做的决定、决议多是涉及财政预算、经济运行、召开人民代表大会等规定事项,而涉及法律贯彻实施、经济和社会事业发展、人民群众普遍关心的重大问题、热点问题、重大项目等方面的决定、决议少。第三,人大在行使重大事项决定权过程中还存在重形式、轻落实、缺监督的现象,跟踪监督机制不健全,导致人大常委会做出的决议决定往往得不到有效落实。

4. 县乡人大机关干部队伍建设有待加强

目前,县乡人大尤其是乡镇(街道)人大干部素质与新时代要求还存在较大差距。主要表现在:第一,基层人大机关工作人员的年龄结构、知识结构难以适应新形势新任务的需要;年轻干部少,懂经济、法律、科技等方面的专业知识的人员更少,导致基层人大工作安于现状、墨守成规,改革创新动力不足,习惯于传统思维定式,满足于程序性的视察调研,对新时代人大工作的新要求缺乏深入思考和研究,直接影响到基层人大的工作质量和服务水平。第二,县乡人大机关干部交流到其他部门单位的机会较少,导致部分人大机关干部工作积极性不高、进取意识不足。同时，县乡人大机关干部担任人大代表的数量普遍偏少，且从中产生常委会组成人员和专职工委负责人的比例更小。第三，基层人大机关参加学习培训的机会少，且学习内容不全面、不系统，导致干部专业知识不全、理论水平不高、创新意识不够、业务能力不强，对基层人大工作影响较大。

四 推进陕西省县乡人大在基层社会治理中作用发挥的建议

1. 加强各级党委对人大工作的全面领导

党的领导是人民代表大会制度的内在要求，是做好人大工作的根本保证和关键所在，要始终坚持党对人大工作的全面领导，切实发挥总揽全局、协调各方的作用。一是坚持和完善党领导人大工作的制度，把人大工作纳入省市党委工作整体布局和目标责任考核体系。坚持党委每年听取人大工作专题汇报，及时研究人大工作中的重要事项和重要问题，针对县乡人大工作和建设存在的突出问题，及时出台专项指导意见。要把党委领导人大工作、党委工作部门支持人大工作、"一府一委两院"接受人大监督的情况纳入领导班子和领导干部考核范围。县（区）、乡（镇）党委要增强依法执政观念，善于把重大决策部署通过人大法定程序转化为国家意志。二是发挥县（区）人大常委会党组领导作用。县（区）人大常委会党组就重大事项和重要问题，要及时向同级党委请示报告，重要议题提请同级党委常委会会议研究，并围绕党委关于贯彻落实党中央和地方党委大政方针的决策部署，充分发挥人大及其常委会职能作用，加强调查研究，为党委决策提供意见建议，更好助力县域经济社会发展和改革攻坚任务。三是适时召开全省县乡人大工作和建设经验交流会，交流先进经验，探索解决存在问题的好办法，推动全省县乡人大工作创新发展。

2. 优化人大机关编制和人员配备，完善县乡人大机构设置，规范县乡人大工作

由党委牵头，协调组织、人事、编制、财政等多个部门，开展全省范围

的人大编制督查。认真落实人大常委会主任、副主任和常委会组成人员编制单列、不占人大机关编制的规定；优化人大常委会组成人员年龄、知识、专业等结构，逐步将人大常委会专职组成人员占比提高到60%；解决人大机关工作人员年龄偏大、干部进出机制不活、专业知识人才紧缺等短板问题。规范县（区）人大工作机构名称，明确机构职责、核定职数，明确市县人大工作对口联系机构和乡镇人大代表联络机构。根据各地实际需要，整合委员会职责，统一规范县（区）人大机构设置。建议设立监察与司法、财政经济等专门委员会；同时健全常委会工作机构，建议设立社会建设、农业农村、教科文卫、人事代表选举、城镇与环境资源等工作委员会。规范乡镇人大主席团工作制度，配备乡镇（街道）人大办公室专职工作人员，确保乡镇（街道）人大主席（主任）把主要时间和精力放在人大工作上。建议陕西省出台《街道人大工作条例》，促进人大街道工委找准定位、明确职责、规范工作、有所作为。探索推行街道党工委领导、人大街道工委组织的街道居民议事会制度或选民代表大会制度。

3. 进一步提升人大代表的履职能力

一是严把代表入口关。突出政治标准和道德品行，把思想觉悟高，有一定知识文化水平、较强议事能力和较好群众基础的优秀分子推选为人大代表人选。优化人大代表结构，减少党政干部代表比例，提高基层代表比例。进一步落实中央18号文件提出的"县乡人大要做好代表提名相关工作，推荐履职优秀代表参加连选"的规定。二是加强人大代表的学习培训。根据实际情况和履职需要，科学合理地安排代表培训内容，认真学习党的路线方针政策、宪法法律法规、人大制度理论以及人大工作业务知识，广泛学习经济、科技、文化、卫生、城乡建设、环境保护等方面的专业知识，提升代表履职能力和水平。三是完善代表激励约束管理制度。充分利用代表履职手册、代表履职档案等方式，记录代表出席人代会、提出议案和建议、参加各项代表活动、参与人大常委会工作、联系群众等履职情况；不断完善代表履职监督形式，探索代表履职约束机制以及履职情况通报、代表述职制度；在基层创新开展优秀代表和先进代表工作小组评选，对其进行表彰和宣传，树立代表履职榜样,增强代表履职责任感;探索代表履职向社会公开、接受社会监督的机制;针对极少数不积极履职或履职较差的代表,可建立约谈、劝辞制度,探索代表退出机制。四是强化代表履职保障。依法保障代表活动经费,规范经费使用和管理,代表活动经费应当列入本级财政预算并予以保证;依据实际情况合理确定和调整代表活动经费标准。五是提高代表议案建议办理质量。加强代表提出议案建议的学习培训,有针对性地为代表讲解提出议案建议的法定程序、相关要求,使代表围绕发展大局和人民群众的关心关切提出高质量的议案建议。完善代表议案建议交办协调工作机制,改进会议督办、指导督办、现场督办、跟踪督办等方式,进一步提高办理实效。完善重点议案建议的督办机制,探索推行人大代表议案建议内容及办理情况向社会公开的制度。建议制定或修改代表议案建议办理工作的相关规定。

4. 进一步落实重大事项决定权

县乡党委、人大、政府之间要建立讨论决定重大事项协调沟通机制,对依法属于人大职权范围内的重大事项,应当适时提出建议,由人大讨论决定。一是探索建立人大常委会重大事项决定权的事项清单和目录管理机制,提高讨论决定重大事项的针对性和有效性,确保重大事项决定权便于实践操作。二是健全完善"党委决策—人大决定—政府执行"的权力运行和重大事项协商机制。坚持党的领导,完善重大事项向党委请示报告制度,及时把党委决策通过法定程序变成人大决议决定,同时政府要完善重大决策出台前向人大报告的工作制度。三是加强对重大事项决定决议贯彻实施情况的监督检查,确保所决定的重大事项既要程序合法,又要得到执行,取得实际成效。可以通过绩效评价、满意度测评、跟踪监督等方式,对实施情况进行监督检查,必要时可以采取询问、质询、特定问题调查等方式进行监督,并结合社会舆论监督、审计监督、网络媒体宣传等方式,确保人大常委会决议决定的贯彻执行,以维护人大决议决定的严肃性、权威性和法律效力。

5. 进一步加强人大干部队伍建设

建议县(区)乡(镇)党委把人大干部的配备、培养、交流、选拔和使用纳入干部队伍建设总体规划、统筹安排,全面提升人大机关干部综合素质。一是优化人大机关干部队伍,在县(区)人大常委会领导班子成员、内设机构负责人中,逐步增加中青年干部和具备专业知识干部的比例,提高人大干部年轻化、专业化水平。二是加强人大机关与党政机关干部双向交流,通过选拔任用、轮岗交流、挂职锻炼等多种方式,使人大干部进得来出得去,激发人大干部队伍活力和工作热情。三是加大县乡人大机关干部的培训力度,增强对新时代基层人大机关干部培训的针对性,尤其是加强对乡镇(街道)人大干部的培训力度。在省市人大举办的培训中,应将更多乡镇(街道)人大领导、工作人员和人大代表纳入培训计划,解决乡镇(街道)人大干部培训资源少、履职能力不强的问题。省人大每年召开人代会时,建议安排县(区)人大常委会主任列席会议。既为基层人大知情知政和履行职责提供了机会,也能保证会议精神及时得到贯彻落实。

参考文献

蔡宇:《浅谈新时代国家治理体系和治理能力现代化视野下的县乡人大工作与建设》,《人大研究》2018 年第 4 期。

李梅:《新时代县乡人大制度的探索创新》,《东吴学术》2019 年第 3 期。

调查篇

Investigation Reports

B.16
陕西公众对"延安精神"的认知调查分析报告

课题组*

摘　要： "延安精神"在中国革命和建设中发挥了巨大的精神动力作用。本报告分析了陕西公众对于"延安精神"概念、核心内涵及其时代价值的理解、认知状况。公众主要从"延安精神"的代表性人物/群体、标志性地域及精神内涵等方面表达了他们心目中的"延安精神"。调查结果显示，公众对"延安精神"持有较高的知晓度，其中"白求恩精神""整风精神""劳模精神"更为人们所熟悉，"抗疫精神"是最新的补充。关于当前宣传"延安精神"的意义，提及率最高的是"实现中华民族伟大复兴"。多数公众认为坚持"实事求

---

* 课题组成员：谢雨锋，陕西省社会科学院社会学研究所副研究员，研究方向：社会工作理论与实务、社区社会工作、社会调查方法、质性研究方法。李巾，陕西省社会科学院社会学研究所助理研究员，研究方向：应用社会学、人口与社会政策。

是"是践行"延安精神"的重要保障。同时，公众还就当前弘扬"延安精神"提出了针对性的意见和建议。

关键词： 延安精神　时代价值　陕西省

延安精神是中国共产党创造的一种革命精神，是红色革命精神之一，是中国共产党人及其领导的根据地军民在特殊革命历史时期，在革命斗争实践中表现出来的一种工作作风、一种社会治理模式、一种思想精神状态、一种精神风貌。延安精神既是中国共产党的传家宝，也是中国革命和建设的伟大的精神动力，是我国传统文化的重要组成部分。2020年4月，习近平总书记在陕西考察时指出："延安精神培育了一代代中国共产党人，是我们党的宝贵精神财富。"伟大的延安精神滋养了几代中国共产党人，是我们凝聚人心、战胜困难、不断开拓前进的重要思想武器。它在中国革命和建设中始终发挥着巨大的精神动力作用。当今中国面临百年未有之大变局，为了实现中华民族的伟大复兴，"延安精神"依然是不可或缺的精神力量。为了解陕西公众对"延安精神"的理解、认知和思考，我们以问卷调查的方式对年龄在20~70岁的陕西公众进行了专题调查。以下报告正是依据本次调查的数据分析完成。

一　对延安精神的理解

伟大的延安精神滋养了几代中国共产党人，是我们凝聚人心、战胜困难、不断开拓前进的重要思想武器。它在中国革命和建设中始终发挥着巨大的精神动力作用。当前，为实现中华民族的伟大复兴，"延安精神"依然是不可或缺的精神力量。基于此，我们在问卷中专门以开放型问题"您对延安精神的理解"的形式了解公众心目中的"延安精神"。经过对公众的答案进行分类合并后得到如下发现，当被问及"对延安精神的理解"这一问题时，陕西公众主要从重要节点/时期、代表性和地域性地标、典型人物/群体、精神实质和内涵以及主要事件等方面阐释了他们对"延安精神"的理解和认知。

表1 公众对"延安精神"的联想

重要节点、时期：
- ◆共产党起始 ◆红色革命 ◆抗战 ◆革命 ◆红军
- ◆抗日战争 ◆延安整风 ◆改革开放 ◆长征

代表性和地域性地标：
- ◆宝塔山 ◆陕西 ◆延安 ◆南泥湾 ◆西柏坡
- ◆黄土高原 ◆革命根据地 ◆革命圣地 ◆党的发源地 ◆毛泽东居住的地方

典型人物/群体：
- ◆毛泽东 ◆白求恩 ◆张思德 ◆老红军 ◆党
- ◆前辈 ◆老革命 ◆红军 ◆毛泽东领导 ◆共产党

精神实质、内涵：
- ◆解放思想 反思 抗疫精神 白求恩精神 南泥湾精神 西柏坡精神 长征精神 劳模 爱国主义 批评 整风运动 忠诚 自信 担当 责任
- ◆坚定理想信念 信心 牢记使命 理想信念 必胜 以身作则 勇敢
- ◆自强不息 艰苦奋斗 不屈不挠 吃苦耐劳 不怕苦 艰苦创业 刻苦 奋斗 不怕难 努力 自力更生 顽强拼搏 坚持 不放弃 坚持不懈 坚忍不拔
- ◆实事求是 理论联系实际 不断开拓创新 与时俱进 改革创新 开拓 脚踏实地 学习 专业 以身作则
- ◆乐于奉献 不怕牺牲 无畏 奉献 勤俭节约 朴素 节约 进取
- ◆全心全意为人民服务 军民一家亲 团结群众 团结人民群众 丰衣足食 全民
- ◆革命觉悟 依法治国 从严治党 党性 社会主义公平公正 服务 社会主义 治党

主要事件：
- ◆延安整风 ◆长征 ◆解放战争 ◆改革 ◆治党
- ◆革命 ◆改革开放 ◆抗战 ◆红色革命 ◆整风运动

其 他：
- ◆红色 ◆旅游 ◆百姓民生 ◆摇篮 ◆外部环境 ◆丰衣足食

二 对"延安精神"的知晓度和认知度

1. 对"延安精神"的知晓度

调查结果显示，当问及"您对延安精神的了解程度"这一问题时，超过70.0%（73.4%）的受访者表示"很了解"（4.7%）、"比较了解"

（25.6%）或"基本了解"（43.1%），仅有极少数受访者表示"不了解"，其比例仅占6.1%。需要注意的是，剩余20.5%的受访者表示"不太了解"（见图1）。这表明，虽然公众整体上对"延安精神"持有较高的知晓度，但也应看到，对"延安精神"的宣传仍存在一些薄弱环节尤其是对"延安精神"的时代价值和现实意义挖掘得还不够。对年龄进一步交叉分析发现，受访者年龄越大，对"延安精神"了解得越多、越细致。其中，61岁及以上老年组受访者"很了解"或"比较了解""延安精神"的合计比例（75.0%）高出20岁及以下年轻组受访者（16.7%）58.3个百分点，高出21～30岁年轻组受访者（13.4%）61.6个百分点，高出31～40岁中年受访者（33.4%）41.6个百分点，差距之大让人震惊。值得注意的是，20岁及以下和21～30岁年轻组受访者"不了解"和"不太了解""延安精神"的累加比例分别高达50%、38.8%（见表2）。由此可见，相比于年长群体，年轻群体对于"延安精神"的认知度较低。"延安精神"的发展不仅需要老一辈人的努力，更加需要年轻人的发扬与传承。目前年轻人对于"延安精神"的陌生，警醒着我们相关教育部门和宣传部门需要进行反思。

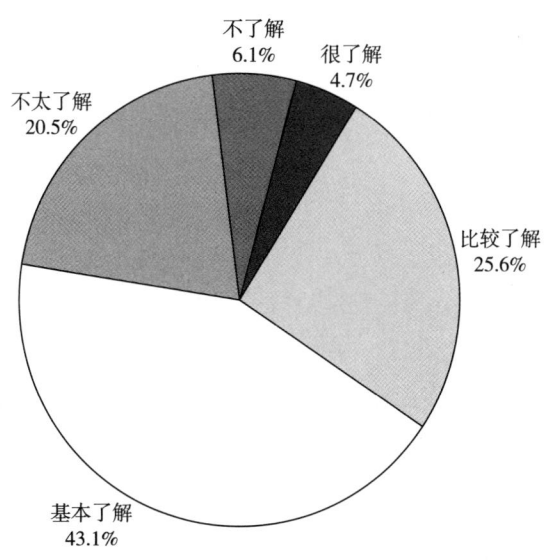

图1 公众对"延安精神"的了解程度

表2 不同年龄段公众对"延安精神"的了解程度

单位：%

选项	20岁及以下	21~30岁	31~40岁	41~50岁	51~60岁	61岁及以上
很了解	0.0	1.5	4.8	6.7	3.9	16.7
比较了解	16.7	11.9	28.6	29.3	26.9	58.3
基本了解	33.3	47.8	41.0	44.0	50.0	25.0
不太了解	33.3	31.3	17.1	18.7	15.4	0.0
不了解	16.7	7.5	8.5	1.3	3.8	0.0

卡方检验：卡方值=34.851；P值=0.021。

2. 对"延安精神"的认知度

调查进一步发现，对于在当今现实生活中自己更熟悉哪种精神，28.9%的受访者选择"抗疫精神"，排在第一位。不少受访者表示，面对突如其来的新冠肺炎疫情，我们国家之所以取得了抗击新冠肺炎疫情斗争的重大战略成果，主要在于"在这场同严重疫情的殊死较量中，中国人民和中华民族以敢于斗争、敢于胜利的大无畏气概，铸就了生命至上、举国同心、舍生忘死、尊重科学、命运与共的伟大抗疫精神"。它同中华民族长期形成的特质禀赋和文化基因一脉相承，是爱国主义、集体主义、社会主义精神的传承和发展，是中国精神的生动诠释，丰富了民族精神和时代精神的内涵。排在第二位的是"白求恩精神"（18.9%），受访者表示，白求恩是国际人道主义和共产主义精神的象征。他信仰共产主义，并且立志为之奋斗终生。习近平总书记曾说过，信仰、信念、信心，任何时候都至关重要。只要有信仰、信念、信心，就会愈挫愈奋、愈战愈勇，否则就会不战自败、不打自垮。当今时代，我们更应学习白求恩精神，坚定理想信念，为实现中华民族伟大复兴而奋斗终生。排在第三位的是"整风精神"，受访者的提及率为18.5%。受访者认为，整风精神其实就是解放思想、实事求是的精神。只有准确把握整风精神的灵魂和精髓，以整风精神来开展教育实践活动，开展批评和自我批评，才能严格党内生活，保持党与人民群众的血肉联系。弘扬整风运动可以使党在新时期经受住各种考验，切实肩负起实现中国梦的历史责任。接下来,受访者选择率较高的还有"劳模精神"(13.0%)。受访者认为,劳动模范身上体现的爱岗敬业、争创一流,艰苦奋斗、勇于创新,淡泊名利、甘于奉献的劳模精神,是伟大时代精神的生动体现。当今,我们也要在自己平凡的岗位上坚持劳模精神,做出不平凡的业绩,劳模精神永不过时。此外,"南泥湾精神"、"张思德精神"和"延安县精神"也获得不少受访者的关注,受访者的提及率依次为10.7%、6.7%和3.3%。受访者认为,以艰苦奋斗、自力更生为核心的"南泥湾精神";坚持全心全意为人民服务,对党和人民无限忠诚的"张思德精神";务实为民、勇于担当、切实朴素、廉洁奉公的"延安县精神";这些都是"延安精神"的重要组成部分,具有鲜明的时代感和现实感,需要大力宣传和弘扬。具体如表3所示。

表3 公众对"延安精神"的认知度

单位:人,%

选项	频数	所占比例	排序
抗疫精神	78	28.9	1
白求恩精神	51	18.9	2
整风精神	50	18.5	3
劳模精神	35	13.0	4
南泥湾精神	29	10.7	5
张思德精神	18	6.7	6
延安县精神	9	3.3	7
合 计	270	100.0	

三 对"延安精神"实质的理解

习近平总书记在陕西考察时指出:"延安——这座坐落在西北黄土高原的古老城市,因为在中国革命史上的神圣地位被永远载入中国革命史册,老一辈革命家和老一代共产党人在延安留下的优良传统和作风,培育形成的延安精神,是我们党的宝贵精神财富。"可以说,"延安精神"不仅是马克思主义中国化的重要精神成果，是中国革命奋斗历程的重要精神结晶，更是中国共产党本质特征的精神体现。那么，对于"延安精神"的实质、内涵，公众持何看法？我们在调查中也予以关注（见表4）。

表4 公众对"延安精神"精神实质的理解

单位：人，%

选项	频数	所占比例	排序
自力更生艰苦奋斗	226	75.8	1
实事求是	127	42.6	2
全心全意为人民服务	122	40.9	3
坚定理想信念	107	35.9	4
责任担当	67	22.5	5
批评与自我批评	38	12.8	6
理论联系实际	38	12.8	7
乐于奉献	35	11.7	8
不断开拓创新	31	10.4	9
忠诚	22	7.4	10
以身作则	19	6.4	11
其他	1	0.3	12
合计	833	279.5	—

注：由于本题为多项选择设置，故百分比之和大于100%。

如表4所示，对于"延安精神"的实质和内涵，"自力更生艰苦奋斗"被排在首位，75.8%的受访者选择此项。可见，当年为突破国民党封锁线形成的"自己动手、丰衣足食"和"自力更生、艰苦奋斗"精神备受公众推崇和认同，这种精神不仅是我们党带领全国人民不断夺取党和人民事业新胜利的传家宝，更是我们党的政治本色，是我们党的一贯主张。其次是"实事求是"和"全心全意为人民服务"两项，中选率分别为42.6%、40.9%。认为"延安精神"是"坚定理想信念"和"责任担当"的受访者比例依次为35.9%、22.5%；接下来，分别有一成多受访者认为"延安精神"的核心内涵体现为"批评与自我批评"（12.8%）和"理论联系实际"（12.8%）。此外，部分受访者认为"乐于奉献"（11.7%）、"不断开拓创新"（10.4%）、"忠诚"（7.4%）和"以身作则"（6.4%）等也可纳入"延安精神"的精神范畴。总

陕西公众对"延安精神"的认知调查分析报告

而言之,尽管受访者对"延安精神"的解读和阐释比较多元、多样,但对延安精神最本质、最主要的内容高度认同,认为以"坚定正确的政治方向,解放思想、实事求是的思想路线,全心全意为人民服务的根本宗旨,自力更生、艰苦奋斗的创业精神"为核心内容的延安精神是贯穿中国共产党领导中国人民进行革命、建设和改革近百年历史的精神谱系的重要组成部分,是中国共产党人在未来奋斗中取之不竭、用之不尽的强大精神动力。

四 对现代社会弘扬"延安精神"意义和价值的判断

延安精神是我们党的性质和宗旨的集中体现,是我们党优良传统和作风的集中体现,是中国共产党人崇高品德和伟大情怀的集中体现。实践证明,发扬延安精神,最根本的是要保持中国共产党的本质特征。当前,面对新冠肺炎疫情在全球蔓延,面对复杂多变的国际形势,面对百年未有之大变局,在实现中华文化伟大复兴的历史征程中,推进全面建成小康社会进程中,弘扬"延安精神"的时代价值和现实意义是什么?结果如表5所示。

表5 公众对现代社会弘扬"延安精神"意义和价值的判断

单位:人,%

选项	频数	所占比例	排序
实现中华民族伟大复兴	165	55.4	1
推进中国特色社会主义事业	142	47.7	2
联系和依靠人民群众	115	38.6	3
抵制腐朽糜烂思想侵入	93	31.2	4
坚持创业精神艰苦奋斗	80	26.8	5
实事求是,理论联系实际	63	21.1	6
牢固社会主义核心价值观	48	16.1	7
防止思想信仰动摇	37	12.4	8
敲响公仆意识	29	9.7	9
预防意识形态被侵蚀	28	9.4	10
警惕"西化""分化"图谋	10	3.4	11
其他	1	0.3	12
合 计	811	272.1	—

注:由于本题为多项选择设置,故百分比之和大于100%。

调查结果显示，对于现代社会弘扬"延安精神"的时代价值和现实意义，"实现中华民族伟大复兴"获得了最高的提及率，超半数（55.4%）受访者选择此项。多数受访者认为，实现中华民族伟大复兴是近代以来中华民族最伟大的梦想。进入新时代，在实现中华民族伟大复兴的新征程上，需要我们进一步弘扬"延安精神"，推动中华民族伟大复兴梦想的实现。其次是"推进中国特色社会主义事业"，近半数（47.7%）的受访者选择这项内容；第三是"联系和依靠人民群众"，提及率为38.6%。此外，31.2%的受访者认为当前弘扬延安精神的时代价值和现实意义主要体现在"抵制腐朽糜烂思想侵入"，26.8%的受访者认为应该是如何"坚持创业精神艰苦奋斗"，21.1%的受访者提及如何结合实际工作做到"实事求是，理论联系实际"，16.1%的受访者认为主要体现在"牢固社会主义核心价值观"方面。另有一些受访者认为弘扬延安精神就是要"防止思想信仰动摇"（12.4%）、"敲响公仆意识"（9.7%）、"预防意识形态被侵蚀"（9.4%）和"警惕'西化''分化'图谋"（3.4%）。

五 公众了解"延安精神"的信息渠道

对于公众了解"延安精神"相关信息的渠道，本次调查发现，"历史教科书"是受访者获得延安精神相关历史知识最主要的渠道，近五成（47.8%）受访者选择此项。可见，教科书在宣传、阐释延安精神中具有重要的地位，发挥着引领作用。认为是"影视作品"的受访者占40.5%。认为是"网络资讯"的受访者占35.8%。足见在现代社会中通过网络等新媒体宣传、倡导延安精神，扩大其影响力已变得愈来愈重要。进一步调查发现，尽管我们已身处网络社会，但传统媒体如"报刊杂志"的作用依旧比较大，33.1%的受访者选择此项。还有25.4%的受访者认为是"专题纪录片"，认为获取渠道是"人际传播"、"实地参观"和"专题报告会"分别占一成以上，提及率依次为18.7%、14.7%、14.4%。认为通过"书籍"和"会议文件"学习、了解延安精神的受访者分别占9.0%和7.7%。另有

3%的受访者选择了"其他"。总之,公众了解延安精神的渠道及形式日趋多样化,传统媒体的影响力依旧保持,而多主体、多方式、多样化的立体传播模式不断发挥着愈来愈大的作用。具体如表6所示。

表6 公众了解"延安精神"的主要渠道统计

单位:人,%

选项	频数	所占比例	排序
历史教科书	143	47.8	1
影视作品	121	40.5	2
网络资讯	107	35.8	3
报刊杂志	99	33.1	4
专题纪录片	76	25.4	5
人际传播	56	18.7	6
实地参观	44	14.7	7
专题报告会	43	14.4	8
书籍	27	9.0	9
会议文件	23	7.7	10
其他	9	3	11
合计	748	250.1	—

注:由于本题为多项选择设置,故百分比之和大于100%。

六 公众对"延安精神"时代意义的评价

当前和今后一段时期,我国发展面临的风险挑战前所未有,"前所未有之大变局"与"未曾料到之新时局"同时摆在中国面前,加上国内面临艰巨繁重的改革发展稳定任务,面临凸显的各种社会矛盾。在此背景下,如何评价"延安精神"在当下社会处境中的价值和意义?我们从"延安精神"的"认同度"、"时代价值"、"社会作用"和"现代创新"等四个方面对公众展开了调查。调查结果见表7。调查结果显示,高达85.0%的受访者明确表示对于"延安精神"的认同度"很高"(49.0%)或"较高"(36.0%),相反,认同度"比较低"(1.0%)或"很低"(1.0%)的受访者比例仅占

2.0%，剩余13.0%的受访者选择"基本认同"。在用5级量表赋值方法测量求取平均值之后，公众对"延安精神"的总体认同度得分为4.31分，处于"较高认同"和"高度认同"之间偏向"高度认同"的水平（见表7）。调查进一步发现，对于"延安精神"的时代价值，超八成（81.0%）受访者认为"延安精神"在当前社会发展中依然"非常明显"（40.7%）或"比较明显"（40.3%），只有极少数的受访者认为已经过时，另有16.0%的受访者认为"基本明显"。对于"延安精神"的社会作用，超过3/4（76.3%）的受访者认为"非常重要"（40.3%）或"比较重要"（36.0%），18.7%的受访者认为"基本重要"。认为"不太重要"的受访者比例只占4.0%，认为"不重要"的人也仅占1.0%。对于"延安精神"的现代创新方面，高达93.6%的受访者认为"非常有必要"（40.3%）、"较有必要"（30.3%）和"有必要"（23.0%），只有5.3%的受访者认为"不太有必要"。具体如表8所示。

表7 公众对"延安精神"时代意义的评价（均值）

单位：人，分

选项	样本数	均值	标准差
认同度	300	4.31	0.810
时代价值	300	4.18	0.841
社会作用	300	4.11	0.912
现代创新	300	4.04	0.969

表8 公众对"延安精神"时代意义的评价

单位：%

选项	5	4	3	2	1
认同度	49.0	36.0	13.0	1.0	1.0
时代价值	40.7	40.3	16.0	2.0	1.0
社会作用	40.3	36.0	18.7	4.0	1.0
现代创新	40.3	30.3	23.0	5.3	1.1

七 公众对现阶段弘扬"延安精神"的选择

调查结果显示,对于在当前社会更需要宣传和弘扬哪种精神,"延安精神"获得了最高的提及率,42.1%的受访者选择此项;排在第二和第三位的分别是"抗疫精神"和"女排精神",受访者的提及率均占三成以上,依次为36.8%和36.5%。列第四、第五位的分别是"改革开放精神"和"两弹一星精神",31.1%和30.1%的受访者选择这两项。此外,27.1%的受访者认为当下更应该宣传时刻帮助人民的"雷锋精神",21.7%的受访者认为应重点宣传不怕牺牲、勇往直前、不畏艰险、不屈不挠、积极进取、自力更生、艰苦奋斗的"长征精神",21.4%的受访者认为是奋力创新、不断进步的"航天精神"。还有受访者认为延安精神在当代体现为"奥运精神"、"铁人精神"、"井冈山精神"和"焦裕禄精神"等精神形态,提及率分别为16.4%、14.7%、14.4%、13.7%(见表9)。

表9 公众认为在现阶段更需要宣传和弘扬以下哪种精神

单位:人,%

选项	频数	所占比例	排序
延安精神	126	42.1	1
抗疫精神	110	36.8	2
女排精神	109	36.5	3
改革开放精神	93	31.1	4
"两弹一星"精神	90	30.1	5
雷锋精神	81	27.1	6
长征精神	65	21.7	7
航天精神	64	21.4	8
奥运精神	49	16.4	9
铁人精神	44	14.7	10
井冈山精神	43	14.4	11
焦裕禄精神	41	13.7	12
北大荒精神	15	5.0	13
合计	930	311.0	—

注:由于本题为多项选择设置,故百分比之和大于100%。

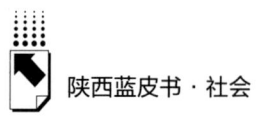

八　对当前践行"延安精神"路径的看法

调查结果显示，当问及"现代人应如何践行延安精神"这一问题时，"实事求是"的提及率最高，52.7%的受访者选择此项。多数受访者认为，坚持实事求是，是延安精神的精髓，是中国共产党人克敌制胜的思想武器。正如习近平总书记所指出的："实事求是，是马克思主义的根本观点，是中国共产党人认识世界、改造世界的根本要求，是我们党的基本思想方法、工作方法、领导方法。"第二位是"艰苦奋斗"，逾四成（40.3%）的受访者选择这项内容；第三、第四位是"理论联系实际""努力学习工作"等，提及率分别为31.2%和30.2%。此外，认为当前践行延安精神应做到"不断开拓创新"、"脚踏实地"、"将延安精神与自身信仰相结合"、"继承传统"和"推进依法治国"的均在两成以上，提及率依次为：27.5%、27.5%、24.8%、23.8%、20.5%。还有18.5%的受访者认为应该"加强延安精神学习"，17.8%的受访者认为应体现在"从严治党"方面。除上述回答外，还有少数受访者提及做好"与时俱进"、"深化改革开放"和"加强实践"也是当代人对延安精神最好的传承方式。具体如表10所示。

表10　公众对当前践行"延安精神"路径的看法

单位：人，%

选项	频数	所占比例	排序
实事求是	157	52.7	1
艰苦奋斗	120	40.3	2
理论联系实际	93	31.2	3
努力学习工作	82	30.2	4
不断开拓创新	82	27.5	5
脚踏实地	78	27.5	6
将延安精神与自身信仰相结合	74	24.8	7
继承传统	71	23.8	8
推进依法治国	61	20.5	9
加强延安精神学习	55	18.5	10

陕西公众对"延安精神"的认知调查分析报告

续表

选项	频数	所占比例	排序
从严治党	53	17.8	11
与时俱进	45	15.1	12
深化改革开放	43	14.4	13
加强实践	42	14.1	14
合　计	1056	358.4	—

注：由于本题为多项选择设置，故百分比之和大于100%。

九　公众对陕西宣传"延安精神"的评价

2020年4月，习近平总书记在陕西考察时指出：延安精神培育了一代代中国共产党人，是我们党的宝贵精神财富。要坚持不懈用延安精神教育广大党员、干部，用以滋养初心、淬炼灵魂，从中汲取信仰的力量、查找党性的差距、校准前进的方向。对于陕西省在宣传"延安精神"方面的表现，调查结果显示，62.1%的受访者认为"非常好"（12.8%）或"比较好"（49.3%），34.9%的受访者认为"基本可以"（见图2）。进一步调查发现，陕西媒体在宣传延安精神具体表现上，"及时热点报道"获得最高的选择率，超过半数（53.4%）的受访者选择此项；其次是"专题报道"，受访者的提及率为36.6%。还有30.1%的受访者认为陕西媒体在"深度报道"方面表现不错，27.1%的受访者认为"时事评论"方面表现很好。具体如表11所示。对于陕西媒体在宣传报道延安精神方面存在的问题，调查发现，"联系实际不强"和"报道时效性较弱"被认为比较严重，受访者提及率分别占30.2%、28.5%。此外，25.4%的受访者认为陕西媒体"敏感性不强"，23.0%的受访者认为对"延安精神内涵宣传不够"，23.0%的受访者认为问题核心在于"深度和专题报道欠缺"。另有部分受访者认为陕西媒体在宣传报道延安精神方面存在的问题和不足主要是"报道频率较少较弱"（21.6%）、"媒体整合性不够"（16.5%）；剩余5.2%的受访者认为主要问题是"议题设置能力较低"。具体如表12所示。

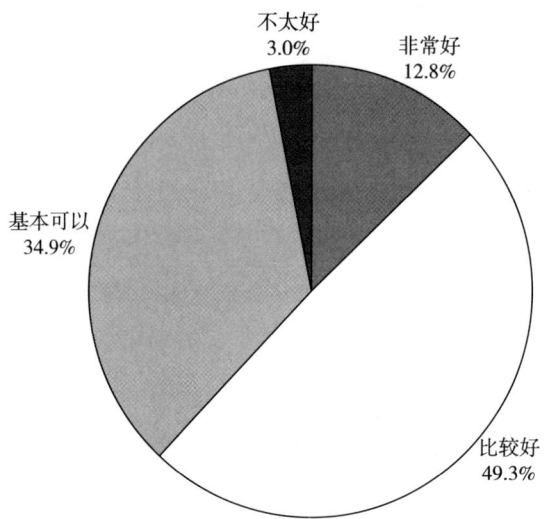

图2 公众对陕西宣传"延安精神"表现的评价

表11 公众对陕西媒体宣传"延安精神"表现较好方面的认定

单位：人，%

选项	频数	所占比例	排序
及时热点报道	156	53.4	1
专题报道	107	36.6	2
深度报道	88	30.1	3
时事评论	79	27.1	4
其他	15	5.1	5
合 计	445	152.3	

注：由于本题为多项选择设置，故百分比之和大于100%。

表12 公众对陕西媒体在宣传"延安精神"中存在问题的认定

单位：人，%

选项	频数	所占比例	排序
联系实际不强	88	30.2	1
报道时效性较弱	83	28.5	2
敏感性不强	74	25.4	3
延安精神内涵宣传不够	67	23.0	4
深度和专题报道欠缺	67	23.0	5
报道频率较少较弱	63	21.6	7

陕西公众对"延安精神"的认知调查分析报告

续表

选项	频数	所占比例	排序
媒体整合度不够	48	16.5	8
议题设置能力较低	15	5.2	
其他	11	3.8	9
合　计	516	177.2	

注：由于本题为多项选择设置，故百分比之和大于100%。

十　对宣传和弘扬"延安精神"的对策和建议

表13　宣传和弘扬"延安精神"的对策和建议

教育方面：
- ◆从学生进行教育
- ◆扩大推广宣传
- ◆加强宣传，教育下一代学习
- ◆全省加大宣传，进行专题讲座
- ◆大学生群体可增加普及
- ◆大学生要认真学习延安精神
- ◆进入小学教育
- ◆教育年轻一代要多学习延安精神
- ◆从孩子抓起宣传爱国主义教育，发扬朴素艰苦精神

宣传方面：
- ◆报道力度加强
- ◆参与学习
- ◆多报道、宣传，多多推广
- ◆多做基层宣传普及
- ◆加大自媒体的传播
- ◆加强媒体整合性
- ◆提高报道频率
- ◆扩大宣传范围
- ◆多开展活动
- ◆践行延安精神
- ◆联系实际、深入实地
- ◆应当多报道
- ◆影视资料推荐宣传
- ◆真实，不走形式
- ◆真正做实处
- ◆利用多媒体，使更多人了解延安精神
- ◆加强社区及基层宣传教育
- ◆可以多拍摄相关的纪录片
- ◆加大宣传力度
- ◆加强媒体宣传，走进社区
- ◆加强社会宣传力度
- ◆坚持完善网络宣传，宣传力度加强
- ◆建议多层次多渠道开展宣传工作
- ◆将延安精神与现阶段社会问题相结合
- ◆理论联系实际，腐败问题突出
- ◆理论联系实际，脚踏实地，从严治党
- ◆联系实际，以喜闻乐见的形式
- ◆新时代下延安精神要与时俱进
- ◆增加宣传频率，可开展专题栏目
- ◆干部要以身作则、做表率
- ◆延安精神不应仅停留在口号上，而应继承实践以及创新
- ◆真正做好实事求是不夸张，不吹牛，不画饼

ND# B.17
2020年陕西公众心态、社会评价调查报告

课题组*

摘　要： 2020年，突如其来的新冠肺炎疫情扰乱了正常的经济社会发展秩序及公众生活。98.7%的受访者对新冠肺炎疫情始终保持高度关注，尤其关注"自己及家人朋友所在地风险"。疫情期间，受访者出现较多的心理反应是"淡定"、"紧张焦虑恐慌"和"敏感"。80.2%的受访者对省委、省政府有关疫情防控举措持满意评价，认为疫情防控工作中存在的问题和困难主要是"部分居民存在心理恐慌"、"群众的不配合"以及"专业知识和专业力量不足"，认为今后疫情防控方面需要重点加强的工作主要是"加强社区防控力量"、"保障医疗物资供应"和"加强防控知识教育"，并对陕西省今后疫情防控常态化工作充满信心。

关键词： 新冠肺炎疫情　心态　社会评价　陕西省

2020年初，一场突如其来的新冠肺炎疫情打破了人们原有的生活秩序，阻断了大家回程的脚步和复工计划。这场新冠肺炎疫情，是新中国成立以来在我国发生的传播速度最快、感染范围最广、防控难度最大的一次重大

---

* 课题组成员：谢雨锋，陕西省社会科学院社会学研究所副研究员，研究方向：社会工作理论与实务、社区社会工作、社会调查方法、质性研究方法。杨晖，西安市社会科学院社会学研究所研究员，研究方向：社区发展与社区治理、妇女社会工作、老年社会工作。

突发公共卫生事件。病毒来势之汹、疫情传播之烈、范围扩散之广、全社会面临的挑战之大，堪称前所未有。正如历史上历次重大传染病给人类带来的反思一样，2020年这场全球公共卫生危机，也给全球化进程、社会治理、经济形态、发展理念、能源和粮食安全、观念习俗等人类诸多领域带来了深刻影响。同样，新冠肺炎疫情给公众的生活、工作和学习带来了影响，影响和改变着公众对生活、工作的态度、生活方式、生活习惯、保健意识和健康的生活等。在此背景下，陕西公众如何理解和认识新冠肺炎疫情？对新冠肺炎疫情持怎样的态度？新冠肺炎疫情期间的心态如何？对省委、省政府的疫情防控举措作何评价？为了解陕西公众如何看待这场新冠肺炎疫情以及对陕西疫情防控举措的评价，我们以"新冠肺炎疫情中陕西公众心态、社会评价"为题对20~70岁公众进行了专题问卷调查。以下报告正是依据本次调查的数据分析完成。

一 对"新冠肺炎疫情"的联想

突如其来的新冠肺炎疫情不仅是新中国成立以来最严重的疫情，也是冷战结束以来最严重的全球公共卫生突发事件，既对世界经济、安全和全球发展态势产生了重大影响，加速国际秩序和人类社会面貌的演变，也给普通民众的日常生活带来很大改变。基于此，在问卷设计和调查访问过程中，我们首先以"提到'新冠肺炎疫情'，您想到的是"为题，对公众进行了开放式提问，经整理、合并后获得如下发现，公众主要从"新冠肺炎疫情"的代表性人物/群体、社会心态、社会影响、疫情防控、中国形象等方面表达了他们对"新冠肺炎疫情"的感受和思考（见表1）。

表1 对"新冠肺炎疫情"的重要信息

心理感受：						
◆恐惧	◆勇气	◆预防	◆可怕	◆什么都做不了	◆淡定	
◆紧张情绪	◆焦虑	◆心理状态	◆怎么治疗	◆速度	◆非常关注	

续表

社会舆论：
- ◆担当责任　◆众志成城　◆祖国强　◆中国必胜　◆一方有难八方支援
- ◆中国力量　◆中国速度　◆支援　◆中国建设　◆中国防控最有力
- ◆全民抗疫　◆全民一心　◆全民重视　◆奋斗一线　◆全国人民团结一致抗击疫情
- ◆大众一心　◆万众一心　◆同心　◆团结　◆社会主义

重要/关键人物：
- ◆抗疫人员　◆抗疫英雄　◆最美逆行者　◆白衣天使　◆党员　◆钟南山
- ◆护士　◆医生　◆李兰娟　◆英雄　◆医护人员　◆剃头护士

社会影响：
- ◆群体免疫　◆社区防控　◆消毒　◆物价上涨　◆灾难　◆牺牲
- ◆餐饮　◆传播　◆打卡　◆反复　◆封城　◆有国才有家
- ◆防疫战　◆严防死守　◆联防联控　◆精准施策　◆居家隔离　◆经济受影响
- ◆少出门　◆不配合　◆武汉封闭　◆武汉抗疫　◆网课　◆提高防疫能力
- ◆戴口罩　◆低死亡　◆封闭　◆隔离　◆国家经济　◆天天有信息
- ◆专业　◆工作　◆注意卫生　◆政策　◆待业在家　◆无经济来源
- ◆防护　◆免疫　◆传染力　◆国家综合能力

防疫物资/建筑：
- ◆口罩　◆疫苗　◆火神山医院　◆雷神山医院　◆技术　◆医疗　◆护目镜

其他：
- ◆中国　◆美国　◆欧洲　◆青岛　◆武汉　◆印度

二 对"新冠肺炎疫情"的关注度

调查显示，整体上，近七成（68.7%）陕西公众对"新冠肺炎疫情"表示"非常关注"，30.0%的受访者表示"比较关注，"二者累加比例高达98.7%，显示出公众对2020年年初这一突如其来的公共卫生事件始终保持高度关注，疫情造成的死亡人数、带来的社会影响、疫情防控举措、疫情传染源以及波及多少个国家和地区等均成为社会舆论关注的焦点。相比之下，对此次新冠肺炎疫情关注度"一般"或"不太关注"的受访者比例分别仅占0.7%、0.6%，无人表示"不关注"新冠肺炎疫情（见图1）。调查进一步发现，当问及"新冠肺炎疫情发生期间，您主要关注哪些信息？"这一问题时，"自己及家人朋友所在地风险"获得了最高的提及率，近八成

（79.3%）受访者选择此项；排第二位是"政府部门应对措施"，近七成（69.0%）受访者选择这项内容；第三、第四位分别是"防控医学常识"和"疫情通报"，提及率分别为51.7%和48.3%。此外，38.0%的受访者表示其主要关注"医院抗击疫情措施"，35.7%的受访者特别关注"权威专家分析"，32.0%的受访者关注"医学机构研究进展"；还有23.7%的受访者表示重点关注"其他省市疫情信息"，剩余21.7%的受访者表示主要关注"交通口岸管制措施"。具体如表2所示。

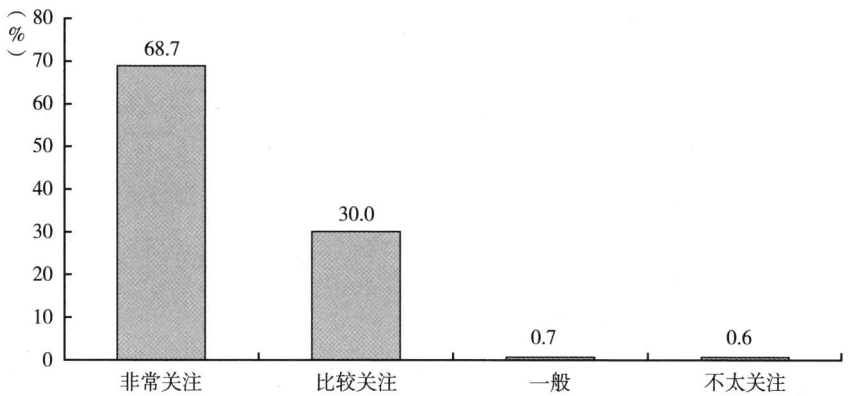

图1 公众对"新冠肺炎疫情"的关注程度

表2 新冠肺炎疫情发生期间群众关注信息

单位：人，%

主要关注的信息	样本量	频率	百分比	排序
自己及家人朋友所在地风险	300	238	79.3	1
政府部门应对措施	300	207	69.0	2
防控医学常识	300	155	51.7	3
疫情通报	300	145	48.3	4
医院抗击疫情措施	300	114	38.0	5
权威专家分析	300	107	35.7	6
医学机构研究进展	300	96	32.0	7
其他省市疫情信息	300	71	23.7	8
交通口岸管制措施	300	65	21.7	9
合计	300	1199	398.4	—

注：此题为可多选，各选项之和大于100.0%。

三 "新冠肺炎疫情"发生期间的公众心理状态

由于新冠病毒引发疫情的突然出现,我们都在应对前所未有的不确定性,以及生活方式的重大变化。有民调结果显示,自从新冠肺炎疫情暴发以来,大多数受访者出现过焦虑情绪加剧以及担心出现心理问题等状况。这从侧面反映出这场前所未有的公共卫生事件让民众苦于应对隔离生活并很容易产生不安情绪、焦虑等心理问题。对于新冠肺炎疫情期间的心理状态,本次调查询问了陕西公众的感受。调查结果显示,"淡定"是多数受访者对自己在新冠肺炎疫情期间心理状态的描述,52.1%的受访者选择此项。问及原因,受访者纷纷表示,疫情暴发后,我们国家坚持人民至上、生命至上,以坚定果敢的勇气和坚忍不拔的决心,同时间赛跑、与病魔较量,迅速打响疫情防控的人民战、总体战、阻击战,用1个多月的时间初步遏制疫情蔓延势头,用2个月左右的时间将本土每日新增病例控制在个位数以内,用3个月左右的时间取得武汉保卫战、湖北保卫战的决定性成果,进而又接连打了几场局部地区聚集性疫情歼灭战,取得了抗击新冠肺炎疫情斗争重大战略成果,创造了人类同疾病斗争史上又一个英勇壮举。有"紧张焦虑恐慌"情绪反应也是公众在新冠肺炎疫情期间出现比较多的心理表现,28.0%的受访者选择此项。表示新冠肺炎疫情期间有"敏感"的受访者占21.3%;表示新冠肺炎疫情期间自己"睡眠不好"的受访者占13.9%;表示新冠肺炎疫情期间自己变得比较"多疑"的受访者占13.5%。此外,新冠肺炎疫情期间,受访者出现的心理反应还包括:"对任何事都提不起兴趣"(6.4%)、"有强迫症"(5.4%)、"烦躁易怒"(5.1%)、"抑郁"(4.4%)、"身体功能紊乱"(4.1%)(见表3)。

表3 疫情期间居民的心理状态/表现

单位:人,%

心理状态/表现	频率	百分比	排序
淡定	155	52.1	1
紧张焦虑恐慌	83	28.0	2

续表

心理状态/表现	频率	百分比	排序
敏感	63	21.3	3
睡眠不好	41	13.9	4
多疑	40	13.5	5
对任何事都提不起兴趣	19	6.4	6
有强迫症	16	5.4	7
烦躁易怒	15	5.1	8
抑郁	13	4.4	9
身体功能紊乱	12	4.1	10
合计	457	154.2	—

注：此题为可多选，各选项之和大于100.0%。

四 新冠肺炎疫情带来的社会影响

调查结果显示，当问及"新冠肺炎疫情发生期间，您担心疫情带来的影响主要有"这一问题时，受访者的回答多元多样。具体来看，担心"被感染"的提及率最高，占66.7%；其次是担心"物价上涨"，51.8%的受访者选择此项；接下来分别有48.2%和41.1%的受访者表示，他们担心"被隔离"和"物资短缺"。除此之外，受访者在新冠肺炎疫情期间担心的事情还包括："收入降低"（33.8%）、"失业风险"（32.1%）、"工作/生意"（28.4%）、"孩子学业"（27.4%）、"家庭关系"（9.0%）。总体来看，新冠肺炎疫情给人们的生产、生活造成了极大的影响，涉及工作、生活各个方面。当然，也有不少受访者表示，这次新冠肺炎疫情也是一次对全民健康生活方式培养的教育，更加让人们清楚勤洗手、戴口罩的重要性，相信受这次新冠肺炎疫情影响，健康卫生的生活习惯必将进一步得到强化和普及（见表4）。

表4 新冠肺炎疫情发生期间，您担心疫情带来的影响

单位：人，%

带来的影响	频率	百分比	排序
被感染	200	66.7	1
物价上涨	155	51.8	2

续表

带来的影响	频率	百分比	排序
被隔离	144	48.2	3
物资短缺	123	41.1	4
收入降低	101	33.8	5
失业风险	96	32.1	6
工作/生意	85	28.4	7
孩子学业	82	27.4	8
家庭关系	27	9.0	9
合　计	1013	338.5	—

注：此题为可多选，各选项之和大于100.0%。

五　对省委、省政府疫情防控举措的评价

2020年初，武汉新冠肺炎疫情暴发后，陕西省委、省政府认真贯彻习近平总书记重要讲话精神，按照中央应对疫情工作领导小组部署，加强疫情形势研判，做好分区分级精准防控，根据陕西省实际调整应急响应级别，并采取多项举措加强一线防控。一是改善社区工作者防护条件，合理配发口罩、防护服等防护用品，安排好就餐、休息场所等生活条件。二是抽调机关事业单位干部职工支援基层，采取轮休等方式使社区工作者得到必要休整，对长时间高负荷工作人员安排强制休息。三是制止多头重复向基层派任务、要表格，力戒形式主义，为基层减负。调查结果显示，对于省委、省政府及相关职能部门的疫情防控举措，受访者总体上给予高度肯定。其中，23.7%的受访者表示"很满意"，56.5%的受访者表示"比较满意"，二者累加比例达80.2%，显示出多数受访者对省委、省政府有关疫情防控举措持满意评价。相比之下，无人对此表示"不满意"，持"不太满意"评价的受访者比例也仅占1.0%，另有17.8%的受访者持"一般"模糊态度（见图2）。用5级量表赋值方法测量并取平均值获得陕西公众的满意度

评价总体得分为 4.04 分（标准差 0.678），处于"一般"和"比较满意"之间偏向"比较满意"的区间。

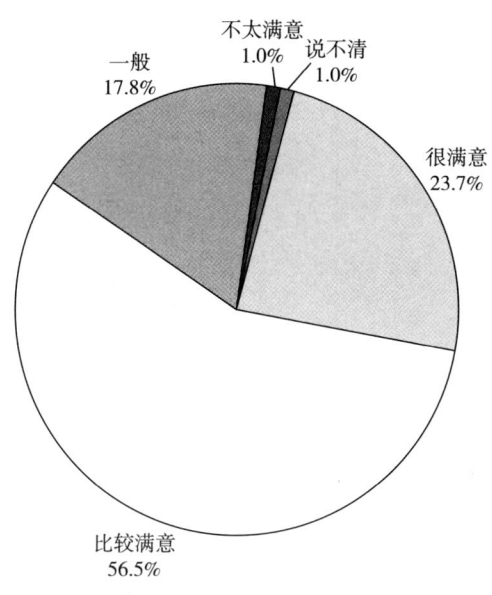

图 2　受访者对省委、省政府及相关职能部门的疫情防控举措的总体评价

具体来看，受访者对"发布疫情信息"的评价最高，高达 94.0%的受访者认为省委、省政府发布疫情信息"非常及时"（63.7%）或"比较及时"（30.3%）；其次是"小区/街道防控"，近九成受访者认为这一措施执行得"非常严格"（51.7%）或"比较严格"（36.3%）。公众认为做得比较好的第三项工作是"预防宣传"，近五成（49.7%）受访者认为相关部门做得"非常好"，35.7%的受访者认为做得"比较好"。除上述事项外，受访者对省委、省政府及相关职能部门具体疫情防控举措评价由高到低的排序依次为："医疗物资供应"（80.0%）、"防控知识教育"（79.7%）、"疫病预防知识宣传"（79.6%）、"交通口岸管制"（79.3%）、"舆论引导"（78.4%）和"部门协调"（72.0%）（见表5）。

表5 对省委、省政府及相关职能部门具体疫情防控举措的评价

单位：%

防控举措	1分	2分	3分	4分	5分
发布疫情信息	0	1.0	5.0	30.3	63.7
医疗物资供应	2.0	2.3	15.7	44.7	35.3
小区/街道防控	1.0	1.0	10.0	36.3	51.7
预防宣传	0	0.9	13.7	35.7	49.7
舆论引导	0.6	0.7	20.3	34.7	43.7
防控知识教育	0.3	1.7	18.3	38.0	41.7
疫病预防知识宣传	0	1.7	18.7	35.3	44.3
部门协调	0	3.3	24.7	39.7	32.3
交通口岸管制	0.7	3.3	16.7	26.7	52.6

六 对疫情防控存在问题、困难的认定

调查结果显示，当问及"在您看来，陕西省在此次疫情防控中还存在哪些问题或困难"时，"部分居民存在心理恐慌"被认定是疫情防控中面临的最大问题和困难，37.7%的受访者选择此项。"群众的不配合"、"专业知识和专业力量不足"和"人员摸排工作存在漏洞"被认为是疫情防控中遇到的第二、第三和第四大困难，提及率分别为36.7%、32.7%和30.0%。认为疫情防控的主要问题是"防控物资不足"的受访者比例占28.0%，认为主要问题是"专业指导力量弱"的受访者比例占25.0%，认为主要问题是"运用信息技术能力不强"的受访者比例占24.0%，认为主要问题是"宣传教育力度不够"和"基层防控工作不平衡"的受访者比例分别占21.3%、20.3%。此外，部分受访者认为疫情防控中存在的问题和困难还包括："基层防疫人员的工作不到位"（16.7%）、"疫情防控措施落实力度不够"（15.3%）和"部门协调难"（15.0%）。具体如表6所示。

表6 受访者对疫情防控问题和困难的认定

单位：人，%

问题和困难	频次	百分比	排序
部分居民存在心理恐慌	113	37.7	1
群众的不配合	110	36.7	2
专业知识和专业力量不足	98	32.7	3
人员摸排工作存在漏洞	90	30.0	4
防控物资不足	84	28.0	5
专业指导力量弱	75	25.0	6
运用信息技术能力不强	72	24.0	7
宣传教育力度不够	64	21.3	8
基层防控工作不平衡	61	20.3	9
基层防疫人员的工作不到位	50	16.7	10
疫情防控措施落实力度不够	46	15.3	11
部门协调难	45	15.0	12
合　计	908	302.7	

注：此题为可多选，各选项之和大于100.0%。

七　对加强疫情防控工作重点的认定

对于陕西省在疫情防控工作方面需要重点加强的工作方面或领域，调查结果显示，"加强社区防控力量"被置于首位，提及率为45.3%，毕竟社区是疫情防控的重要关口和基础，疫情防控中的重要举措就是严格落实防控措施，加强社区源头防控。"保障医疗物资供应"被认定为需重点加强的第二大工作，43.0%的受访者选择此项。排在第三和第四位的分别是"加强防控知识教育"和"做好居民心理疏导"，受访者的提及率分别为41.7%和38.7%。认为今后疫情防控中需重点"加强舆论引导工作"的占30.0%，认为需重点"加强疾病知识宣传"的占29.0%，认为需重点"强化公共卫生法治保障"的占28.0%，认为需重点"改革完善重大疫情防控救治体系"的占28.0%，认为需重点"改革完善疾病预防控制体系"的占28.0%，剩余21.0%的受访者认为应"严惩违法犯罪行为"。具体如表7所示。总体而言,在多数受访者看来,疫情防控是一项系统工作,不仅是一个医疗卫生问题,也是一个社会民生问题。既要调动多方力量,做好联防联控工作,也要做好物资保障、医护人员安全防护,还要做好社会治安防护工作。只有坚持上下一盘棋,统筹兼顾、协调联动,才能打赢这场疫情防控总体战。

表7 受访者对加强疫情防控工作重点的认定

单位:人,%

问题和困难	频次	百分比	排序
加强社区防控力量	136	45.3	1
保障医疗物资供应	129	43.0	2
加强防控知识教育	125	41.7	3
做好居民心理疏导	116	38.7	4
加强舆论引导工作	90	30.0	5
加强疾病知识宣传	87	29.0	6
强化公共卫生法治保障	84	28.0	7
改革完善疾病预防控制体系	84	28.0	8
改革完善重大疫情防控救治体系	84	28.0	9
严惩违法犯罪行为	63	21.0	10
合 计	998	332.7	

注:本题为多项选择设置,故百分比之和大于100%。

八 对陕西省疫情防控常态化工作的信心

在全球疫情不断加速蔓延态势下,疫情防控进入常态化模式,既要巩固前期疫情防控成效,又要推进经济社会发展。调查结果显示,当被问及"您对陕西省今后疫情防控常态化工作的信心程度"这一问题时,42.7%的受访者表示"充满信心",50.7%的受访者表示"较有信心",二者累加比例高达93.4%,显示出公众对省委、省政府在疫情防控常态化背景下扎实有效开展各项工作充满信心。相比之下,表示"有点信心"的只占4.3%,表示"不太有信心"的仅占2.3%。具体如图3所示。

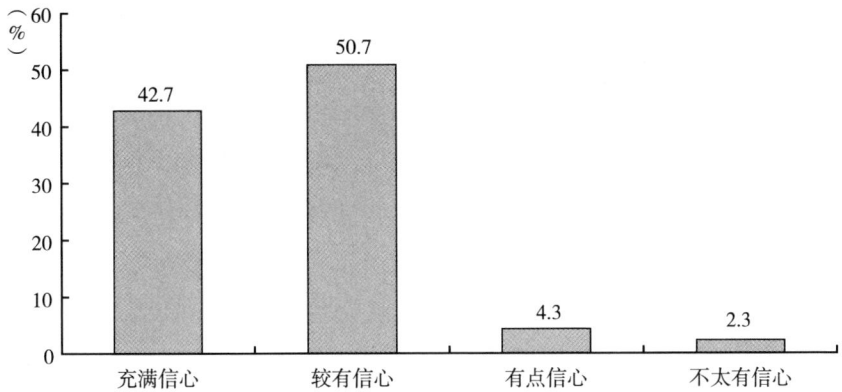

图3 受访者对陕西省今后疫情防控常态化工作的信心程度

B.18
陕西社会工作人才队伍及专业发展评价调查报告

课题组*

摘　要： 随着新冠肺炎疫情的暴发，社会工作专业的重要性进一步凸显出来，其发展也受到中央领导的高度重视。调查显示，逾四成受访社区工作人员认为陕西省专业社会工作整体上发展一般，近四成受访者对当前工作表示"很满意"或"比较满意"。评价分值最低的是"社工人才激励、保障机制"。当前，陕西省专业社会工作的发展状况不容乐观，各方面发展均处于低水平状态，"工资待遇不高"、"工作前景不明朗"、"领导不重视"、"行政化倾向严重"、"专业化程度不高"和"缺乏教育培训"等被认为是社会工作人才队伍建设面临的主要问题。要加强全省社工人才队伍建设，需要加强的主要工作包括："健全社工激励机制"、"完善财政投入机制"、"建立社工教育培训制度"和"加大政府购买社工服务力度"等。

关键词： 社会工作　人才队伍建设　陕西省

---

* 课题组成员：谢雨锋，陕西省社会科学院社会学研究所副研究员，研究方向：社会工作理论与实务、社区社会工作、社会调查方法。刘莹，西北大学哲学学院副教授，研究方向：社会工作教育、社会工作理论与实务、慈善与公益组织管理。杨晖，西安市社会科学院社会学研究所研究员，研究方向：农村社会工作、社会性别与社会治理。王尤，西北大学哲学学院副教授，研究方向：社会工作教育、青少年社会工作、社会调查统计。江波，陕西省社会科学院社会学研究所研究员，研究方向：农村社会工作理论与实务、社会性别与社区发展。

习近平总书记在统筹推进新冠肺炎疫情防控和经济社会发展工作部署会议上指出："要发挥社会工作的专业优势，支持广大社工、义工和志愿者开展心理疏导、情绪支持、保障支持等服务。"这一重要讲话，是对社会工作积极参与疫情防控的充分肯定，也为社会工作在统筹推进疫情防控和经济社会发展中发挥作用指明了方向、提出了要求。党的十九大报告指出，人民群众对美好生活的需要日益广泛，不仅对物质文化生活提出了更高要求，而且在民主、法治、公平、正义、安全、环境等方面的要求日益增长。为了有效回应这些新需要，解决社会新矛盾，党的十九大报告在加强和创新社会治理领域，提出要建立共建共治共享的社会治理格局，并且提出了社会治理的制度建设、提高四化水平和加强四个体系建设。社会工作人才是社会公共服务的重要提供者，是社会保障政策的重要传递者，是和谐社会的重要维护者。社会工作人才队伍建设，是创新社会治理体系和治理能力现代化的重要切入点。加强社会工作人才队伍建设，关系重大，影响深远。那么，陕西省社会工作人才队伍建设的现状如何？当前陕西省社会工作人才队伍建设存在哪些问题？其发展路径怎样？基于此，我们以问卷调查的方式从多个维度、不同面向对此问题进行了专题调查和分析。以下报告即根据此次调查数据而完成。

一 社会工作和社工人才队伍建设基本情况

1. 社会工作行业发展整体评价

自2006年以来，陕西省立足实际，多措并举，积极推进社会工作。在宣传专业社会工作知识、确立和完善政策制度、拓展服务平台和人才队伍建设等方面，均取得了不错的成绩，已初步形成了以政府为主导、社会组织为主体、社会工作者为引领、志愿者为补充的社会工作运行机制。不过，与相邻河南省、四川省和重庆市等省市相比，陕西省专业社会工作的发展步伐还比较缓慢。从本次调查数据来看，逾四成（42.7%）受访社区工作人员认为陕西省专业社会工作整体上发展一般，认为陕西省专业社会工作"发展很快"或"发展较快"的民政、社会组织工作人员及专家/学者的比例不足三成。具体如图1和图2所示。

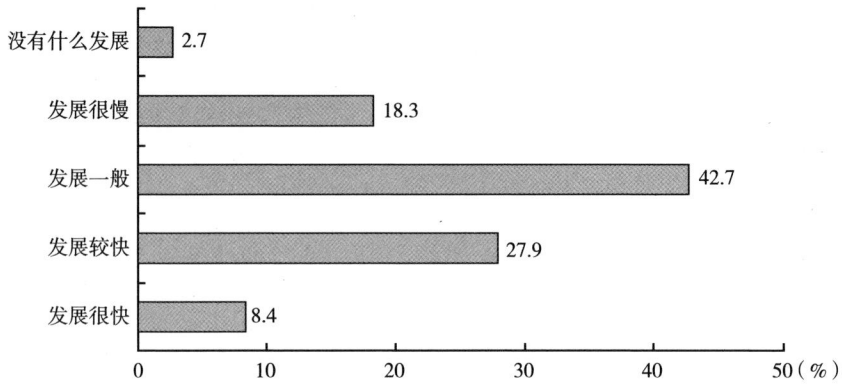

图1　社区工作人员对陕西省专业社会工作发展状况的总体评价

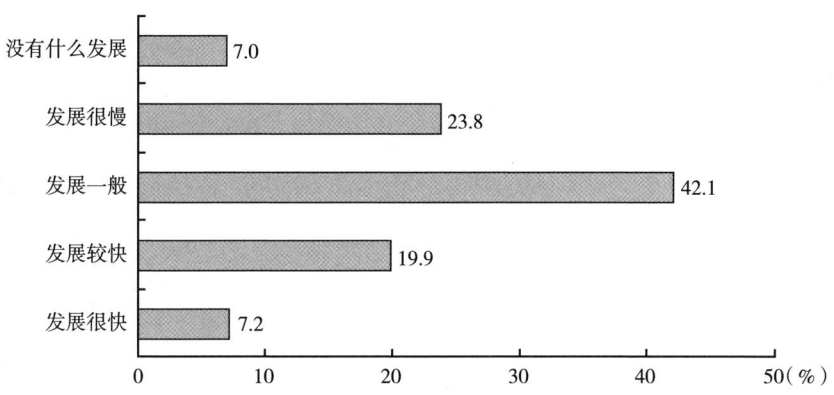

图2　民政工作者/专家学者对陕西省专业社会工作发展状况的总体评价

2. 社会工作人才分布状况

据统计，当前陕西省履行社会工作管理职能和服务职能的社会工作人才约为7000人。从性别分布来看，女性占56.6%，男性占43.4%；从年龄结构上看，中青年群体居多，其中，35岁以下的占43.4%，36～40岁的占24.2%；从学历上看，以大学本科以上学历者居多；从城乡分布状况来看，城市占80.2%；从技术层级看，助理社会工作师占23.3%，中级社会工作师占7.8%，未获取资格证者占68.9%；从服务行业来看，主要在社会福利、社会救助、慈善事业、社区建设、婚姻家庭、精神卫生、教育辅导、职工帮扶、犯罪预防、禁毒戒毒、矫治帮教、人口计生、纠纷调解、应急处置等行业提供社会服务；从服务领域来看，主要分布在三类领域：一是以提供社会服务（管理）为主要职能的部门和单位，以民政系统为代表，包括工会、共青团、妇联等人民团体；二是以提供社会服务（管理）为辅助职能的领域，包括卫生、教育、司法等系统；三是综合性领域，包括街道、社区。

3. 社会工作人才培养状况

陕西省目前共有12所高等院校开设社会工作专业，包括西北大学、陕西师范大学、西北农林科技大学、西安交通大学、西北政法大学、延安大学、西藏民族大学、渭南师范学院、咸阳师范学院、安康学院、榆林学院和交大思源学院，其中西北大学、陕西师范大学、西北农林科技大学、西安交通大学、西北政法大学、西藏民族大学等6所高校具有社会工作专业硕士学位授予权，在校社会工作专业本科、硕士研究生共有约3000人，每年培养毕业生800余人。但由于多种原因，这些社会工作专业毕业生很难留在陕西省从事专业社会工作相关职业。

4. 社会工作类社会组织发展状况

从数量上来看，当前陕西省社会组织名称中含有"社会工作"的社会组织还不太多；从服务对象来看，以社区服务、护老助老和儿童青少年服务居多，分别占25.5%、18.4%和17.4%；从成立年限来看，成立1年以内的社会组织占19.4%；成立2~3年的社会组织占36.7%；成立4~5年的社会组织占26.0%；成立6年以上的社会组织占17.9%；从专职员工拥有人数来看，10人以内的占69.9%；从社会组织评级来看，无等级和2A等级以下的占77.6%。

二 对社区工作和社会工作专业发展的评价

1. 对社区工作的满意度评价

调查显示，当问及"您对当前工作的总体满意度"这一问题时，近四成的受访社区工作人员对当前工作表示"很满意"或"比较满意"；逾两成受访社区工作人员明确表示"不太满意"或"不满意"，另有近四成的人持"一般"模糊态度。用5级量表赋值方法测量，受访者对当前社区工作的总体满意度评价为3.19分（标准差：1.027），属于一般水平。可见，多数社区工作人员对当前工作的满意度略高于"一般"水平。换句话说，社区工作人员对当前工作的不满意情绪较高。分年龄来看，年轻受访者的不满意度最高（见图3）。

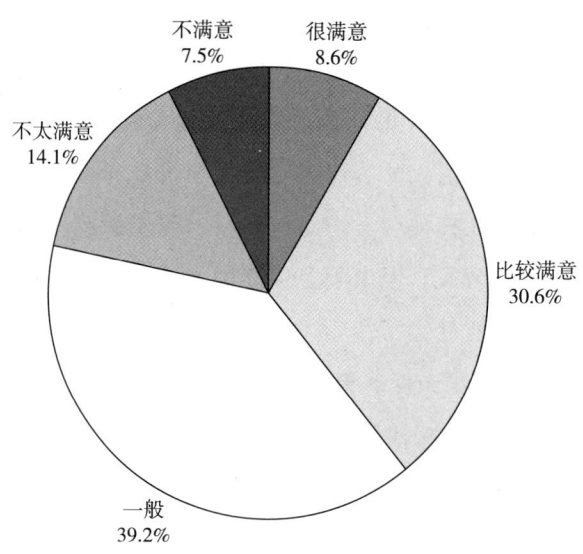

图3 社区工作人员对当前工作的总体满意度

进一步调查发现，当前陕西省社区工作环境的总体满意度评分均值是3.53分（标准差：1.035），处于"一般"和"比较满意"的中间偏上水平。其中，持正面评价（回答"很满意"和"比较满意"）的受访者比例（54.3%）显著高于持负面评价（回答"不满意"和"不太满意"）的受访者比例（12.6%），另有33.1%的受访者持"一般"态度，反映出社区工作者对工作环境比较满意。当前陕西省社区岗位设置的总体满意度评分均值为3.24分（标准差：1.077），处于"一般"和"比较满意"的中间水平。其中，持正面评价（回答"很满意"和"比较满意"）的受访者比例（41.3%）高于持负面评价（回答"不满意"和"不太满意"）的受访者比例（22.1%），另有36.6%的受访者持"一般"态度，反映出社区工作者虽然对岗位设置持较满意评价，但对进一步完善的期待也较高。当前陕西省社区教育培训的总体满意度评分均值是3.11分（标准差：1.083），处于"一般"和"比较满意"的中间偏弱水平。其中，持正面评价（回答"很满意"和"比较满意"）的受访者比例（35.2%）和持负面评价（回答"不满意"和"不太满意"）的受访者比例（26.6%）相差不太大，另有近四成（38.2%）受访者持"一般"态度，反映出社区工作者对教育培训满意度一般，也折射出社区日常开展教育培训不太多，有待加强。当前陕西省社区工作者工资福利的总体满意度评分均值是2.26分（标准差：1.155），处于"一般"和"不太满意"的中间水平。其中，持负面评价（回答"不满意"和"不太满意"）的受访者比例（59.4%）显著高于持正面评价（回答"很满意"和"比较满意"）的受访者比例（14.6%），另有26.0%的受访者持"一般"态度，反映出社区工作者对工资福利待遇意见较大，需引起重视。当前陕西省社区工作部门重视程度的总体满意度评分均值是2.96分（标准差：1.993），处于"一般"偏弱水平。其中，持负面评价（回答"不满意"和"不太满意"）的受访者比例（35.7%）和持正面评价（回答"很满意"和"比较满意"）的受访者比例（30.5%）相差不太大，另有33.8%的受访者持"一般"态度。值得注意的是，该评价指标标准差值比较高，高达1.996，反映出社区工作人员内部对此问题的看法分歧较大，也间接说明对于处于为民服务"最后一公里"的社区工作，有的职能部门比较重视，有些部门并未用心做工作。当前陕西省社会工作专业应用的总体满意度评分均值是 2.98 分（标准差：1.145），处于"一般"偏弱水平。其中，持正面评价（回答"很满意"和"比较满意"）的受访者比例（30.0%）和持负面评价（回答"不满意"和"不太满意"）的受访者比例（29.2）几乎相当，另有40.8%的受访者持"一般"态度。这说明，社区工作者在当前社区工作中运用专业社会工作理念、知识和方法开展为民服务还偏弱。具体如表1所示。

表1 社区工作者对当前各项工作的满意度评价

单位：%

工作内容	很满意	比较满意	一般	不太满意	不满意
工作环境	16.9	37.4	33.1	6.8	5.8
岗位设置	12.2	29.1	36.6	15.0	7.1
教育培训	10.5	24.7	38.2	18.3	8.3
工资福利	4.4	10.2	26.0	26.0	33.4
部门重视	10.0	20.5	33.8	18.5	17.2
专业应用	10.6	19.4	40.8	15.8	13.4

2. 对陕西省近年来专业社会工作发展状况的评价

为了解社区工作人员对陕西省专业社会工作各方面发展状况的评价，我们设计了10项社区工作者最关心、最直接、最现实的问题作为评价指标，请受访者回答。调查结果如表2、表3所示。调查结果显示，对于陕西专业社会工作的发展现状，受访社区工作人员的评价均不太高，所有评价指标平均得分均在"3分"以下，为"不及格"水平。其中，平均得分最低的是"社工人才激励、保障机制"，为2.54分（标准差：1.092），近半数（49.7%）受访社区工作人员认为"不太完善"（29.9%）或"不完善"（19.8%）。认为"非常完善"（4.3%）或"比较完善"（14.5%）的受访者比例还不到两成。平均分值较低的还包括："专业社工服务机构数量"、"政府重视程度"、"专业化、职业化水平"、"宣传倡导力度"和"社会工作岗位设置"，平均分值依次为：2.70分、2.72分、2.72分、2.74分和

2.78分。这些既是反映专业社会工作发展的重要表征,也是评价一个地区专业社会工作发展程度的重要指标。受访者对上述指标均给予较低评价从侧面说明了陕西省上述工作距社会需求和社区工作者的期待尚有较大距离。尤其是"政府重视程度",逾四成(44.8%)的受访社区工作人员认为相关职能部门对专业社会工作发展"不太重视"(26.7%)或"不重视"(18.1%),认为"非常重视"(7.9%)或"比较重视"(18.5%)的人占比不到三成(26.4%)。相比之下,"社工人才注册、登记管理"(2.90分)、"专业服务能力"(2.86分)、"社工人才队伍建设政策"(2.82分)和"社工知识教育/培训"(2.80分)等方面的平均得分尽管也在"3分"以下,但在所有测量指标排序中居前四位,折射出陕西省在上述领域开展了不少工作,其发展成就得到了社区工作人员一定程度的肯定。值得注意的是,上述所有评价指标标准差的值均较高,反映出受访社区工作人员内部对它们的看法存在一定差异。总体而言,在社区工作人员来看,陕西省专业社会工作的发展状况不容乐观,各方面发展均处于低水平状态。

表2 社区工作人员对陕西省专业社会工作发展具体方面的评价

单位:人,分

发展表现	频次	平均值	标准差	排序
社工人才注册、登记管理	362	2.90	1.030	1
专业服务能力	361	2.86	1.037	2
社工人才队伍建设政策	361	2.82	1.053	3
社工知识教育/培训	362	2.80	1.013	4
社会工作岗位设置	361	2.78	1.063	5
宣传倡导力度	361	2.74	1.073	6
专业化、职业化水平	362	2.72	1.046	7
政府重视程度	362	2.72	1.189	8
专业社工服务机构数量	362	2.70	1.055	9
社工人才激励、保障机制	360	2.54	1.092	10

表3 社区工作人员对陕西省专业社会工作发展具体方面的评价

单位：%

发展表现	5	4	3	2	1
社工人才队伍建设政策	5.6	19.4	38.1	25.2	11.7
社会工作岗位设置	5.8	17.7	37.8	26.0	12.6
社工人才激励、保障机制	4.3	14.5	31.6	29.9	19.8
专业化、职业化水平	5.3	16.1	36.5	29.6	12.5
社工人才注册、登记管理	6.6	19.2	41.2	23.5	9.5
专业社工服务机构数量	4.8	17.1	35.5	28.8	14.0
宣传倡导力度	6.0	17.8	32.8	31.2	12.2
社工知识教育/培训	6.1	16.5	36.8	32.2	8.4
专业服务能力	6.2	19.7	38.1	26.4	9.6
政府重视程度	7.9	18.5	28.8	26.7	18.1

三 当前陕西省社会工作人才队伍建设存在的问题

尽管全省社会工作人才队伍初具规模，在提高社会服务水平、解决居民困难、化解社会矛盾等方面的作用也日益凸显。但总体看，我省社会工作人才队伍发展仍然比较滞后。调查结果显示，当问及"您认为当前陕西省社会工作者队伍建设存在的主要问题或困难"这一问题时，受访社区工作人员认为问题是多方面的。具体来看，社区工作人员"工资待遇不高"被认为是最突出的问题，提及率高达71.3%，远高于其他选项。其次，受访者认为陕西省社会工作人才队伍建设存在的主要问题还包括："工作前景不明朗"、"领导不重视"、"行政化倾向严重"、"专业化程度不高"和"缺乏教育培训"，提及率分别为：44.9%、32.8%、30.8%、29.8%、29.0%。另有不少受访者认为，"岗位设置错位"、"专业素养不足"、"结构不合理"和"专业能力较弱"等问题也不容忽视，提及率分别为17.3%、15.8%、12.5%、10.4%。具体如表4所示。

表4 社区工作人员对当前陕西省社区工作者队伍建设存在问题的认定

单位：人，%

问题或困难	频次	百分比	排序
工资待遇不高	769	71.3	1
工作前景不明朗	484	44.9	2
领导不重视	354	32.8	3
行政化倾向严重	332	30.8	4
专业化程度不高	322	29.8	5
缺乏教育培训	313	29.0	6
岗位设置错位	187	17.3	7
专业素养不足	170	15.8	8
结构不合理	135	12.5	9
专业能力较弱	112	10.4	10
合计	3178	294.6	

注：由于本题为多项选择设置，故百分比之和大于100%。

结合调查中的小组座谈和深度访谈资料综合来看，尽管陕西省社会工作人才队伍建设近年来取得了长足发展，但与推进全省经济社会双转型以及人民对美好生活的向往等相比，还在"人才存量、素质能力、结构布局、后续发展"等四个方面存在不适应问题。

1. 人才存量不适应

根据发达国家及我国港台地区社会工作专业发展的经验，专业社会工作者的人数配置比例应占人口总数的千分之二到千分之五。按照陕西省2012年出台的《关于加强社会工作专业人才队伍建设的实施意见》每千人口中需拥有2名专业社会工作者的要求，陕西省目前的专业社会工作者人才缺口还比较大，陕西省社会工作人才总量不足，不能满足经济发展和社会建设的需要。以城市社区为例，城市社区一般只有2~4人，不仅承担着计划生育、低保、人民调解、社区矫治、居民服务、环境卫生等琐碎工作，而且身兼多项社会事务；在教育领域，陕西省现有中小学校没有专业的学校社会工作者、心理疏导、心理咨询教师，相关工作都只能由工作繁忙的班主任兼任；

在残障康复方面，全省各类残疾人数量众多，从事残障康复、心理疏导等工作的专业人员数量还不太多；在妇女儿童服务领域，缺少维权、纠纷调解等专业人才；卫生系统由于缺少专业的社会工作人员，医患纠纷等得不到及时合理的处理，致使矛盾激化。相比之下，截至2017年底，杭州市持有社会工作者职业水平证书的社区工作者比例已达到53.9%；重庆市近年来通过实施"万名社工专才培养计划"，加大社会工作专业人才培养和社会工作专业岗位开发力度，已建成4.4万人的社会工作专业人才队伍；四川省提出，到2020年，全省社会工作专业人才总量由1.9万人增加到5.5万人，每个城乡社区至少配备1名社区社会工作者。

2. 专业素质、实务能力不适应

自2012年以来，陕西省虽已招聘了许多社区专职工作人员，且都有大专以上学历，多数已通过社会工作职业资格水平考试，但他们绝大部分是半路出家，未经过社会工作专业正规教育和培训，对社会工作这一新兴专业了解不多，学习不深。加之，他们通过资格考试后接受社会工作专业学习、培训的机会有限，专业化实践平台缺乏，造成他们实践不足，不具备较强实用性与应用性的专业素养。日常行政工作尚能应付，但不能灵活运用社会工作专业手法提供个性化、多样化、系统化的社会服务工作，无法有效应对解决新的、复杂的社会问题。

3. 结构布局不适应

从分布领域来看，分布在党政机关、事业单位、社会组织、社区等领域，且主要集中在社区。从人才结构来看，性别分布，女性较男性多；年龄构成，以中青年工作者居多；城乡分布，城市占优，在人口众多、地域广阔的农村，社会工作专业人才极少。可见，陕西省社会工作人才结构布局不尽合理，不均衡现象十分突出。

4. 专业培养体系不适应

目前，虽然陕西省有多所高等院校开设社会工作专业，但存在师资力量整体水平不高、专业教师缺乏、配套教材不足、专业教育层次较低、督导机制薄弱、实验室和实习基地不够健全以及学生就业意愿不强等问题，使得社会工作教育在陕西省专业社会工作发展中的角色不突出；社工专业毕业的学生从事本专业的不足30%，多数学生毕业即转行，真正从事社会工作职业的大学生非常少，这种错位成为社会工作人才专业素养不高的另一个重要原因。此外，缺少有针对性、专业性的社会工作人才培训基地和实践基地。这些都使得队伍建设后续支撑严重不足。

产生上述问题的主要原因如下。

1. 一些领导干部思想上认识不足，行动上落实不到位

当前，社会各界对社会工作专业的认知度还不太高。许多地方领导、部门领导、基层干部甚至不少社区工作人员普遍对社会工作知之甚少。特别是对其专业性了解不够，对它在创新社区治理和社会建设中的功能、作用认识不足。许多人或把本职工作以外的社会活动统称为"社会工作"；或把社工师同义工、心理咨询师和志愿者混为一谈；或简单等同于处理生活琐事纠纷的居委会"大妈""大爷"等，忽视了它的专业性。尽管陕西省委、省政府多次下文，要求各地以建立"四社联动"服务机制为契机，加强社会工作专业人才队伍建设，提升社会服务能力，但一些地方、部门和领导不能正确认识发展专业社会工作在社会治理创新中的重要意义，没有将社会工作专业理念、方法和技术引入工作中；多数地市和部门由于缺乏强有力的政策法规和制度保障，从而无法发挥社会工作专业力量在社会服务工作中的积极作用；不少干部观念陈旧，创新意识不强，工作主动性不够，使得陕西省在落实中央文件精神时，往往是务虚的内容落实多，"碰硬"的内容落实少。调查显示，"领导不重视"和"部门不重视"已构成了影响陕西省社工专业人才队伍建设的关键阻力。

2. 管理体制不顺，运行机制不畅

由于社会工作人才队伍建设具有跨部门、跨行业、跨领域、跨所有制的特点，需要方方面面力量的参与，因此，只有建立全省统一的协调、管理机制，才能推进全省社会工作专业人才队伍又快又好发展。但现实情况是，陕西省专业社工人才队伍建设综合协调不够，管理力量薄弱，呈现"九龙治水"、碎片化的混乱局面。这主要由于一方面陕西省尚未将专业社会工作人

才建设纳入全省人才强省战略总体规划，没有赋予专业社会工作明晰、准确的职业定位和标准。由此导致专业社会工作人才培养的政策环境较为脆弱，社区专职工作人员队伍不稳定、专业服务能力不高，社会工作类社会组织数量不多，政府购买社会工作专业服务还没有常态化，社会工作岗位设置落实不到位、"四社联动"服务质量和水平均有待提高等问题；另一方面，陕西省缺乏专业社会工作发展协调、管理机构，导致省级层面社会工作协调机制、运行机制薄弱，社会工作专业发展基本上处于各部门、各地区各自为政，缺乏协作的局面，尚未形成共识和发挥整体合力。

3. 政府财政投入不足，购买服务力度不大

目前，陕西省政府购买社会工作服务主要来源于中央财政项目和福彩项目，其数量和规模都非常有限，被纳入财政预算的政府购买社会工作专业服务还没有常态化，多元化的投入机制也待建立。这根本无法为专业社会工作人才队伍建设提供财力保障，导致社会工作人才开发、培训相对不足，在岗从业人员很难走出去参加继续教育、培训或学习其他地区的先进经验，一些进入社区或福利机构工作的大学毕业生，也因没有编制、待遇偏低、作用得不到有效发挥而不能安心工作。

4. 激励缺乏弹性，保障机制不健全

一是收入待遇低。据统计，目前陕西省专职社工人才平均工资水平约为3000元，这与社会工作的重要性和他们付出的劳动不成比例，也远低于其他行业收入平均水平。微薄的收入待遇成为吸纳优秀社会工作人才的重要障碍。二是上升通道少，晋升空间小。根据规定，社区专职工作人员只有通过社区党支部和居委会换届选举成为"两委会"委员，没有其他职务晋升机会。而社区"两委会"换届选举三年才举行一次，又受到复杂因素影响。因此，社区专职工作人员晋升途径单一，职业发展前景黯淡，造成工作机制缺乏活力，工作队伍不稳定。三是缺乏专业督导支持。目前，社区工作人员在工作中被琐碎行政事务缠身，缺乏专业督导支持，不能向专业社会工作者转型，专业晋升空间受阻。这与陕西省2012年《陕西省关于加强社会工作专业人才队伍建设的实施意见》对社会工作专业人才的专业实践要求相去

甚远，不仅严重影响了他们的工作积极性和对专业的认同感，也制约着陕西省社会工作专业人才队伍的职业化、专业化进程。

5. 保障体系不健全，行业监管薄弱

当前，由于陕西省尚未形成系统、全面的有利于社会工作专业人才成长发展的政策、制度保障体系，所以，有关社会工作专业人才引进、教育培养、岗位设置、人员配备、考核评价等方面的规章制度，以及登记注册、信息披露、专业督导、服务评估、行业自律、继续教育、违纪处罚、职业道德规范等行业管理配套制度，均尚未建立。这距国家对社会工作发展的要求还存在较大差距，也使陕西省社会工作专业人才队伍建设"无据可依、无章可循"，不能有效指导社会工作人才队伍建设过程中出现的诸多新问题、新挑战，政府、行业协会和专业社工机构等多元社会力量的发展协作机制也还未正式建立。

四 加强陕西省社会工作人才队伍建设的对策和建议

对于加强陕西社会工作人才队伍建设需要重点做好的工作的认定，调查结果显示，"健全社工激励机制"被受访者排在首位，提及率为52.6%，远高于其他选项。其次，许多受访者认为"完善财政投入机制"、"建立社工教育培训制度"和"加大政府购买社工服务力度"等工作更重要，认为这些举措能为陕西省人才队伍建设构建一个良好的政策环境和制度环境，提及率分别为29.2%、26.7%、26.4%。相比之下，部分受访者倾向于"实行社工专业岗位资格聘任制度"（24.6%）、"设置和开发社工岗位"（22.6%）、"推行社工职业水平考试制度"（22.1%）和"引导社会资金投入社会工作"（21.7%）。另有不少受访者认为，"拓展财政投入机制"、"实行社工执业登记注册制度"、"培育社工类社会组织"和"实行社工人才绩效考核评估制度"等工作也比较重要，提及率依次为18.5%、18.0%、16.6%和16.5%。具体如表5所示。

表5 社区工作人员对加快陕西省社会工作人才队伍建设的意见和建议

单位：人，%

意见和建议	频次	百分比	排序
健全社工激励机制	566	52.6	1
完善财政投入机制	314	29.2	2
建立社工教育培训制度	287	26.7	3
加大政府购买社工服务力度	284	26.4	4
实行社工专业岗位资格聘任制度	265	24.6	5
设置和开发社工岗位	243	22.6	6
推行社工职业水平考试制度	238	22.1	7
引导社会资金投入社会工作	233	21.7	8
拓展财政投入机制	199	18.5	9
实行社工执业登记注册制度	194	18.0	10
培育社工类社会组织	179	16.6	11
实行社工人才绩效考核评估制度	178	16.5	12
合　计	3180	295.5	

注：由于本题为多项选择设置，故百分比之和大于100%。

结合访谈资料，针对加强陕西省社会工作人才队伍建设提出如下对策和建议。

1. 加强组织领导，完善工作机制

社会工作人才队伍是整个人才队伍的重要组成部分。各级党委、政府要把加强社会工作人才队伍建设切实摆上重要议事日程，列入人才队伍建设的总体规划和党政领导工作目标责任制考核的重要内容，科学谋划，积极推进。要将社会工作专业人才纳入全省人才工作体系筹推进，成立全省社会工作人才队伍建设领导小组，建立跨部门的工作协同机制。领导小组办公室设在省民政厅。在领导小组统筹协调下，陕西省民政厅具体落实，根据各部门各司其职、密切配合、社会力量广泛参与的要求，建立社会工作人才队伍建设联席会议制度，实现对社会工作人才队伍的统一领导、统一规划、统一部署、整合资源、形成合力，最终形成领导小组牵头抓总、民政部门具体负责、其他相关部门相互协作的统筹发展格局。

2. 加强宣传倡导，营造良好氛围

社会工作人才队伍建设是人才工作的一个全新领域，必须把宣传倡导置于重要位置。要充分利用报纸、电视、广播、杂志、网络等新闻媒体，深入宣传社会工作人才队伍建设的重大意义、社会工作人才在推动陕西省经济社会发展中的贡献和作用。要利用"国际社工日"和"国际志愿者日"开展主题宣传活动，组织媒体宣传社会工作人才建设中的典型经验、示范做法、典型案例等；在社区工作中，专题培训加大社会工作课程的比重，鼓励基层运用社会工作方法开展社区治理；通过策划系列报道、组织专题讨论等方式，广泛宣传社会工作专业人才队伍建设，使社会工作人才服务社会发展的理念深入人心；通过到港澳台、发达地区学习考察先进经验，以及社工督导到陕西省讲课、实务示范等方式，建立常态化对外学习交流机制。

3. 建立健全社会工作专业培训制度，加强能力建设

借鉴杭州存量提升的社会工作人才队伍建设模式，以社区为中心，加大对在岗社区工作者的社会工作专业培训力度，提升社区工作者的专业服务能力。依托省社会工作协会和各个高校的培训资源，对涉及社会治理和公共服务工作的党政部门、群团组织、相关事业单位、部分执法部门的干部特别是领导干部，有针对性地进行社会工作基础理论、专业知识和方法技能培训。定期对取得职业资格证书的社会工作者开展政策法规、职业伦理、专业理论和实务技能的培训，提高专业技能与综合素质。中级每年接受累计不少于90小时的专业教育和培训，初级每年不少于60小时。对城乡基层居民自治组织、社区服务组织、公益服务类事业单位、公益慈善类社会组织、基层社会服务部门直接从事社会服务的人员进行社会工作专业知识培训，切实提高其职业素质和专业水平。实施"社会工作人才'种子计划'"，培养本土社会工作督导人才。实施高层次社会工作专业人才培养工程，培养一批高层次社会工作专业人才，发挥他们在社会工作专业教育、研究与督导等方面的重要作用。

4. 健全"三个制度"，建立保障体系

即加快建立健全社会工作专业人才评价、使用与激励保障制度。一是完

善社会工作人才评价体系。委托省社工协会为社会工作者职业水平登记管理机构，建立以社会工作职业规范体系、登记注册管理制度、职级职称管理制度、行业自律评价制度为框架的社会工作者职业能力评价制度和准入制度，推动陕西省社会工作人才职业化发展。二是开发、设置社会工作岗位。加大群团组织、事业单位、社区、民办社会服务组织社会工作岗位的开发力度，加快在城乡社区、老年人福利院、儿童福利院、精神康复中心、社会救助管理站、司法矫正机构、学校、医院以及工会、妇女儿童机构中明确和增设社会工作岗位，配备使用社会工作专业人才，建立社会工作服务平台。三是完善激励和保障机制。提高社会工作者工资待遇，建立薪酬待遇增长机制，以在岗职工平均工资为标准，建立工资待遇动态调整机制；每年开展一次陕西省优秀社会工作人才队伍建设先进集体、先进个人的评选表彰活动；完善激励机制，将社会工作人才纳入基层服务人员序列，在公务员和事业单位考试中予以优先使用，增强社工专业的吸引力。

5. 强化财政资金投入，加大购买服务力度

各级党委、政府和各有关部门要将购买社会工作服务资金纳入财政预算，拓宽购买社会工作服务的领域和范围，加大政府购买社会工作综合服务和专业服务力度；可设立专项资金，根据社会发展需求，参考全省GDP增长情况，逐步提高社会工作经费的投入比例；省财政按标准安排社会工作人才发展专项资金，建立专项投资扶持政策，对带有公益性、福利性甚至是纯社会公益性、福利性的项目，采取专项投资的政策予以扶持；建立和完善政府购买社会服务的机制，在现有财政预算项目中，增设购买社会服务的项目，通过项目发包等方式，吸引社会组织机构通过公平竞争取得政府委托的社会管理和公共服务项目，并在税费等方面给予优惠或暂免征收，以此来催生和促进民办社会工作服务机构的发展；鼓励各部门通过提供免费场地、给予场地租金补贴等方式，支持社会工作专业服务项目开展；试点在街道、乡镇成立社区发展基金，为社会工作的持续发展提供资金支持。

区域篇
Regional Reports

B.19 西安城市精神研究报告

张燕玲*

摘　要： 培育西安城市精神，是坚定文化自信、坚持社会主义核心价值观的重要内容。本报告提出以"西迁西拓，务实务新"为主要内容的新时代西安城市精神，对于塑造西安城市新形象、培育文化软实力、凝聚社会力量、为振兴大西安提供强大精神动力，具有重要意义。培育与实践新时代西安城市精神，要提高对弘扬以"西迁精神"为核心的西安城市精神重要性的认识，加强党委、政府的组织和导向作用，要完善相关制度保障体系，大力营造宣传实践的氛围。

关键词： 城市精神　"西迁精神"　西安市

---

* 张燕玲，陕西省社会科学院政治与法律研究所助理研究员，研究方向：政治学。

2021年西安第十四届全运会已经进入倒计时。如何以展示、弘扬和光大西安全运精神为起点，努力培育和塑造西安城市精神，是摆在西安市民面前的一个重要课题。培育西安城市精神，是坚定文化自信、坚持社会主义核心价值观的重要内容。西安要实现建设国家中心城市的奋斗目标，谱写新时代追赶超越的新篇章，就要在实践中不断开拓创新，以城市精神凝聚人心，为改革发展营造团结奋进、昂扬进取的良好舆论氛围，提供强大的精神动力和思想保证，带动西安新一轮大发展。

一 对提炼充实新时代西安城市精神的再思考

城市精神是城市的灵魂，是城市历史文化的核心，是一个城市通过历史积淀而形成的精神品格，是一个城市在现代生活中形成的价值体系[1]。城市精神也是一个城市综合竞争力的重要体现，是城市获得超越发展的必要条件。城市精神不是从观念到观念的过程，而是一种实践活动，在人民群众的日常生活中产生、发展并实现，是城市精神长盛不衰的源泉[2]。

（一）西安城市精神的基本内涵

西安城市精神的本质应该是民族精神和时代精神在西安的个性化反映，是西安本土文化中最生动最深刻的总结，是社会主义核心价值观在西安的生动实践，体现西安市民群众的时代风貌，展示西安的时代特性。

其基础应是深厚的历史文化底蕴。在西安城市漫长的历史中逐步形成并不断发展，本地历史文化传统的传承，同时又应展示现实发展的要求，并能引领西安走向未来。

其内核是市民的情感认同。应成为全体市民团结奋进的一种导向号召、

---

[1] 刘从政、王苹主编《成都城市精神研究》，四川人民出版社，2006，第5页。
[2] 吴达慧：《政治传播学视野下的城市精神传播策略研究》，广西大学硕士学位论文，2013。

动力源泉,能体现出市民文明素养、理想信念、认识积累、审美情趣、礼仪规范、价值追求。

(二)提炼形成西安城市精神具备良好基础

西安城市精神的提炼始于2003年。这十几年间,按照西安市委的统一安排,先后于2003年、2008年、2012年分三个阶段开展这项工作。第一阶段,2003年7月至2004年12月,首次提炼西安精神。按照体现"综合性的西安城市精神"和"西安人精神"两个方面的要求,形成了16字西安精神,即承古开新、开放包容、勤奋进取、文明诚信。其具体化的表述是:承古开新的境界,开放包容的胸怀;勤奋进取的精神,文明诚信的风范。第二阶段,2008年10月至2009年6月,第二次提炼西安精神。在原有概括基础上,突出了感染力、号召力等方面的要求,明确"华夏故都,山水之城"为西安的城市宣传语,并以此作为对外推广宣传西安的新口号。第三阶段,2012年6~7月,第三次提炼西安精神。市属媒体公开征集了市民群众对5条候选"西安精神"表述语的意见建议。但由于各种原因,当时"西安精神"未取得共识。

不同阶段的培育活动,提高了市民素质,振奋了精神,也为进一步概括提炼西安城市精神、培育弘扬西安城市精神打下了很好的基础。进入新时代,西安市于2017年重启了城市精神的提炼工作。在总结梳理以往成果的基础上,在专家学者座谈研究、反复论证的基础上,对于西安城市精神的内涵、西安城市精神的基本原则以及西安城市精神表述语等方面,形成了许多有益成果,对西安城市精神的认识起到了深化和催化作用。

(三)新时代西安城市精神具体表述语的提炼和阐释

"西安城市精神"应该具有如下含义:它是在西安生长、实践的精神,是西安人民在长期的生产劳动过程中逐渐形成的具有稳定性的精神文化,是反映西安承古纳新、追赶超越的内在动力,是在这块土地上的人们奋发有为、不断进取的精神源泉。西安城市精神的形成是社会主义核心价值观在西安的鲜明体现,是中国特色社会主义先进文化在西安的具体体现,反映了西安人民对党的忠诚,对祖国的热爱,对中国特色社会主义的坚定。不分户籍、祖籍,只要在西安这块土地上生活、工作、学习的人,都是西安城市精神的创造者、承载者和实践者。根据以上认识,提出将新时代西安城市精神的表述语提炼为:

"西迁西拓,务实务新"。

"西迁西拓"内含西安鲜明的地域特征和以"西迁精神"、丝路精神为代表的城市精神的核心要素,反映了西安城市精神的本质特征。西迁是迎进来的精神,西拓是走出去的精神,两者结合体现了西安自周秦汉唐起革故鼎新的精神气度,以及建设丝绸之路经济带新起点,实现追赶超越的开创开拓精神。"务实务新"内含坚持一切从实际出发,脚踏实地、务实进取,追求开拓创新、改革创新的时代精神,是对当代西安人不畏艰难险阻、取得新业绩、开创新局面的精神面貌的生动写照。"西迁西拓,务实务新"的西安城市精神,不是泛指,不是标签,而是复杂的、多元的,是普遍精神与许多具体精神有机结合形成的精神系统。它至少包含以下几个层面:

——以"胸怀大局、无私奉献、弘扬传统、艰苦创业"为主要内容的"西迁精神",无疑是西安城市精神中最亮的精神;

——以"和平合作、开放包容、互学互鉴、互利共赢"为核心的丝路精神;

——以"厚德务实、诚实信义、恪守商道、守法守规、艰苦奋斗、自强不息、开拓进取、创新创优、大气包容、开明开放、爱国爱党、回报社会"为主要内容的新时代西商精神;

——以重工业和军工业为代表的科技强国、人才兴国的实业精神;

——以现代知识分子为代表的精益求精、锲而不舍的工匠精神;

——以新时代人民公仆为代表的敢于担当、敢为人先的西安铁军精神;

——等等。

提出西安城市精神的表述,基于以下考量:一是与西安城市的基本特质相吻合,兼顾历史的维度、现实的维度、面向未来的维度;二是能反映西安人的文化性格和文化精神,这种精神既具有开放性,又具有包容性,既不忘未来，又吸收外来、面向未来；三是突出体现新时代赋予西安的新使命新任务，那就是建设国家中心城市的发展定位，以深度融入"一带一路"建设为统领，打造具有历史文化特色和亚欧合作交流的国际化大都市。新时代赋予西安"走出去、引进来"的新城市特征，体现了当代西安人的价值追求和精神面貌，也是对西安城市精神中传统优秀品格的继承和弘扬。

（四）培育弘扬新时代西安城市精神对于助力西安追赶超越具有重要价值

实现追赶超越，是一个全面的指标体系。除了经济质量和效益的提升，还应在提升文化特性、打造文化自信、塑造城市风貌上有跨越式的提高。当前，在西安全面建成小康社会、奋力实现追赶超越的新的历史时期，全市上下正在奋力谱写西安新时代追赶超越新篇章，及时地将西安的城市精神表述出来，将文化力量转化为精神动力，对于塑造城市新形象、培育文化软实力、凝聚社会力量、为振兴大西安提供强大精神动力，具有重要意义。

第一，有助于增强文化自信。党的十八大以来，习近平总书记多次提到文化自信的重要性，指出"文化自信，是更基础、更广泛、更深厚的自信"。就西安而言，以高度的文化自信建设文化西安、品质西安，就是要让文化成为西安强大的精神内核，催化裂变，助力赶超。面临大机遇大发展的西安，需要亮出城市精神的底牌，以城市精神推动发展大文化，以文化自信重塑城市形象，打造精神地标，增添腾飞之翼[1]。可以说，城市精神对于滋养文化自信，增强文化认同，激发市民的归属感、自豪感和使命感，具有不可替代的重要作用。

第二，有助于提升城市竞争力。同为国家中心城市，西安与各个城市之间的竞争不仅存在，而且更加激烈。这种竞争，既表现为涵盖城市基础配套、公共服务、营商环境、对外开放、生态环境等诸多要素在内的全方位的开放式竞争，也体现为以文化为主题的内涵式竞争。当前，城市竞争已经进

---

[1] 吴达慧：《政治传播学视野下的城市精神传播策略研究》，广西大学硕士学位论文，2013。

入以文化竞争为特征的更高阶段。国内市场竞争日益表现为城市之间的竞争，国际市场竞争也需要大大提升城市形象。为了在资源、资本、环境、政策竞争之外进行形象角逐，一些明确意识到城市精神足以标志城市形象的城市，陆续扬起城市精神的旗帜。国内先行提出城市精神的城市正是这样做的。比如，上海的城市精神是"海纳百川，追求卓越"、重庆的城市精神是"登高涉远，负重自强"、成都的城市精神是"和谐包容、智慧诚信、务实创新"等。西安要建设具有历史文化特色和亚欧合作交流的国际化大都市，要在与国内同等中心城市的竞争中多争取发展机会，就必须注重培育弘扬具有鲜明特色的城市精神，在新一轮竞争中取得突破性发展。

第三，有助于彰显西安城市特色。城市特色就是城市的比较优势，是独有且不可复制的。不容忽视的是，国内许多城市大同小异，造成丧失个性特色、风格而"千篇一面"。因此，在进行大规模城市改造和现代化城市建设中，如何把握好提升城市特色与加快城市现代化之间的均衡关系成了一道难题。西安要想避免与其他城市雷同化发展，就必须对城市发展道路做出正确选择，张扬城市个性，提高文化品位，增强人文魅力，把潜在的分散的各种人文精神提炼成统一的城市精神，转化为促进西安追赶超越的巨大优势和不竭推动力，以西安独有的城市精神立于城市之林。

二 培育和实践新时代西安城市精神的核心："西迁精神"

2020年4月，习近平总书记来陕视察，明确指出："'西迁精神'的核心是爱国主义，精髓是听党指挥跟党走，与党和国家、与民族和人民同呼吸、共命运，具有深刻现实意义和历史意义。"从2017年岁末到2018年元旦，再到2020年4月，习近平总书记多次为"西迁精神"点赞，启发西安的发展要通过精神内核的驱动，抓住时代机遇，实现追赶超越。这个精神内核就是"西迁精神"。

以"胸怀大局、无私奉献、弘扬传统、艰苦创业"为主要内容的"西迁精神"，是在交通大学迁往西安过程中形成的，"西迁精神"不仅代表着西安交大师生和员工的品格风骨，它更代表着当代西安的文化特质和精神内核；不仅是高教战线的优良传统和宝贵财富，是广大知识分子热爱祖国、服务人民高尚情操的光辉写照，更是西安宝贵的城市精神财富，是新时代西安城市精神的核心内容。把"西迁精神"融入西安城市精神加以弘扬，是深入贯彻习近平总书记来陕考察时的重要讲话重要指示精神，学习好、弘扬好、践行好"西迁精神"的重要举措，是塑造新时代西安新形象，凝聚和激励西安广大党员、干部、群众开拓创新、奋发进取，形成西安追赶超越的强大精神动力的现实需要和必然要求。把"西迁精神"注入西安城市精神，有其深厚的历史意义和现实意义。

（一）把"西迁精神"融入西安城市精神的历史意义

首先，"西迁精神"的历史背景，是1956年为了支援大西北，通过一所名校整体搬迁的壮举，将人才、技术、机遇和教育作为大礼包送给了西安。在这个过程中，无数交大人牺牲了安逸的家庭生活和更好的发展机会，为西安和大西北建设奉献出自己的聪明才智和青春岁月，爱国敬业，无怨无悔。60多年以后的今天，国家又能给西安和大西北什么"礼包"？可以说，习近平总书记多次向"西迁精神"致敬，这就是最好最大的"礼包"。"授人以鱼不如授人以渔"。西安这座古城在向现代化转型时，迫切需要西安交大这条"鱼"；那么当西安向国际化大都市转型时，更需要的是"西迁精神"这种"渔"。因此，习近平总书记对于"西迁精神"的重要讲话精神，就是在启发西安的发展要通过精神内核的驱动，抓住时代机遇，实现追赶超越。

其次，作为十三朝古都，西安在历史上有过无数的辉煌繁盛，周秦汉唐不仅是中国盛世文化的代表，而且对世界的文明进步产生了巨大影响。这种发展动力与西安自古以来敢于"走出去"的开拓精神和生存魄力有关。无论是张骞出使西域还是玄奘印度取经，都是西安本土精神的典范。但是，不可否认，中国的农业经济、农业社会中的小农经济观念，不敢冒、不敢闯的怕担风险的观念,不善于适应市场、"生冷蹭倔"的西北人的性格,由于几千年小农生产方式和自然经济的影响,它在某种程度上深深地积淀在西安人的心中,成为"接进来""走出去"的思想阻碍,在时代赠予的机会和机遇面前,表现出不敢闯、片面求保险等消极观念。根源就在于西安甩不掉三大包袱:历史包袱、文化包袱和性格包袱。然而,"西迁精神"却是一个特例,它第一次让西安从敢于"走出去"变成了敢于"接进来",让西安人不仅能够学习到南方的先进技术和先进文化,而且敢于承认自己的落后,反思自己的不足。西迁壮举完全改变了西安,它用现代文明的开放精神让西安人甩掉了封闭的历史包袱,用现代科技的实业精神让西安人甩掉了自负的文化包袱,用现代知识分子的工匠精神让西安人甩掉了保守的性格包袱。这种精神内涵构成了"西迁精神"对西安发展的历史意义。

(二)把"西迁精神"融入西安城市精神的现实意义

第一,"西迁精神"融入西安城市精神,是推动大西安发展的核心动力。把"西迁精神"融入西安城市精神,就是把"走出去"和"接进来"结合在一起,让西安进一步放下自己的历史包袱、文化包袱和性格包袱,形成"走出去为了接进来"的新理念,主动学习和吸收先进的外来文化,用优秀的传统文化涵养自己的价值观,不断创新开拓,魄力大,胸襟广,思路宽,道路明。这就是习近平总书记在党的十九大报告中提到的"不忘本来,吸收外来,面向未来"。只有这样,才能做到不忘初心,继续前进。

第二,"西迁精神"融入西安城市精神,推动形成了西安城市文化内核。"西迁精神"作为城市精神和城市理念的集中体现,既对外产生影响力,又对内产生凝聚力,是西安焕发出城市美好未来的原动力。西安要在发展中领先,要在未来城市文明发展进程中逐步形成独具特色的城市文化和内在精神气质,就必须培育和塑造以"西迁精神"为核心内容的现代城市精神,这种精神能够在日益激烈的城市竞争中展现城市个性,凝聚成为西安实现追赶超越的精神力量;这种精神能够在引领西安发挥"一带一路"倡议中起鼓舞激励支撑作用,成为全体市民为实现中华民族伟大复兴的中国梦的强大动力,使西安成为"一带一路"倡议中承古开新、追赶超越的中国名城乃至世界名城。

第三,"西迁精神"融入西安城市精神,体现了西安为实现中国梦作贡献过程中的当代价值。"西迁精神"在陕西扎根60多年来,与西安固有的历史文化结合在一起,与西安的发展实践结合在一起,其精神内容不断得到丰富充实。改革开放历经40多年,"西迁精神"又与这一开放包容的现代理念结合在一起,为西安发展增添了更多的文化自信。这种历史积淀、现代实践和未来理想相结合的文化自信,构成了"西迁精神"在西安为实现中国梦作贡献过程中的当代价值。

三 培育与实践新时代西安城市精神的原则与思路

培育城市精神是一项长期任务,是一个在实践中不断丰富、升华的过程,具有阶段性、开放性、动态性的特点。城市精神表述语的提炼概括,不是一个终结定论,而是一个阶段成果。在全面建成小康社会的实践中,西安城市精神必然会不断增添新的时代内涵,这是传承"西迁精神"的重要实践,是践行社会主义核心价值观的时代任务,也是西安全体市民的光荣任务,不仅需要在理论上进行探索和创新,更重要且更迫切的是明确具体工作原则和思路,形成具体实施的路径。

在以"西迁西拓,务实务新"作为西安城市精神基本内涵的基础上,培育新时代西安城市精神应遵循如下原则。

(一)应明确目标,将当前主题教育与长远文化建设以及城市文化工作结合起来

今后几年,培育与实践城市精神要紧密围绕落实习近平总书记来陕考察重要指示,全面贯彻党中央决策部署这一核心,紧扣追赶超越这个时代主题,咬住具有历史文化特色的国际化大都市和丝绸之路经济带新起点这个现

实,既体现奋力谱写西安新时代追赶超越新篇章的目标任务,又突出全市宣传思想工作和社会主义核心价值观建设具体目标而展开。

(二)应协调发展,与西安的客观实际相符合、与西安的外部形象相协调、与西安的发展要求相适应

西安的城市精神要与西安城市发展速度相匹配,要加大与基础设施建设相应的功能建设力度,要加快培育塑造具有时代特征的西安城市精神,塑造新时代西安人。西安人要做能体现社会主义先进文化的西安人,要做能够体现城市的现代化、信息化、市场化、法治化的西安人,要做能够体现国家中心城市和国际化大都市的西安人。

(三)应创新载体,既要有新时代西安市民精神典范的引导,又要注重市民综合素质的提高

改革开放40多年的经验表明,人民群众在实践中创造的丰富多彩的文化创建活动,是培育、塑造城市精神的有效手段和载体,比如全运精神、抗疫精神等,都体现着新时代的西安城市精神。每一个创建项目的开展,都是城市精神的催生点和生长点①。因此,我们要认真总结这方面的成功经验,围绕城市精神的核心内容,结合新的实践,精心设计活动载体,不断拓展创建活动的新形式,让城市精神不断融入整个城市生活,成为社会主义核心价值观建设的新亮点。

(四)要营造氛围,既要有主流意识形态的指导,又要有全社会的共同努力,包括政府机关、企业、学校、家庭、社区、媒体等方面的努力

广大市民既是城市精神的创造者,又是城市精神的实践者。城市精神的提出,为各行各业提供了一个共同的精神坐标。要用丰富多彩的形式,宣传好城市精神,为弘扬城市精神提供良好的舆论氛围,让"西迁西拓,务实

---

① 陈红:《"西安八办精神"的基本内涵及现实启示》,《新西部》2020年第4期。

务新"的城市精神渗透到各个领域,体现到各个方面,融入每个市民的思想观念、道德情怀、行为规范之中。

培育与实践西安城市精神的基本思路是:以价值认同为导向,以文化教育为手段,以舆论宣传为助力,以典型人物为示范,以制度创新为保障,积极开展各种文化、文艺活动营造环境,各方配合、共同塑造和实践新时代西安城市精神。

四 培育与实践新时代西安城市精神的有效路径

培育与实践西安城市精神,是一个崭新的实践性课题,要把"西迁精神"充分融入西安城市精神,并与践行社会主义核心价值观结合起来,与大西安的城市格局和体量结合起来,与谱写新时代西安追赶超越新篇章的奋斗目标结合起来,制定符合西安实际的具体措施。

(一)提高对培育以"西迁精神"为核心内容的西安城市精神重要性的认识

城市魅力源于城市精神,一座处在发展关键阶段的城市,需要提升与时俱进的城市精神。培育和弘扬西安的城市精神是西安软件建设的核心内容,具有重要意义。目前,西安正站在加速转变经济发展方式和城市发展方式的重要节点上,奋力奔跑在向万亿级城市迈进的征程上,挺立在全面建成小康社会和建设国家中心城市的潮头上,我们从没有像今天这样感受到提炼和弘扬西安城市精神的重要和紧迫。西安不仅传承着周秦汉唐优秀历史文化和革命年代的"延安精神",更续写着改革开放和现代化建设中"胸怀大局、无私奉献、弘扬传统、艰苦创业"的"西迁精神"和开拓创新、敢于争先的建设者精神。"西迁精神"源于西安,对西安人有着更大的心理亲和力和历史传承力,习近平总书记多次向"西迁精神"致敬,增加了西安人的仰慕感、自豪感、继承感和责任感。就地域精神的直接性、体验性、心理积淀来说,这是培育和形成新时代西安城市精神独特的优势和基础。因此,培育弘

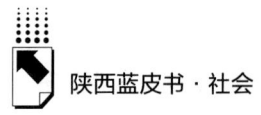

扬"西迁西拓,务实务新"的新时代西安城市精神,让城市精神领跑大西安建设,是适应当前西安城市定位、加快自身发展的迫切需要,也是全面增强城市综合竞争力的内在要求。

(二)加强党委、政府的组织和导向作用

党委和政府的组织和导向作用是实现和保障践行西安城市精神的关键。因此,各级党委、政府和领导应高度重视以"西迁精神"为核心内容的新时代西安城市精神的塑造,坚持以习近平新时代中国特色社会主义思想为指导,把城市精神的培育与奋力谱写新时代西安追赶超越新篇章的奋斗目标有机统一起来,并以此整合不同层面构成的市民群体,加快西安全面深化改革和对外开放的步伐。

第一,各级党委、政府在工作中要将培育弘扬以"西迁精神"为核心内容的西安城市精神作为重点工作来抓。市属宣传部门和文明办应当将提炼、培育和弘扬城市精神作为一项经常性工作,建立一个相对稳定的工作班子,有中长期的规划和经常性的工作安排,具体工作的部门还应当有针对性的设计滚动目标和实施计划。

第二,广大党员干部应成为践行"西迁精神"和西安城市精神的标杆,发挥践行"西迁精神"和西安城市精神的榜样示范作用。城市精神的动力在群众中间,能否使这种动力喷涌而出,政府部门和干部队伍是决定因素。政府部门加快职能转变,干部队伍清正廉洁,为人表率,急群众之所急,想群众之所想,才能赢得广大市民的拥护和爱戴,才能形成万众一心建设大西安的凝聚力。因此,必须在培育和弘扬西安城市精神的实践活动中,全面推行政务公开,推进服务型政府建设,推进"放管服"改革,加快行政效能革命,加强社会监督和评估。

第三,有计划举行主题报告会、城市精神榜样人物评选、大型文艺专题宣传活动、专题系列电视片制作和播放、大型理论研讨会和宣讲会等;组织编写关于西安城市精神发展历史、现状和未来特点的普及性读物,向全市民众大力宣传"西迁精神"、城市精神与大西安建设的关系和

作用。① 通过宣传、教育和引导，加强市民对践行城市精神的认识和重视，提高参与的自觉度和认同感，也加强了市民对于自己城市的热爱。

第四，加强培育和弘扬以"西迁精神"为核心内容的城市精神活动的理论与文化支撑。举办专题研讨会、报告会和专家论坛，请相关学科专家对当前西安市民的思想观念、道德水平和文化自信进行全面分析，提出建议，为市委、市政府出谋划策。② 此外，城市精神的宣传活动，也可以请形象代言人并尽量让社会代表作为倡导某项宣传活动的代言人，以其更有力的号召力和亲和力，让更多的市民群众接受。③

第五，将培育和弘扬以"西迁精神"为核心内容的城市精神活动与近期城市建设项目以及城市文化项目结合起来。以独特的景观和文化来映衬城市精神，可以首先从城市雕塑、文化景点建设、绿地建设、电视节目等方面入手，逐步形成同步策划、同步推动的一体化塑造进程④。

（三）完善制度保障体系

培育和弘扬城市精神是一个动态过程。"西迁西拓，务实务新"是西安城市精神的阶段性体现，在实施中应具体化为行业、领域以及个人为之努力的具体目标、制度保证和衡量标准，在规范化、常态化的引导和培育下，逐步实现。

第一，分阶段、分目标、递进式培育和实践西安城市精神。比如，抓住加强与"一带一路"沿线国家人文交流和建设国际旅游名城和世界旅游时尚之都的契机，围绕建设"品质西安"的目标，确立如"实践城市精神，做有品质的西安人"的主题，以新思路提升市民素质，以新的发展提升城市文明程度，以新的举措推动社会治理上新的台阶。一是针对性。针对城

---

① 《西安市人民政府关于印发李明远市长在市十六届人大五次会议上所作〈政府工作报告〉的通知》，《西安市人民政府公报》2020年6月15日。
② 李明远：《政府工作报告》，《西安日报》2020年5月20日。
③ 李明远：《政府工作报告》，《西安日报》2020年5月20日。
④ 张端：《以十项重点工作率先突破 推动"五项要求"全面落实》，《西安日报》2020年5月21日。

治理和市民素质的薄弱环节，设定目标，制定措施。二是广泛性。充分发挥各级党委、政府的领导作用，党政机关的示范带动作用，人大、政协和民主党派的监督作用，新闻媒体的导向作用，以及社会各界、广大市民群众的主体作用。三是阶段性。按照不同行业属性，分不同阶段，前后衔接，循序渐进，逐步达到既定目标①。

第二，建立跟踪和动态调整机制。如进行"'西迁精神'传承与学生文明素质提升"问卷调查、"市民文明行为综合测评"等跟踪调查或评比活动，针对市民思想动态、价值观以及对于城市现代化建设的意见和看法，定期进行监控和调整。

第三，引入有效的创新激励机制，对于传承"西迁精神"、推动落实城市精神某些项目设立一定规模的发展基金，用于活动和奖励，加大培育力度，对那些不文明、不诚信、无爱心的现象进行批评乃至处罚。

（四）大力营造宣传实践的氛围

推动与实践西安城市精神，需要党委、政府的积极引导，也需要全社会的广泛参与。当前，对于"西迁精神"的宣传正处于热潮，"西迁精神"产生于教育战线，却不应局限于教育战线，"西迁精神"作为西安城市精神中最闪亮的部分，应该向更高的领域推广，向更广的范围宣扬。同时，西安作为国家中心城市，其城市精神不仅仅是口号或者少数人的信念，而且应是一种群体意识，这就取决于社会环境的熏陶及其向市民的渗透程度。需要重视宣传的作用，尤其是各类大众媒体作为宣传"西迁精神"和西安城市精神的主力军的作用。比如，开辟专栏、专题，及时报道相关活动情况，针对广大干部群众关注的突出问题，采编一些说服力强、凝聚人心的言论和文章；发挥广播、电视、报纸以及手机、电脑等各自优势，形成宣传合力，加大宣传声势；制作电视公益宣传公告

---

① 张端：《西安国家中心城市建设　全面迈入提质增效突破攻坚新阶段》，《西安日报》2020年5月18日。

牌，在全市主要路段进行宣传，为培育和践行西安城市精神营造良好的社会文化氛围。

（五）形成合力，努力实践西安城市精神

把"西迁精神"融入西安城市精神，凝练、培育和弘扬西安城市精神，是一项复杂、长期又宏大的工程，也是新时代一个崭新的实践性课题，这正是西安今后相当长一段时间群众性精神文明建设和创新的重点。各方面要配合支持，形成合力，围绕提炼西安城市精神的内涵这项基础性工作，设计好载体，有针对性地开展各项活动。一是整合资源。应该将传承、弘扬"西迁精神"与培育、宣传西安城市精神紧密结合，将其纳入西安群众性精神文明创建活动中。建议由市文明委牵头，文明办参加，统一部署领导，这样才能更有利于整合现有资源，协调各方力量，做到全市一盘棋，部门联动、上下呼应，形成合力①。二是找准载体。提炼、培育和弘扬西安城市精神必须找准载体，要和扎实做好"六稳"工作、全面落实"六保"任务结合起来，精心设计载体，科学安排进程，让城市精神融入市民心中，化作"新时代西安人"的具体行动②。三是营造氛围。引导市民关注是城市精神宣传的一个成功做法。通过宣传深入人心，采取丰富多彩的形式，营造强大舆论声势，在全社会掀起传承"西迁精神"、弘扬城市精神的热潮。

五 传承"西迁精神"，弘扬西安城市精神的几点建议

西安城市精神建设虽然取得很大成绩，但也存在一些突出问题。一是认识需进一步明确和统一。二是和其他城市（国家中心城市）比较不平衡。

---

① 杨婷：《深度融入"一带一路"大格局 打造内陆改革开放高地》，《西安日报》2020年7月27日。

② 张端：《努力在新时代各项工作中取得新气象新作为》，《西安日报》2020年5月21日。

传承"西迁精神"与弘扬西安城市精神，是相辅相成、相互促进的。当前应着重推进以下五个方面。

（一）深入开展传承"西迁精神"，培育西安城市精神大讨论

建议在原有讨论成果基础上，借宣传"西迁精神"之热潮，进一步广泛深入开展提炼和培育西安城市精神大讨论，尤其要吸引普通市民主体的参与，以增强广大市民热爱大西安、发展大西安的自觉性。

（二）确定西安城市精神的科学表述

据相关统计，全国有超过60个城市提炼了本地的城市精神。西安城市精神的提炼虽历经十多年，至2020年还未有统一的广泛认知的城市精神。西安正处在历史上机遇最多的黄金发展时期，为更好地宣传西迁精神，培育西安城市精神，更加激励和鼓舞全市人民决胜"十四五"、实现追赶超越的信心和斗志，建议尽快确定西安城市精神的科学表述语，并提出培育和弘扬新时代西安城市精神的相关要求。

（三）制定"培育弘扬西安城市精神五年行动计划"

城市精神的发展有赖于城市文明和市民素质的同步提升。针对文化建设的薄弱环节以及市民素质的状况，制定五年行动计划。明确各类责任主体，确定每年的目标任务、检查考核的评价标准和奖惩措施。每年有针对性地提出一个能体现城市精神和市民优秀品格的主题性文明创建活动，使城市精神的培育和弘扬常态化、制度化，让文化软实力与西安经济社会的发展同步同跨越。

（四）编写《西安城市精神读本》

建议组织专家学者和实际工作者，深入调查研究，按照西安城市精神规范表述，编写既有一定理论深度，又通俗易懂、图文并茂的《西安城市精神读本》，旨在帮助广大干部群众全面了解西安城市文化和城市精神，增强弘扬西安城市精神的光荣感、责任感和积极性、主动性。

（五）设立西安城市精神文化资源保护、开发和利用研究的重大项目

西安城市精神所代表的精神文化资源非常丰富，对这些资源的保护、发掘和利用进行系统的研究，是培育和弘扬西安城市精神的一个重要方面。建议设立城市精神文化资源保护、开发和利用研究的重大项目，通过组织一批深入研究"西迁精神"、西商精神、丝路精神、工匠精神、实业精神、科技精神、西安铁军精神等重大课题，动员专家学者多角度、多领域深入研究，力争推出一批具有可操作性的研究成果。大力塑造西安优秀精神文化品牌，增强西安精神文化影响力。

参考文献

习近平：《习近平在陕西考察时强调 扎实做好"六稳"工作落实"六保"任务 奋力谱写陕西新时代追赶超越新篇章》，《法治与社会》2020年5月15日。

习近平：《推进5G、物联网、人工智能、工业互联网等新型基建投资》，《一带一路报道（中英文）》2020年第3期。

刘国中：《在第十八次陕北高端能源化工基地座谈会上的讲话》，《陕西省人民政府公报》2020年7月31日。

B.20
西安市全面建成小康社会调研报告

程丽辉 周忆南 李聪 杜雁平[*]

摘　要： 近年来，西安市以全面建成小康社会为总目标，加快建设国家中心城市，奋力谱写追赶超越新篇章。本文分别从经济、政治、文化、社会、生态文明建设五个方面介绍了西安市全面建成小康社会的基本情况，分析了稳步推进小康社会的主要亮点成效，突出坚持稳中求进工作总基调，坚持新发展理念，坚持以供给侧结构性改革为主线，扎实做好"六稳""六保"任务，并对全面建成小康社会提出了思考和对策。

关键词： 小康社会　国家中心城市　追赶超越　西安市

党的十八大以来，西安市坚持以习近平新时代中国特色社会主义思想为指导，全面贯彻习近平总书记来陕考察重要讲话精神，坚持统筹推进"五位一体"总体布局和"四个全面"战略布局，紧扣追赶超越定位和"五个扎实""五项要求"，坚定不移贯彻新发展理念，以全面建成小康社会为总目标，加快建设国家中心城市，奋力谱写追赶超越新篇章。

---

[*] 程丽辉，西安市社会科学院经济学研究所所长、副研究员，研究方向：区域经济学。周忆南，西安市社会科学院经济学研究所研究实习员，研究方向：资源经济学。李聪，西安市社会科学院研究实习员，研究方向：政治经济学。杜雁平，西安市社会科学院经济学研究所助理研究员，研究方向：城市社会学。

一 西安市全面建成小康社会的基本情况

从2016年小康监测指标体系来看,西安经济发展指数、文化建设指数、民主法制指数为100%,相关指标均已达到全面建成小康社会目标值。西安人民生活指数为97.76%,资源环境指数为88.61%。部分指标与目标值尚有差距。2016年至今,西安在全面建成小康社会的道路上努力补齐短板,稳步前进,成效显著。

经济建设方面,2020年上半年,西安市生产总值为4575.09亿元,同比增长2.8%,规模以上工业增加值增速6.2%,固定资产投资(不含农户)增速12.8%,三大主要经济指标增速位居全国副省级城市第一。先进制造业支撑带动明显,9家百亿企业合计产值增长15.3%,拉动全市增长5.9个百分点。投资项目同比增长17.9%,453个市级重点项目完成投资1795.5亿元,重点新建项目开工率达91%,创近年来最高水平。

政治建设方面,始终把政治建设摆在首位,政府自身建设更加有力有效。认真开展"不忘初心、牢记使命"主题教育,深入学习贯彻习近平总书记来陕考察重要讲话精神,坚持"以案促改",不断强化政府系统党员干部纪律观念和规矩意识。深入开展法治政府示范创建,全市依法行政工作水平持续提高,行政效率得到有力提升。

文化建设方面,依托历史文化资源优势,打造中华文明的根脉城市和传承中华文化的世界级旅游目的地。文化旅游重大项目建设持续推进,文化产业转型升级不断优化。文化艺术繁荣发展,精品力作和重大演出活动不断,西安非物质文化遗产影响力不断增强。"文化西安"品牌影响力不断扩大,文旅融合水平持续深化。入选2020年"全球20个热门旅游目的地"和"全国夜间经济十强城市"。

社会建设方面,坚持为人民服务,着力解决民生难题,群众幸福感、获得感不断增强,连续九年被评为中国最具幸福感城市。城乡基本公共服务水平不断提高,教育、卫生、文化等社会事业均衡发展,人民群众切身利益得到有效维护。深入推进扫黑除恶专项斗争,助力"平安西安"建设向更高水平发展,公众安全感达到94.58%。2020年上半年,新建、改扩建185所学校,启动建设12所医疗机构,开工改造老旧小区1318个,启动棚户区城中村改造37个。

生态文明建设方面,坚持生态保护、污染防治并举,强化生态建设基础性战略性地位,全力推进大气、水、土壤污染防治,生态保护成效显著,环境空气质量持续向好。2020年上半年,西安市环境空气质量优良天数121天,其中优级天数18天,良好天数103天,同比增加19天。综合指数5.56,同比改善12.2%。新增生态水面550亩、城市绿地682万平方米,新增绿道177公里。

二 主要做法及突出亮点

西安市委、市政府高度重视全面建成小康社会,市委全委会专门研究,做出了安排部署。各级党委、政府认真学习贯彻习近平总书记两次来陕考察重要讲话精神,牢记嘱托、不负期望,奋力追赶超越,不断推进经济又好又快发展,自主创新能力显著提高,居民消费率稳步提高,城乡、区域协调互动发展机制和主体功能区布局基本形成。特别是2020年以来,全市统筹推进疫情防控和经济社会发展,经济稳步回弹,增长动能和活力进一步彰显,社会大局保持稳定,全面建成小康社会稳步推进。

(一)建设先进制造业强市,做实叫响"西安创造"品牌

西安的制造业发展有着得天独厚的优势:工业体系完整、产业聚集度高,科教资源、军工科技等位居全国前列,航空航天、新材料、新一代信息技术等战略性新兴产业发展迅猛,是全国重要的装备制造业基地、高新技术产业基地、国防科技工业基地。

建设先进制造业强市重点以电子信息制造、汽车、航空航天、高端装备、新材料新能源制造、生物医药"六大支柱产业集群"和人工智能、5G

技术、增材制造（3D打印）、机器人、大数据与云计算"五大新兴产业"为核心，以"优化产业布局、强化创新驱动、强化双招双引、扩大有效投资、培育壮大企业、加速融合发展"等六方面为实施路径，聚焦高端产业与产业高端，统筹创新链、产业链、人才链、资金链、政策链协同发展。一是围绕"四链"强产业，"围绕产业链部署创新链，围绕创新链布局产业链"，对"6+5+6"先进制造业体系的每个产业逐一梳理产业链，找出链上短板、断点；制定创新链，布局新的支撑产业链；完善服务链、资金链。做强先进制造业产业生态。二是围绕"四新"扩产业，对于传统制造业采用"新技术"转升先进制造业；对于六大支柱产业加大开发"新产品"；对于新兴产业扩大开发应用"新业态"；对于生产性服务业创新服务"新模式"。促进先进制造业扩范围、广带动。三是围绕"四投"优产业，推进5G、物联网、人工智能、工业互联网等新型基建投资，建设西安新一代人工智能创新发展实验区，推动"华为工业互联网平台"项目建设，全方面优化先进制造业发展支撑环境。四是围绕"四抓"稳产业，通过抓政策落实、抓"两个转变"、抓中小企业融资、抓市场开拓等措施，全力解决企业因疫情影响出现的困难，稳定产业发展，完成目标任务。

（二）改善基础教育办学条件，满足人民美好生活向往

西安市坚持教育优先发展，把教育作为最大的民生工程、民心工程和德政工程，坚持民有所呼，我有所行，决心一次下足，措施一步到位，致力于办好人民满意教育、建设教育强市。一是顶层设计重引领。2019年10月西安市印发并启动《关于加快新时代教育改革发展建设教育强市的实施意见》和《西安市基础教育提升三年行动计划（2019~2021）》，2019年共新建、改扩建175所中小学和幼儿园、新增10.08万个学位，组建132个市级、772个区县级"名校+"教育联合体，惠及学生共计97万人。二是加大投入强保障。2020年，全市财政教育经费年初预算203.13亿元，较2019年增加37.68亿元，增幅22.7%，为历年之最。市级财政列支不少于50亿元用于学校建设奖补资金。三是形成合力督落实。市委将建设教育强市纳入

"十项重点工作"，市级领导包抓区县，每月召开专项调度会议，强力督促任务落实。全市19个部门先后印发52份支持教育优先发展的政策文件，各部门目标一致，各区县、开发区同频发力，全市上下形成了建学校、保学位、提质量、促均衡，你追我赶、主动作为的良好局面。四是加快建设保刚需。制定出台《西安市教育设施专项规划》，进一步优化学校布局，畅通学校建设"绿色通道"。2020年，全市学校建设新征用地3678亩，在原计划完成当年170所新建、改扩建学校建设项目，新增16.4万学位的基础上，超额完成25所学校建设项目，再新增学位3万个。其中，新建学校144所，是西安历史上新建学校、新增学位最多的一年，接近前20年新增学位数量总和，在全国15个副省级城市中位居前列。五是多措并举提质量。教师队伍建设坚持数量与质量并重，既能"招得够"、又能"培得优""用得好"。大力加强对教师的培养，全面深化教育综合改革，共组建市、区两级"名校+"教育联合体1005个，"名师+"研修共同体100个，"名校长+"领航研修共同体60个，惠及学生107万人。统筹城乡教育一体化发展，列支14.2亿元全面加快公办学校办学质量提升，市级重点支持的202所公办学校面貌焕然一新，各区县、开发区同步实现质量提升全覆盖。

（三）全力抓好疫情防控，不断增强医疗保障能力

始终以人民健康为中心，全力抓好疫情防控工作，不断增强医疗保障服务能力。一是科学有效开展疫情防控。坚持"四早"原则（早发现、早报告、早隔离、早治疗），采取"三个一切""五个所有"的应对措施，严防输入扩散。建立"重点传播链"管理模式，由区县、开发区主要领导担任链长，将确诊病例、无症状感染者、密切接触者入链管理，有效阻断病毒传播途径。二是助力复工复产，落实常态化防控措施。紧盯重点人群、重点区域、重点单位，定期开展采样检测，日核酸检测能力达10万人份，全市设置发热门诊医疗机构77家，开通4条疫情防控热线，组织编制了24个新型冠状病毒感染的肺炎疫情防控技术指南、消毒技术指南以及《"一码通"人员颜色标识建议规则》等科学指引，对有效精准防控起到积极指导作用。

三是优化多方资源,全力救治患者。建立运转高效的医疗救治体系,先后确定10个定点收治医院、1400余张床位,投入医护人员3800余名。从全市32家二级以上医院抽调数百位医生、护士组建41个医疗救治单元,全市各定点收治医院累计收治确诊患者120例,死亡3例、治愈117例。历时64天实现本地确诊病例"清零"。四是推进医院项目建设,增加优质医疗资源供给。按照市委、市政府决策部署,仅用10天时间完成西安市应急医疗中心一期项目建设,净用地面积147.61亩,总建筑面积约2.75万平方米,投资概算1.89亿元,提升了西安市疫情防控能力,为人民群众筑起了一道坚实的"抗疫大堤"。优化医疗卫生资源布局,增加优质医疗资源供给,实施13个医院项目建设,预计共新增医疗卫生床位16775张。

(四)改善城市基础设施条件,迎接第十四届全运会

西安出台《关于办好第十四届全运会加强城市规划建设管理加快国家中心城市建设步伐的实施意见》,全面增强城市承载能力,实现城市生态环境质量有效改善,城市建设品质更加优良,公共服务保障能力持续增强,历史文化魅力更加突出,城市生活更加宜居美好。

建设工作包含场馆及周边配套建设、城市生态修复和功能修补、应急安全保障和城市文明提升等九大方面,涉及54项重点任务,共521个具体任务,总投资约2600亿元。一是加快场馆建设及其周边配套设施提升,大力推进市本级场馆建设,西安奥体中心"一场两馆"(体育场、体育馆和游泳跳水馆)、西安城市运动公园体育馆、西安秦岭国际高尔夫球场等5个建设项目已于2020年6月底前全部按期竣工,全运村78栋建筑已于7月底全部封顶。陕西奥体中心体育馆等6座场馆已经竣工,其余10座场馆正在加紧建设中。二是全面推动城市文明综合提升,积极开展全民全运活动,举办多项运动盛会,促进全民健身与全民健康深度融合、积极营造全市迎全运会氛围。加大全民健身基础设施建设力度,全市共实施村级农民体育健身工程4156个、社区全民健身工程1929个、多功能运动场51个,实现全市行政村、社区全民健身全覆盖。三是城市建设成效显著,西安全面推进以"三

改一通一落地"为主要内容的城市建设工作,目前521项任务,累计完成108项(其中提前完成任务12项),完成率20.7%。预计年底能完成510项任务,占总任务的97.9%,力争2021年4月前完成所有项目建设。为全运会而生的地铁14号线,已有8座车站全部封顶,计划于2021年全运会前开通运营。四是市政设施和城市环境提升,新增城市绿地794万平方米,开工建设城市公园7座,新建提升口袋公园和绿地广场107个,新建城市绿道221公里。背街小巷改造开工476条,生活垃圾末端处理设施建设更加完备。全运会重点区域和城市主要节点上的42个城中村、棚户区正在抓紧改造提升。

(五)彰显千年古都特色,推进文旅融合高质量发展

大力实施文化旅游融合发展战略,叫响"千年古都·常来长安"文旅品牌,加快建设传承中华文化的世界级旅游目的地城市。2020年4月习近平总书记考察大唐不夜城步行街,西安进一步加大工作力度,文旅融合高质量发展迈出新步伐。一是强化政策支持力度,培育文旅融合新动能,制定出台促进文化旅游融合发展的《实施意见》和《三年行动方案》,规划设计了"一核两极三板块"的文旅融合发展总体布局,打造文化旅游万亿级产业。加大财政投入,设立了各3亿元的文化产业和旅游产业发展专项资金。发挥金融杠杆作用,组建了各5亿元的文化产业和旅游产业发展基金。二是彰显历史影响力,打造文旅融合新IP,以盛唐文化为背景,以唐风元素为主线的大唐不夜城,入选全国首批高品位试点街区,成为西安城市新名片、"夜游经济"主阵地和潮流时尚新地标,每月吸引海内外游客超过650万人次。打造"中国年"系列文化旅游品牌,使西安成为中国年俗文化汇集展示地,强力引爆春节旅游市场。2019年"西安年·最中国"活动接待游客1652.39万人次,实现旅游收入144.78亿元。三是提升文化吸引力,丰富文旅融合新业态,打造文化旅游演艺精品,推出了秦汉文化主题《秦俑情》《秦汉风云》、丝路文化主题《驼铃传奇》、盛唐文化主题《梦长安-大唐迎宾盛礼》、革命文化主题《12·12》等20多台大型精品节目,《长恨歌》

《大唐追梦》等场场爆满，成为全国演艺行业标杆。秦始皇帝陵博物院、陕西历史博物馆、华清宫发挥自身文化 IP 优势，加大创新力度，形成独具魅力的"西安文创"品牌，"唐妞""花舞大唐""秦亲宝贝""城墙武士"等畅销海内外。四是发挥项目带动力，拓展文旅融合新承载，建立重点文旅项目推进机制，依托丰厚的历史文化资源，大力推动一批文旅融合项目建设，着力打造文旅新地标。组织实施唐长安城大明宫遗址、汉长安城未央宫遗址等一批具有示范意义的大遗址保护展示工程，探索出大遗址保护和利用的"西安模式"。

（六）抢抓"一带一路"机遇，打造内陆改革开放高地

西安把改革开放作为推动经济社会发展不断取得新成就的强劲动力，打造新时期内陆改革开放的新高地，深度融入"一带一路"大格局的建设，加快形成面向沿线国家的通道、商贸物流枢纽、重要产业和人文交流基地，构筑内陆地区效率高、成本低、服务优的国际贸易通道。一是全面深化改革有序推进。自 2014 年以来共谋划部署了 402 项重点改革事项和 1229 项年度改革任务，自贸试验区改革形成 7 项国家级创新成果，"放管服"改革迈向纵深。搭建完成政府数字化转型"133N"体系框架，建成全市"一网通办"总门户，市级政务服务事项网上可办率达到 90.35%。国资国企改革进展顺利，农村集体产权制度改革稳步推进，形成市、区、镇三级联网的产权交易流转体系，在农村集体经营性建设用地入市方面形成了"县域统筹、分类入市、收益共享"的"入市"制度。二是对外开放发展迈出更大步伐。国际贸易大通道建设稳步推进，基本形成欧亚地区全覆盖的国际运输网络。截至 2019 年底，西安咸阳国际机场通航点数量达到 235 个，航线 370 条，国际航线达 88 条，已连通全球 36 个国家、74 个主要枢纽和旅游城市，累计开通全货运航线 21 条，其中国际全货运航线 8 条，对 53 个国家公民实施 144 小时过境免签。三是开放发展大平台建设持续加快。自贸区建设初见成效，人文交流合作蓬勃发展，先后主办承办丝绸之路国际艺术节、西安城墙国际马拉松赛、世界文化旅游大会等大型活动和国际赛事。先后主办或协办

以"一带一路"为主题的欧亚经济论坛、世界西商大会、丝博会暨西洽会、硬科技创新大会、丝绸之路经济带城市圆桌会、丝绸之路工商领导人峰会、丝绸之路经济带气象服务西安论坛、全球创投峰会、中国500强企业高峰论坛以及丝绸之路旅游部长会议等高端会议会展论坛活动。四是国际产业合作有力有序开展。世界500强企业239家落户西安,中俄丝路创新园建成使用,中欧合作产业园一期动工建设,丝路国际金融中心核心区和"一带一路"国际商事法律服务示范区开工建设。陕鼓、陕汽、隆基绿能、爱菊集团、西安建工等20多家本地企业积极落实"走出去战略",相继走出国门,在哈萨克斯坦、伊朗、马来西亚等国家投资、建厂或建立"海外仓"。

(七)持续推进脱贫攻坚,决胜全面建成小康社会

西安市举全市之力推进精准脱贫,高标准高质量打赢脱贫攻坚战,确保在全省绝对领先、在全国走在前列。一是"两不愁三保障"全面达标。贫困人口大幅减少,2012年,西安市全市共有贫困人口36.6万人,贫困发生率9.22%。截至2020年9月,已累计实现68482户242419人脱贫,贫困发生率降至0.23%,绝对贫困问题基本消除。贫困群众收入明显增加,2018年的脱贫退出户在2019年家庭人均纯收入平均达到12916元,较2017年增加6341元,是国家贫困标准(3218元)的4倍,是全省贫困地区农民人均可支配收入(11412元)的1.1倍,是全国平均水平(9808元)的1.3倍。贫困群众基本生活得到全面保障,全市1.99万名建档立卡家庭义务教育阶段学生无一辍学,贫困人口参保率达到100%。二是贫困地区基础设施明显改善。2015年以来,全市累计投资18亿元,实施行政村通畅工程157.21公里,通村公路"油返砂"整治工程1244.5公里,全市43个乡镇1746个建制村,已全部通硬化路、通客车。全市累计实施农村电网改造升级项目1784个,投资金额15.76亿元,实现电力入户全覆盖。全市建成美丽宜居村庄373个,人居环境示范村300个,贫困地区公共服务水平进一步提升。三是产业就业带动群众持续增收。发展产业夯实脱贫基础,通过培育"都市"大农业带动涉贫大产业,全市共有带贫益贫的村集体经济组织808个,

带动贫困户 25830 户 91251 人；发展新型经营主体 286 家，带动贫困户 2.8 万户；实施产业扶贫"十百千万"工程项目 129 个，带动贫困户 14119 户。全市累计 6.3 万户建档立卡户通过产业帮扶获益，户均产业增收 2500 元；促进就业拓宽增收渠道，大力推进以贫困劳动力转移就业、技能培训和就业援助为主要内容的就业精准扶贫工作，截至 2020 年 6 月，贫困劳动力转移就业 11.28 万人。四是社会力量广泛参与凝聚攻坚合力。全市派驻 380 支驻村工作队，1214 名驻村干部和两万多名联户干部，实现贫困村和贫困户"一对一"帮扶全覆盖。推广 48 个联村党委，覆盖 206 个行政村，集中实施连片攻坚，带动群众脱贫致富。动员 284 所学校医院、110 家商会组织、30 家市属国有企业、3000 多家民营企业，下派科技特派员 427 名，集中发力实施帮扶行动。动员各级机关和企事业单位带头、社会力量共同参与消费扶贫，全市共认定扶贫产品 101 个、企业 13 家，建成贫困村电子商务服务点 130 个。五是巩固脱贫成果，全方位防范化解返贫。深入开展"三排查三清零"行动，紧盯"两不愁三保障"，健全常态化监测预警和帮扶机制，保持脱贫攻坚政策稳定，狠抓各类问题整改。

西安近些年快速发展，取得了令人瞩目的成绩，但与实现高质量的全面小康这一目标相比，仍存在以下问题。一是新旧动能转换任重道远。经济增长模式变化、投资率下降、人口红利消退等方面的影响使传统动能难以为继，工业体量相对偏小、结构失衡、生产性服务业支撑作用不强问题突出。二是经济发展的质量仍需提高。经济中高速增长支撑动力不足，科技创新转化能力仍显薄弱，新的经济增长点尚不明晰。三是城市可持续发展形势依然严峻。作为中心城市，西安发展将在较长时间面临水资源、能源及土地短缺问题。人口增长集聚带来资源环境压力；生态系统相对脆弱，治污减霾、秦岭北麓生态治理、黄河流域生态环境保护亟待加强。正确处理文物保护利用与经济建设、城市发展关系，保护历史文化遗产，守好历史文化根脉的任务依然艰巨。四是公共服务和社会治理能力与市民日益增长的期望存在差距。近年西安市人口高速扩张，人口流入显著增多，未来对就业、医疗、教育、住房、养老等公共服务保障和支撑能力提出了新的要求和挑战。

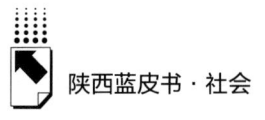

三 对全面建成小康社会的思考和对策

2020年是全面建成小康社会收官之年，也是西安市迎接全运会、加快国家中心城市建设的攻坚之年和十项重点工作突破之年。西安市必须认真贯彻习近平总书记来陕考察重要讲话精神，坚持稳中求进的工作总基调，坚持新发展理念，坚持以供给侧结构性改革为主线，扎实做好"六稳"工作、落实"六保"任务，全面落实"五项要求"，高标准高质量推进经济社会加快发展。

（一）实施创新驱动发展战略，推动经济高质量发展迈出更大步伐

认真落实习近平总书记"把实体经济特别是制造业做实做强做优，构建具有陕西特色的现代产业体系"要求，以产业强、企业强、创新强、品牌强、融合强为目标，聚焦11条重点产业链，围绕产业链部署创新链、围绕创新链布局产业链，加快建设先进制造业强市。做大做强6大支柱产业、做大5大新兴产业、做优6大生产性服务业、做精文化旅游产业，高效构建"6+5+6+1"现代产业体系，先进制造业强市取得突破性进展，经济总量达到1.15万亿元。以高新区、经开区、西咸新区等为依托，充分发挥产业园区的聚焦效应，加快推进三星、吉利、比亚迪、华为、中兴等重大产业项目建设，加快发展电子信息制造、汽车、航空航天、高端装备、新能源新材料、生物医药等先进制造业产业集群，形成5个以上千亿元支柱产业，科技进步对经济增长贡献率达到65%。推进军民融合深度发展，深化"军转民""民参军"，瞄准航空、航天、兵器、军工电子和新兴产业"五大领域"，着力搭建军民融合新平台，着力打造以西安为中心、横贯关中平原的军民融合产业带。争取国家重大项目落地，打造以军民融合为特色的国家创新高地、军民深度融合发展的西安样板。

（二）深度融入"一带一路"，为打造内陆改革开放高地当好示范样板

全面创新改革试验区、"一带一路"综合试验区、临空经济示范区、新

一代人工智能创新发展试验区等建设成效显著。在发展"三个经济"上，加快形成航空带动、陆空互动、多式联运的综合交通体系，强化国际口岸合作，做大国家临空经济示范区。建设中欧班列（西安）集结中心，打造内陆地区效率高、成本低、服务优的国际贸易通道，落户世界500强企业总数达到250家以上，进出口总值突破5000亿元，占GDP比重40%以上。在优化营商环境上，深化"放管服"改革，打造审批项目最少、收费标准最低、办事效率最高、服务水平最优的"四最"西安营商环境品牌，持续推进"一张网、一扇门、一次办"工作，着力打造国际化一流营商环境。推进市域社会治理现代化城市试点工作，努力实现社会治理体系、社会治理工作布局、社会治理方式现代化。建立与国际投资和贸易规则相适应的政策制度体系，加快国家级"一带一路"国际商事法律服务示范区建设。在扩大对外交往上，继续办好丝博会、欧亚经济论坛，提升丝路国际艺术节、电影节、国际时装周等品牌价值。建设"一带一路"产教协同创新中心、国际教育交流中心，促进高校、专家学者、高技能人才交流互动。以开放的思维寻求发展，以开放的胸怀拥抱世界，以开放的产业体系参与全球分工，深度融入共建"一带一路"大格局，进一步提升西安在"一带一路"乃至世界格局中的地位。

（三）全力迎接第十四届全运会，在加强城市规划建设管理上实现新突破

在积极筹办全运会方面，力争"办成一届精彩圆满的体育盛会"。着眼提升城市承载能力，加快完善地铁、公交、绿化等配套设施，加快编制西安市国土空间规划，统筹推进关中平原城市群协同发展，提升西安对陕西、对西北发展的带动能力。放大全运会效应，做好体育品牌、赛事、文化活动的引进与市场开发，打造体育服务综合体和体育产业集群。在新型基础设施建设方面，加大5G基建、特高压、城际轨道交通、新能源汽车充电桩、大数据中心、人工智能、工业互联网等新型基建投资力度，建成新型智慧大数据中心、新型智慧城市运营中心和人工智能示范城市。在推进西咸一体化方面，完善联席会议、协调推进等一体化发展工作机制，深化城乡规划、产业

布局、基础设施、社会管理、公共服务、创业就业、环境治理、政策保障等"八位一体"措施。

（四）充分挖掘深厚的历史文化资源，展示世界历史文化名城的独特魅力

坚定文化自信，传承好历史文脉，推进文旅产业深度融合，自觉扛起加强文物保护和文化建设的政治责任和使命担当。在传承延续历史文脉上，牢固树立"保护文物也是政绩"的理念，全面加强历史遗址、重点文保单位、特色街区等科学保护和合理利用，在讲好中国故事、传播中华优秀传统文化方面发挥西安独特作用，把西安打造成为"看千年中国"的"天然历史博物馆"、中华文明的根脉城市和传承中华文化的世界级旅游目的地。在促进文旅融合发展上，重点发展"一核两极三板块"，精心培育文旅融合发展新业态，促进文化旅游与教育、科技、工业、体育、康养等深度融合，推出一批吸引力强、参与性强、体验度高的文旅新产品。大力宣传"千年古都·常来长安"的城市口号，用好支持文旅深度融合发展的27条政策措施，推动文旅产业转型升级、快速发展。在打造美丽古都新形象上，继续办好"中国年·看西安""西安年·最中国"等系列品牌文旅活动，提升西安的知名度、美誉度和影响力。

（五）推动生态环境质量持续好转，加快建设绿色生态宜居新西安

坚决贯彻落实习近平总书记"推动生态环境质量持续好转"要求的具体举措，在推进绿色发展、建设生态西安上实现新突破。在保护秦岭生态环境上，要深刻汲取秦岭违建事件教训，坚决扛起保护秦岭的历史责任，编制完成《西安市秦岭生态环境保护规划》，完善秦岭网格化管理平台，建立常态化巡查机制，持续开展秦岭生态环境综合修复，让秦岭美景永驻、青山常在、绿水长流。在改善生态环境上，实施全域治水、碧水兴城三年行动计划，加快推进"85316"水系综合治理，坚决打好净土保卫战，加快推进"三河一山"和护城河绿廊建设，新建绿道不少于100公里，新增城市绿地

不少于600万平方米。加快推进和完善餐厨垃圾处理、垃圾焚烧和固体废弃物综合处置场项目建设运营，实现垃圾分类和无害化处理。在优化国土空间开发格局上，高标准编制西安市国土空间规划，科学划定生态保护红线、基本农田保护红线、城镇开发边界。加强土地集约节约利用，构建存量空间腾退利用机制，进一步丰富海绵城市应用场景。加大城市空间"留白增绿"力度，打造"山青、水净、坡绿"的生态西安。

（六）始终坚持以人民为中心的发展思想，不断增强人民群众获得感幸福感安全感

在决战决胜脱贫攻坚上，完成中央专项巡视"回头看"和成效考核，发现问题及时整改，开展"三排查三清零"工作，因人因户精准施策，确保现行标准下所有建档立卡贫困户如期实现脱贫。在构建多层次社保体系上，实施全市统一的城乡居民基本医疗保险制度，完善工伤保险、失业保险制度，扩大失业保险覆盖范围。加大城乡低保对象、特困人员、残疾人、孤儿、留守老人和儿童等帮扶救助力度，实现社会救助全覆盖。在保障和改善民生上，扎实办好教育、医疗卫生、人居环境和交通出行等民生实事，建设人民满意的幸福城市。加快建设教育强市，完善医疗卫生体系，建立健全重大疫情防控救治体系，加快推进公共卫生中心、市儿童医院经开院区等10所医疗卫生机构建设。加快优化提升中心城区交通，提升改造地铁和常规公交系统，大力改善市民出行条件。做好应届高校毕业生就业工作，抓好下岗失业人员、返乡农民工等重点群体就业帮扶，确保充分就业，兜住民生底线。

参考文献

虎旭昕：《理解"全面建成小康社会"的三个维度：历史样态、内涵新解、时代意义》，《理论月刊》2020年第10期。

骆丹、王永友：《习近平关于全面建成小康社会重要论述的三维向度》，《重庆邮电大学学报》（社会科学版）2020年第5期。

齐卫平：《全面建成小康社会的历史意义和经验启示》，《上海党史与党建》2020年第9期。

宋林、张杨、郭玉晶：《新常态下陕西小康社会建设进程测度》，《西北农林科技大学学报》（社会科学版）2017年第5期。

万东华：《从社会发展看全面建成小康社会成就》，《人民日报》2020年8月4日，第11版。

肖鹏、沈传亮：《40年来小康社会建设研究热点述评》，《教学与研究》2020年第9期。

詹成付：《全面小康社会的演进、实践成果及深刻启示》，《红旗文稿》2020年第17期。

周文彰、岳凤兰：《全面建成小康社会的时代价值和历史贡献》，《前进》2020年第10期。

邹宇春、张彬、张丹：《提高居民幸福感　助推全面建成小康社会》，《中国社会科学报》2020年9月16日，第5版。

B.21 汉中市社会治理现代化的创新实践及对策研究

李 莉*

摘 要: 社会治理是一个伴随科技进步与经济发展实践长期并行、不断适应的过程,人们在追求生存温饱、经济富裕的同时,十分渴望社会环境的公平公正与安定和谐。新时代社会的主要矛盾已发生变化,这会带来新的治理难题,此次疫情防控的实践再次证明,市域日益成为重大矛盾风险的产生地和集聚区。围绕中省提出的市域治理新战略新要求,汉中市委、市政府以市域为主阵地,立足中心城区特殊空间优势和地域功能布局,积极应对社会治理中出现的新情况、新问题,聚焦有效治理方式,形成了一系列创新实践的基本思路、主要经验与亮点做法,为当地经济社会发展创造更高水平的平安环境,值得借鉴与思考。

关键词: 市域社会治理 "四个一" 创新试点 汉中市

党的十九届五中全会提出"十四五"时期经济社会发展的主要目标时明确:社会治理特别是基层治理水平明显提高,防范化解重大风险体制机制不断健全,突发公共事件应急能力显著增强,自然灾害防御水平明显提升,

---

* 李莉,中共汉中市南郑区委党校高级讲师,研究方向:基层社会治理、区域经济发展、管理心理。

发展安全保障须更加有力。这是党中央回应人民诉求和期盼，重点要求坚持统筹发展和安全，有效防范化解各类风险挑战，以实现经济行稳致远、社会和谐安定。汉中市紧紧围绕中省提出的市域治理目标及新战略新要求，立足中心城区特殊空间优势和地域功能布局，积极应对社会治理中出现的新情况、新问题，聚焦有效治理方式，形成了一系列创新实践的基本思路、主要经验与亮点做法，不断为当地经济社会发展创造更高水平的平安环境，值得我们借鉴与思考。

一 汉中市域社会治理现代化的现实基础

（一）基本概况

汉中市地处中国版图地理几何中心，位于陕西省南部，北依秦岭，南屏巴山，中部为汉中平原。总面积27096.43平方公里，其中山地、丘陵、平坝分别占比75.2%、14.6%、10.2%。2019年末户籍人口380.94万人，下辖2区9县152镇、25个街道办事处，以及278个城镇社区，1932个村委会。1996年2月，经国务院批准撤地设市。

（二）汉中市域社会治理的实践历程与经验探索

社会治理是一个伴随科技进步与经济发展实践长期并行、不断适应的过程，人们在普遍追求生存温饱、经济富裕的同时，十分渴望社会环境公平公正、安定和谐，二者在此消彼长中尽量处于均衡状态，社会因此得以健康发展。20多年来，汉中市从社会管理到社会治理始终走在不断探索创新道路上，理念上实现了由指令管控型向服务型转变，治理方式方法上由过去的人工粗放化向现代的科技精细化转变，治理资源由过去的单一分散化向现在的多元化整合转变。汉中市作为秦巴腹地之间、自古兵家必争要塞之地，伴随着时代的风云变幻，呈现其自身特有的社会形态，并留存下独创的、较为典型的治理印迹，不同程度地影响着汉中地域人们的生存方式。如2014年，汉中市创新社会治理推广工作中就有两处：一是汉台区东大街办事处、洋县磨子桥镇、宁强县汉源镇钟鼓楼社区、佛坪县预防青少年违法犯罪警示教育基地和勉县残疾人托养中心5家单位被市综治委命名为全市创新社会治理工作示范点。二是运达批发市场、东大街办事处创新的"十户联防"、社区网格化管理。之后，汉中市委按照全面深化改革中推进基层服务型党组织建设和完善基层治理体系的要求，全市在农村探索推行民情报告、"三亮三联三服务"、院坝说事会、为民服务代理；在街道社区探索推行社区网格化管理、"双报到"等制度，均有效提升了基层组织管理服务水平。2015年11月，汉中创新的"民情直通车"制度入选中央改革办《改革案例选编》，开始在全国推广宣传。2020年依照中央政法委下发的市域社会治理现代化全国试点第1期、第2期名单，陕西试点工作全面铺开，汉中市作为试点第2期成员单位进行申报，汉中市成立了专项组负责此项工作。专项组对有关的组织成员单位在进行整体摸排后，分片开展调研，对评估标准、测评办法进行分类分层细化，在此基础上结合试点工作，确定出对应重点难点问题，形成一整套长效机制来促进社会治理上水平。

（三）汉中市域社会治理取得的最新成果

2019年以来，汉中市以积极探索具有汉中特色、市域特点、时代特征的社会治理现代化为抓手，社会治理能力和水平进一步提升，取得了显著成效。主要体现在八个方面。

一是加强应急管理体系建设，全面提高防灾抗灾能力。抓好危化品、尾矿库、建设工程、交管运输等重点领域的安全生产和防汛、抗旱、防火等工作，坚决遏制重特大事故发生。优化关键物资产能布局，健全应急物资保障体系。社区开展党员双报到工作和志愿服务工作。疫情防控期间，采取"防疫情、控事故、不添乱"主动作为，第一，及时行动，全力配合疫情防控；第二，及时谋划，提前做好工作部署；第三，及时了解，准确掌握进展情况；第四，及时服务，帮助企业解决困难，通过"四个及时"，切实做到疫情防控和复工复产两不误。全市矿业、危化业、工贸行业有109家如期实现复产复工（其中矿山企业9家、危化企业8家，工贸企业92家），上岗员工21850名，均按要求做到了疫情防控"七个有"：有防疫领导及工作机构、有工作生活场所消杀、有错峰上班安排、有人员检查登记、有分餐生活安排、有隐患排查治理、有应急值守备勤，对已经复产复工企业立即跟进服务指导，帮助企业安全生产。

二是实施食品药品放心工程，创建国家食品安全示范城市。对食品安全领域10项重点问题实行立项治理，变"运动式"治理为制度性长效治理。将县区和部门松散型分工配合，升级为常态化监管协作，全力打造食品安全领域全链条监管协作机制。全市食品安全稳中向好，近年来未发生食品安全事件。2020年创建食品安全示范街区（商圈）63条，中小学校明厨亮灶率达到100%。开展食品安全监督抽检13534批次，检出不合格食品491批次。全年查办食品安全违法案件811件，移送涉刑案件10件；组织知识讲座1000余场次，累计培训食堂管理人员和从业人员12.1万人次。群众食品安全满意度测评列全省前三位。

三是完善社区服务功能。共建成农村社区服务中心40个、智慧社区9个、省级标准化社区9个。在全市范围内推行"一网一门一次"服务新模式，推行政务服务事项网上可办率达到86.4%、超过年初计划目标16.4个百分点，逐步实现群众少跑路、办事更方便的目标。

四是加强法律援助，全面完成"七五"普法，深化"法治汉中"建设。深入贯彻宽严相济的刑事政策，落实"少捕慎诉"司法理念，提升办案质效，强化社会治理。汉台区2018年被陕西省委、省政府授予法治政府建设示范区，2019年被授予全省"七五"普法中期验收先进单位称号，区法律援助中心被授予全国法律援助工作先进集体称号。

五是源头预防、积案化解、重要节点信访工作不断加强，严格控制进京赴省之类越级上访，到京非访、赴省信访人次分别同比下降66.1%、22.5%。

六是扎实开展第七次全国人口普查。从人口的数量、结构、分布、城乡住房等角度入手，进一步掌握第六次人口普查10年来汉中的变化情况，为推动汉中新时代追赶超越、高质量建设"三市"目标提供较为全面准确的数据支撑。

七是扫黑除恶专项斗争向纵深推进。持续深化行业整治，建立健全长效机制。全市 2020 年 1～7 月发生生产安全事故 7 起，同比减少 3 起、下降 30%；死亡 10 人，同比减少 5 人、下降 33.33%，安全生产事故发生数和死亡人数实现"双下降"。基层司法所体制改革全面完成。深入开展"六清"行动，取得扫黑除恶专项斗争的重大战果，其成效认可率达 91.92%、全省位居第 2；公众安全感达 95.53%，同样名列全省第 2。

八是加强"雪亮工程"建设，完善立体化社会治安防控体系。实现 4G 网络行政村全覆盖。2019 年度汉中市平安建设工作考评结果为优秀等次，被省平安陕西建设领导小组表彰为"平安市"，宁强、留坝、佛坪、洋县被表彰为"平安县"。

二 汉中市域社会治理现代化建设的创新举措、亮点及问题

（一）总体战略考量

1. 工作目标

汉中市把平安建设纳入全市经济社会发展全局，不断加速社会化、法治化、智能化、专业化社会治理进程，以实现维护国家安全、维护社会大局稳定、促进高质量发展、维护公共安全、推动绿色发展、保障人民安居乐业、形成工作合力新局面。对此，坚决防止发生政治类敏感案（事）件、坚决防止发生暴恐袭击案件、坚决防止发生规模性赴省进京上访事件、坚决防止发生影响恶劣的个人极端案（事）件、坚决防止发生重特大公共安全事故。思路目标上，持续推进治理体制现代化，增强市域社会治理凝聚力；持续推进治理布局现代化，增强市域社会治理实效力；确保实现"六项任务"：即着力维护国家政治安全、健全完善社会治安防控体系、防范化解社会风险矛盾、有效防控公共安全风险、提升市域公共服务水平，全面实施"四个一"

基层治理模式。推动治理方式现代化，增强市域社会治理驱动力；加强市域社会治理组织保障。推动社会治理发挥"五个作用"：政治引领作用、法治保障作用、自治强基作用、智治支撑作用、德治教化作用。

2. 加强组织领导

市委明确由市政法委牵头，统筹协调部门分工。把推进"四个一"基层治理创新体系作为推进市域社会治理现代化工作责任的具体行动，并提上重要日程。主要负责人作为第一责任人，亲自协调成立工作机构、制定工作方案，扎实推进治理工作有序开展，真正形成上下联动、齐抓共管格局，确保任务要求不折不扣落地做实。

3. 加强规划

市委决定在汉台区东大街街道办事处、东大街社区，城固县柳林镇、柳林镇小营村，留坝县火烧店镇、火烧店镇石家院村，共六家单位开展基层治理试点工作，市领导小组研究制定了创新社会治理整体规划和实施方案，明确总体目标和阶段性任务，做到分层级开展。确定实施步骤，试点单位先行，非试点单位同步推进。

（二）五大创新举措

1. 出台三个规范性文件，指导市域社会治理现代化工作

结合汉中实际，为建设更高水平平安汉中，汉中市先后出台了《关于建设更高水平平安汉中的决定》《汉中市推进市域社会治理现代化的实施意见》《关于深入推进基层社会治理创新的指导意见》三个指导性文件，提出以习近平新时代中国特色社会主义思想为指导，深入贯彻执行党的中省决策部署，坚持党的全面领导、国家总体安全观、以人民为中心的思想原则，坚持稳中求进工作总基调，坚持属地管理和谁主管谁负责，坚持改革创新、标本兼治，自治法治德治"三治融合"，并在此基础上再融入：政治、智治。完善党委领导、政府负责、社会协同以及公众参与、法治保障社会治理体制，不断打造共建共治共享社会治理格局。

具体治理分三个层级进行：市级层面重在统筹协调，加强总体设计、整

合资源力量、完善政策措施、强化督导考核，推动解决重大问题。县区层面重在组织实施，围绕社会治理的目标、任务和基层治理创新的阶段、步骤，制定具体方案、压实各方责任，让更多资源、服务、管理下沉基层，着力解决突出问题。镇级层面重在强基固本，强化基层治理和公共服务职能，以便民服务、综合执法、社会治安综合治理为依托，做到信息掌握到位、矛盾化解到位、治安防控到位、服务管理到位。

其中《关于深入推进基层社会治理创新的指导意见》，是汉中市贯彻落实党的十九届四中全会精神、加强基层社会治理的创新举措，这是汉中探索市域社会治理的创新实践，并在全市范围推广，其核心为治理体系的"四个一"基础框架，即：构建一个平台承载、一张网络连接、一支队伍落实、一套机制保障。全市选择三个区县的三个镇办、三个村社开展试点，试点经验受到了省委的高度肯定。

2.搭建四级综合治理中心平台

《中国共产党政法工作条例》明确规定：省、市、县、乡镇（街办）社会治安综合治理中心是整合社会治理资源、创新社会治理方式的重要工作平台，由同级党委政法委员会和乡镇（街办）政法委员负责工作统筹、政策指导。汉中市四级综治中心已全部完成挂牌，实体化运行步入正轨。

社会治安综合治理中心主要围绕四大职能开展工作：第一，当好社会治理的"大平台"，推动平安建设联创。通过整合平台的编制人员、招聘部分人员，将专业职能部门，如公检法司单位及涉及的交管、城管等相关类型人员，均纳入社会治理大平台。一是协调推进辖区内社会治安防控体系建设，定期进行治安形势分析，研究制定防范措施，及时发布治安预警信息；二是不断健全治安巡防机制，有效整合派出所、司法所、法庭、巡防队伍、法律工作者、"红袖章"、平安志愿者等群防群治力量，加大对重点地区、重点部位和重点时段的防控工作；三是发展壮大专兼职社区工作者、平安志愿者、群防群治等工作力量，指导组织辖区开展平安单位、平安学校、平安医院、平安小区、平安家庭等各类基层平安创建活动。第二，当好矛盾纠纷的"终点站"，推动矛盾纠纷联调。一是坚持和发展新时代产生的"枫桥经验",推动完善政治、法治、德治、自治、智治"五治"融合;二是健全"统一管理、集中梳理、归口管理、分流处理、限制办理"矛盾纠纷调处机制,构建调解、仲裁、行政复议、诉讼等有机衔接的多元化解体系。坚持人民调解、行政调解、司法调解"三调"联动。第三,当好联系群众的"小窗口",推动突出问题联治。依托综治中心这个窗口,以维护群众合法权益、解决合理诉求为核心,全力化解邻里纠纷、地畔争议、家庭不和、欠薪讨薪等影响群众安全感的突出问题,努力让群众"进一个门",就能办"所有事"、解"大多愁",把综治中心变成"问题解决中心"。第四,当好普法宣传的"大喇叭",推动法治建设联抓。组织开展群众性法治文化活动,加强法治宣传教育,提供法律咨询援助服务,普遍推行群众说事、法官(法律工作者)说法等经验,发挥乡贤文化、家训家风、生活礼俗的教化作用,引导广大群众办事依法、遇事找法、解决问题用法、化解矛盾靠法。

四级综合治理中心突出各自不同职能:一是省级综治中心突出顶层设计职能。二是市、县区综治中心突出区域指挥平台的功能,解决本层面突出治安问题和重大矛盾风险。对治安问题、矛盾纠纷、群众诉求进行联动受理、分流指派、协调督办。开展治安形势分析研判,列出排查任务清单,指导隐患排查和处置工作。三是镇(街办)综治中心突出基层枢纽平台功能,开展治安隐患、矛盾纠纷源头排查、管控、化解,推进基层平安创建和群防群治队伍建设。受理、处理辖区内群众有关社会治安、矛盾纠纷方面的求助、投诉,以及对重大事项的上报分流和联动处置。四是村(社区)综治中心突出基础服务平台功能,扎实开展网格化服务管理,做好基础信息采集上报。抓好矛盾纠纷、治安隐患的前端排查化解稳控,落实特殊人群服务管理措施。组织开展群防群治。各级综治中心要实现"五有":即有人员、有机构、有场所、有经费、有制度。

3. 推进"四个一"基层治理新体系

2019年四季度开始,汉中市政法委会同市委组织部、市编办,在汉台区、城固县、留坝县确定部分镇(街办)、村(社区)开展"四个一"试点,探索建设"一个平台承载、一张网络连接、一支队伍落实、一套机制保障"的基层社会治理新体系。

（1）一个平台承载。即承载一般审批服务、社会矛盾化解等相关事项，整合组建社会治安综合治理中心。在社会治安综合治理中心这个大平台上，依托2个中心支撑，将现有的镇办便民服务大厅、村（社区）便民服务站或党群服务中心平台进行整合后，组建网格管理中心和更人性化的便民服务中心，形成融办好事和解难事为一体的综合平台，推进各项服务治理便携化，优化办事流程，减少办理环节，统筹整合各类信息资源，实现"一站式"接待服务群众，满足群众对基本公共服务的需求。平台加大简政放权力度，围绕一批群众办理的高频事项，遵循"应下尽下"原则，把审批服务事项下沉到镇（街办）、到村（社区）。在试点中，汉台区服务事项清单下沉到镇（街办）116项、到村（社区）113项，留坝县下放260项。对下放事项采取委托执法、流程再造等方式，确保基层"下得去、接得住、办得好"。

（2）一张网络连接。以县区为单元全面推行网络化管理服务机制，建立县区、镇（街办）、村（社区）三级网格化管理服务平台，基于互联网、手机工作群为支撑，成立线上线下统一的网格中心，推动"多网合一""一网通办"，不断扩充服务内容，突破天花板，形成网络回路，强化网格功能，实现区域内所有为民服务信息及事务的网络全覆盖，形成"管理精细化、服务零距离"基层治理新格局。2020年全市一张网服务正在积极推进中。

汉台区自2013年就深化推行"网络化"管理工作成效，树立"空间网格化、手段信息化"理念，城区按300户或1000人为单元，农村以村民小组、自然村落为单元合理划分网格，连续每年招聘100名年轻、专业、富有激情的社区工作者，共划网格630个、配备网格员630名，并把身心健康的老党员、热心公益志愿者发展为信息员，协助网格员开展工作。开展精细服务、精准管理，全区共发展网格信息员2000余名。

再如，吴基庄村网格化管理。即把辖区内的所有视频监控，所有数据、图文、视频等形式的信息收集，所有事项解决均集中归类，汇集于一张网络上。用一套平面化多层级网络图谱收纳社情民意。在相关人员定期综合研判分析后，以"镇办吹哨、部门报到"形式，分派给区直归口管辖部门，通过限时处理、反馈、核查，验收合格后进行销号，形成网络办理循环回路，实现了用高效的网速替代脚力跑路；若验收核查未获通过，交办事项将被标注红色进行提醒督办，超过时限后会被督办问责。实践证明，这种方式既便捷又高效，所有督促事项均在时限内办结，群众对办事的效率和质量相当满意。

（3）一支队伍落实。即：镇（街办）成立综合执法队、村（社区）组建便民服务队并成立志愿者服务队，按照属地管理原则，针对城市管理、食药监管、市容卫生、文化旅游、安全生产等14项实现执法机构、执法职能、执法力量有机整合，推动行政执法权限、服务力量等不断向基层延伸。镇（街办）做到相对固定的执法人员落实相应责任，业务上接受上级主管部门指导与监督。全面整合各村组干部、党团员、网格员、市场管理员、保洁员、护林员、巡河（路）员等服务力量，统交由镇办使用。强化镇（街办）统一指挥、统筹协调职责，加强与公安等垂管执法单位的机动执法力量联合执法，促进基层管理执法和社会服务的衔接互补，有效推动共建共治共享新格局形成。

（4）一套机制保障。第一，做到经费保障。财政保障镇（街办）、村（社区）综合预算打包，保障办事财力可以持续增强工作后劲。第二，做到人员保障。通过打通行政人员和事业人员的身份界限，按照岗位选聘适合人员，保留其前期身份，再按现行岗位管理取酬，从而充分调动人员的工作积极性。第三，做好权责保障。通过结合基层社会治理实际，镇（街办）实行了一系列管理体制改革，确保赋权强能、人事制度、经费投入等一系列保障制度体系建立配套，如，镇（街办）对区直部门、驻区垂管单位等有评价考核权；对职能部门派出人员有考核评价权、人事任免建议权、辖区公共设施规划参与权；对辖区重大事项及决策有建议权；对各职能部门综合执法指挥有调度权；对多部门协同解决的综合性事项有统筹协调、考核督办权；对下沉资金、人员统筹管理、对应资金有支配权等；权责利的明晰，使

"三项激励机制"得到充分运用,从而有效激励并保护基层干部改革创新,不断增强其干事创业的信心和动力。

4. 争创省级平安鼎

2019年7月10日,省委办公厅、省政府办公厅印发《陕西省平安建设工作考评及授予"平安鼎"实施办法(试行)》,以"平安鼎"创建为载体,推动平安建设各项任务落地。标准有三:一是辖区内不发生在全省乃至全国造成重大影响的严重危害国家安全事件、严重影响社会稳定事件、重特大刑事案件、严重影响经济秩序案件、重特大安全生产事故、严重破坏生态环境案(事)件、重特大公共安全案(事)件。二是市域每年至少1/3以上的县区达到"平安县区",人民群众对社会治安满意度、涉稳风险预警防范率、重大决策社会稳定风险评估率达到省上当年标准。三是年度平安建设工作考评结果为良好及以上等次两次以上。

2019年度汉中市平安建设工作已获得优秀等次,被表彰为"平安市",宁强等四县被表彰为"平安县",超过1/4县区。截至2020年10月,汉中市未发生较大影响的案(事)件和安全生产事故,具备争创2020年度"平安市"、进而争创"平安铜鼎"的基础条件。汉中市立志把争创"平安铜鼎"作为主攻目标,自加压力、强化措施,推动平安汉中建设再上新台阶。

5. 建设"雪亮工程"

2016年10月,全国综治"江西会议"提出,完善社会治安防控体系,推动公共安全视频监控建设联网应用,因为"群众的眼睛是雪亮的",故而这项工作被称为"雪亮工程"。国家已将公共安全视频监控系统建设纳入"十三五"和国家安全保障能力建设两个规划中,开展"雪亮工程"建设全面部署。汉中市被中央政法委列为2020年公共安全视频监控建设联网应用重点支持城市,汉台区和西乡县被确定为省级"雪亮工程"建设试点县。目前汉中市"雪亮工程"已建成联网探头1.04万个,其中一、二类视频监控联网6219个,安装人脸视频监控205个,城区要害部位视频监控覆盖率达到100%,社区农村覆盖率达到了65%以上。在中心城区,公安汉台分局建成了集雪亮工程实战应用管理、平安城市视频监控、综治维稳、指挥调度、合成作战、无人机巡控为一体的"六大中心"平台,在辖区17个派出所建成视频巡控平台。仅2020年上半年就借助监控技防系统破案154起,占已破刑事案件的30%,抓获通缉在逃人员28人,与2019年同期相比,街面盗窃案下降7.6%,抢劫抢夺案下降25%,破案数上升13.5%。电信通讯网络通力协作于社会治理能级,有力发挥出了技术支撑效果。

(三)突出亮点

1. 疫情危情中汉中市高速交警彰显"五治融合"理念,体现出制度规矩与人性通识的有机统一

社会治理的终极目标是没有法治作刚性管治,人们以"德治"为内心约束,达到高度自治。同样以此状态为努力方向,在新时代初期构建阶段,我国社会主要矛盾已经发生阶段性转化,法治与德治当并行不悖,且不可偏颇。《疫情致湖北司机滞留高速 汉中交警为他搭起"临时家"》一文经央视及人民网全面报道后,汉中高速交警受到全国人民的高度赞誉,汉中市在疫情危机中对法治与德治二者的协调处理,平凡中见证伟大,彰显了人性光辉,很好地体现了共建共治共享实践成果,凸显汉中市域社会治理迈向现代化的能力和水平。

2. 试点单位的创新亮点

其一,汉台区在试点工作中形成了社会治理"1+4"体系,即党建引领+一个平台承载、一张网络连接、一支队伍落实、一套机制保障。此治理体系实施以来,汉台在基层镇(街办)服务群众综合效率上升70%以上,获得了辖区群众和商户的广泛好评与认可。

其二,留坝县"院坝说法"。近年留坝县委政法委在总结推行"院坝说事会"制度和"一村一警"成功经验的基础上,召开政法委员会议,会议决定在全县政法系统开展"院坝说法、院坝说案、院坝说理"活动,并印发活动方案。政法各部门结合"一村一警"工作,组建一批院坝说法(案、理)宣传队,由政法干警担任主讲"说法人",以专题讲座、巡回审判、法治展板、发放法律服务手册等形式,利用各村召开"院坝说事会"的契机,深入各村、组、社区开展"院坝说法"及巡回法律服务活动。留坝县政法干警主动深入群众,按照矛盾纠纷、法律服务、法律援助、社区矫正进行分类并建立台账,将台账事项确定为院坝说法议题。"院坝说法"将普法宣传、矛盾纠纷排查调解、法律援助、法律服务工作进行了有机结合,切实做优便民服务,为快速高效解决群众矛盾纠纷树立了标杆。

试点单位2020年均已建立积分考评、岗位管理等考核激励机制,部分镇办按照"同工同酬"思路探索推行"工资走身份、奖补按业绩"的薪酬发放制度,尝试破解党政、事业单位干部在工作津贴、年终奖金上存在差异、不便管理的难题。总结试点成功的基本经验,就是基层组织坚持党建引领,推动社会治理重心和配套资源服务向基层下沉,推动为民服务精细化、执法监管集约化、社会治理系统化,从而全面提升了治理和服务水平。

3. 同步推进县区创新亮点

(1) 南郑区开创的民情直通车系统暨5412345民生热线,2020年上半年共受理事项12071件,受理事项办结率99.8%,回访反馈率为100%,实现群众满意率达到98.6%。区政法委在区委党校专设市域基层社会治理现代化研究中心,聘请高级讲师开展专题调研及理论指导。

(2) 勉县公安局新街子派出所开展"枫桥式"公安派出所创建工作。坚持"对党忠诚、服务人民、执法公正、纪律严明"总要求,以"秩序好、发案少、社会稳定、群众满意"为总目标,依托"枫桥式"公安派出所创建,全力打造"矛盾不上交、平安不出事、服务不缺位"的基层社会治理新样板,不断实现"党政认可、群众满意、民警幸福"基层社会治理目标。

(3) 略阳县创新开展"六联"工作法,提升社区治理水平。"六联",即,立足社区网格化管理,联合辖区事业单位、非公企业、个体商户等社会组织、社会工作专业人才、社区志愿者、居民群众,共同开展"党建引领联创、思想文化联做、公益事业联办、重点人群联管、社会治安联防、矛盾纠纷联调"。

2020年以来,汉中市域基层社会治理创新活动,如雨后春笋扎根辖区各地，又在实践结合中不断焕发生机。各单位及民众参与感、积极性显著提高，工作统筹性、协调性更加顺畅，公共服务管理及综合治理能力显著提升，安全、和谐、幸福基层正在实现。

（四）面临的问题与挑战

要清醒看到社会治理工作中尚存在的差距和不足。主要表现在四个方面。

一是市域社会治理的理念认识不足，对市域体系、机制、方法还存在很多不适应的地方，一些地方的思路还不够清晰；存在一定程度的形式主义。

二是有的地方治安防控存在不少薄弱环节，矛盾风险防控化解不够及时到位，影响群众安全感的问题仍然不少。一些过去的好经验、好办法面临不适用，而还在用，如有的镇村在民情直通车实施中，存在无人可用，村组干部在兼任中分身乏术；群众有些诉求，非镇村当下实力所能解决；有些地方网络回路不畅，后期运营有困难。有的地方基层基础工作不够扎实，忽视基层综治平台和网格作用发挥。

三是现代科技运用存在短板，智能化建设比较滞后；基础信息的采集和数据更新方面还存在较多问题，特殊人群的关键性信息，比如个别官员、富余人群等不愿自己信息被采集，吸毒、酗酒等社会危险人群的采集率还未达到100%。有的数据更新慢、关键数据缺失；网格员还未实现整体年轻化、专业化，激情干事劲头不足；细节管理因素还需探究，如有的网格员管理群体普遍超过1000户，这样难以做到精准施策，一般应当以100～300户，或300～500人为宜，网格尽量划小，网格员尽量固定，不宜由社区老大妈担当。村干部兼职人员有的文化程度不高、腿脚不灵便，不适宜管理路程较远区域，必须培养和建立专属的网格员和信息员来进行。

四是多元共治格局尚未形成，群众和社会力量发动不足；公共服务意识和能力提升尚有很大空间，地处连片特困秦巴山区域，市域市场化程度不高，外来人口相对较少，民众对公共事务的参与度、常态化共治体系以点带面、以偏概全较多，多元共治现代化还有较长道路要走。

三 加快推进更高水平平安汉中的对策及思考

2020年4月20日，习近平总书记来陕考察调研，深刻阐明了事关陕西省改革发展稳定的方向性、根本性、原则性问题，是统一全省思想的"定盘星"、解决实际问题的"金钥匙"，是做好各方面工作任务的总方针、总纲领和总遵循。汉中市要继续深入领会习近平总书记的重要指示和重要讲话精神，做到科学谋划、精心组织，远近结合、整体推进，切实把我们党领导的中国特色社会主义制度、国家治理体系和治理能力现代化任务落实到国家治理各领域各方面各环节。

（一）以新发展理念为先导，确立与之相适应的市域社会治理现代化理念

本着解放思想、实事求是的科学态度，建构与新时代新阶段汉中高质量发展水平相适应的治理理念、治理方式与治理水平。汉中不仅是陕西区域发展规划的两大副中心之一，也是秦巴连片特困地区三大中心城市之一，在秦巴生态保护、汉江流域经济带总体规划中都有十分凸显的地位，承载着中心城区所赋予的不可替代的功能与使命！因此，要深刻认识市域社会变迁与经济发展之间的关系，深刻认识市域治理载体承担的特殊功能，在建立市域社会治理现代化目标、任务与要求时，不仅要突出汉中独特性，还应凸显中心城区更先进、更规范、更融合的治理禀赋，才能有效发挥辐射带动周边城区地域治理的水平与能力。

（二）党委重视是关键

各级党委首先要高度重视，完善鲜明的选人用人机制，切实加强组织领导，统筹协调各方，一级抓一级、层层夯实责任、才能上下一心、形成合力；也才能不断克服官僚主义，避免不必要的形式主义，把党员干部的智慧、动力与精力运用到更加明晰、更加科学有效的社会治理担当中。

（三）坚持目标导向，争创省级平安鼎

要落实好汉中市建设更高水平平安汉中出台的指导性文件，推进市域社会治理创新现代化实施意见、推进基层社会治理创新指导意见等文件要求，为基层党组织赋能明责。紧扣市域社会治理顶层设计中各项目标，明晰短中长期阶段性进展标准，各层级分解任务，全面落实到位。

当前和今后一个时期，汉中市要实现"三持续、一优化"，着力做好四方面工作。一是持续深化平安细胞创建；要做实做细做强"四个一"基层治理体系。软件方面，运用云计算、大数据、人工智能、物联网、区块链等新一代信息技术，重构各级各部门网络平台资源应用于市域治理基础建设。加强人力资源多形式培训，实现各种设施要件向专、精、尖智慧化方向升级，辖区内人群信息采集率尽量达到99.99%以上，数据应适时更新，至少做到每月一更新。要补短板、强弱项，深化"六清"固成果，持续推进扫黑除恶专项斗争，不断打造新时代"枫桥经验"汉中市域版，做到小事不出村、大事不出镇，重大矛盾风险化解在市域。要加强安全生产和食品药品监管。紧扣汉中市《安全生产专项整治三年行动作战图》，三大战略任务按照一个总体方案统领推进；围绕习近平总书记关于安全生产方面的重要论述、落实企业安全生产主体责任这两个专题深入开展；在危险化学品、非煤矿山、消防、道路运输、交通运输、城市建设和建筑施工、工业园区、危险废物、文化旅游、特种设备等10大重点行业领域和其他煤矿、医疗卫生、校园、油气管线、商贸和成品油、民爆物品、农林牧渔等7个行业领域内，有序推动安全生产专项整治三年行动工作，从而实现总体战略"三个转变、一个下降"目标：即企业安全生产由被动接受监管向主动加强管理转变，安全风险管控由政府推动为主向企业自主开展转变，隐患排查治理由部门行政执法为主向企业日常自查自纠转变，努力实现全市事故总量和较大事故持续下降，坚决遏制重特大事故。二是持续强化平安建设基础，加快"雪亮工程"建设。一方面要抓好硬件基础，如汉中市政府确定的2020年项目投资总额1.06亿元、总建筑面积29200.8平方米的汉中市公安局业务技术用

房重点建设项目，同时做好相应配套设施建设，要赋予新时代公安工作和市域治理现代化全新使命；另一方面要继续发挥好科技支撑手段，推动公共安全视频监控建设联网应用，促进"雪亮工程"建设由中心城区向县区延伸、由城镇向农村延伸。在城镇，以打造"平安智慧小区"为抓手，全市新建和在建住宅小区都要建设智慧门禁系统。在农村，以建设"平安乡村"为抓手，重要路口全部安装高清视频监控，鼓励农户安装家庭版监控探头，申通网络Wi-Fi实现实时监控。通过向科技要警力，全面织密社会治安防控网络体系，严厉打击各类犯罪，为平安建设奠定坚实基础。三是坚持以人民为中心，持续提升公众安全感和满意度。新时代背景下，社会的主要矛盾已发生变化，次要矛盾不断上升为主要的、迫在眉睫的矛盾，滋生、聚焦的矛盾在加速碰撞下，会激发出更多错综复杂的新情况、新冲突，量变一旦引起质变，就要带给市域新的治理难题，因噎废食、拍脑袋或一刀切式的简单粗暴治理做派应当受到摒弃。我们在任何时候都应当保持警惕，见微知著，有把控全局的预见性和决断力，不断加强防范化解矛盾的本领，探索行之有效的方法，及时总结梳理后，上升为新经验。要着力关注和解决好群众最关切的公共安全、权益保障、公平正义等问题，弘扬法治精神，严惩腐败行为。四是优化平安建设考核考评。严格设定市域治理现代化专项组及成员单位，持续深化"十有十没有"平安创建，明确定位、找准载体，加强平安单位动态管理，具体履行好健全制度、指导督促、验收评估等职能，加快推进平安建设。

（四）强化宣传力度，不断提升群众知晓率

通过多种融媒体形式、全方位开展市域社会治理现代化的理念、意义、目标等多方面的宣传，要让"政治、法治、德治、自治、智治"融合治理深入人心，让广大党员干部要知敬畏、明职责、敢担当，持续打造一岗多责、一专多能的基层服务队伍。同时，要不断树立典型，讲好治理故事，让更多群众积极自觉参与到志愿者队伍中来，形成人人参与、多角度发力、共建共治共享的社会治理格局，不断实现可持续治理，为全市做优"四个在

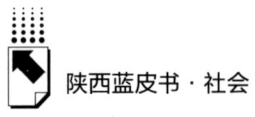

汉中"、实施"六个三"战略部署、做强"三个六"重点支撑,推动新时代追赶超越、高质量建设"三市"创造安全稳定环境。

(五)不断探索适宜于汉中市域社会治理现代化的激励机制

运用物质激励、精神激励、目标激励、期望激励等多种方法,分步骤、分阶段有序满足各类治理主体的不同需求,诸如汉台区中山街办事处环保炉洁净煤推广、燃煤炉具奖励等促进安全生产,建立诸如交通违规,可手机抓拍举报奖励、献言献策采纳有奖等正面激励平台,设立客观公平、公正公开的竞争机制和分配机制,做到赏罚分明、及时结项兑付,更好发挥基层"五治融合"主体的引导作用和整合力量。要认真落实省委出台的对干部鼓励激励、容错纠错、能上能下的"三项机制",确立"干与不干不一样、干好干坏不一样、快干慢干不一样"的激励倾向和措施,最大限度地激发和保护干部创业担当的工作热情、营造争先创优的向上正气、凝聚追赶超越的精气神!

(六)当好秦巴生态卫士

学深悟透弄懂做实习近平生态文明思想,树牢绿水青山就是金山银山的大生态观,深刻认识长江流域十年禁捕退捕重大政治责任、重大生态工程和重大发展要求,动员群众广泛参与生态安全治理,促进人与自然和谐共生,在重构自治共治善治新格局下,持续推动汉中市域社会治理走在全省前列。

大 事 记
Memorabilia

B.22
陕西社会发展大事记
(2019~2020年)

史晓筠 张雪梅*

2019年

1月

15日 陕西省省长刘国中出席全省深入推进"大棚房"问题专项清理整治视频会议并讲话，省政府秘书长方玮峰参加。

22日 陕西省人民政府办公厅颁发《关于促进"互联网+医疗健康"发展的实施意见》（陕政办发〔2019〕3号）

24日 全省河长湖长制工作会议暨"携手清四乱 保护母亲河"专项

---

* 史晓筠，陕西省社会科学院馆员，研究方向：图书资料；张雪梅，陕西省社会科学院馆员，研究方向：档案管理。

行动部署会在西安召开。

2月

11日 国务院、中央军委批复同意新建陕西府谷民用机场，这是陕西首家县级民用机场。

13日 陕西省颁发《陕西省人民政府关于印发省级财政资金分配暂行规定的通知》（陕政发〔2019〕2号）。

13日 陕西省政府办公厅颁发《陕西省人民政府关于印发秦岭生态环境保护行动方案的通知》（陕政发〔2019〕3号）。

18日 2018~2019年度第一批中国建设工程鲁班奖（国家优质工程）获奖名单出炉，有121项工程获此殊荣，陕西省7项工程入选。

27日 省委书记胡和平在宝鸡眉县举行的全省高速公路建设暨眉县至太白项目开工动员会上宣布开工。省长刘国中讲话。副省长、宝鸡市委书记徐启方出席。

3月

19日 省政府召开第五次常务会议，会议研究法治政府建设、行政执法三项制度推行、科技奖励、国有金融资本管理等工作。审议通过《陕西省2019年法治政府建设工作要点》《陕西省全面推行行政执法公示制度执法全过程记录制度重大执法决定法制审核制度实施方案》《陕西省深化科技奖励制度改革方案》《关于完善国有金融资本管理的实施意见》。

26日 省委书记胡和平出席了在西安召开的全省蓝天、碧水、净土、青山保卫战攻坚推进大会。大会由省长刘国中主持并向各市区、省级有关部门交办2019年年度任务清单。省委常委、常务副省长梁桂总结安排工作。

26日 省长刘国中主持召开省政府第六次常务会议，研究"大棚房"清理整治、秦岭保护、关中散煤治理、城市黑臭水体治理、党政机关办公用房管理等工作。会议审议通过《陕西省关中地区散煤治理行动方案（2019~2020年）》《陕西省党政机关办公用房管理办法》。

4月

28日 陕西省人民政府办公厅颁发《关于印发关中地区散煤治理行动方案（2019~2020年）的通知》（陕政办发〔2019〕14号）。

30日 中国农业银行陕西省分行与省农业农村厅在西安签署"服务乡村振兴战略全面合作协议"。双方还与省农业信贷融资担保有限公司签署"金融服务职业农民发展战略合作框架协议"。省政协副主席祝列克、中国农业银行副行长湛东升出席活动。

5月

7日 中国工农红军陕西富平仲勋学校、中国工农红军陕西渭南华州红军小学授旗授牌暨陕西省关心下一代工作委员会"腾飞中国·辉煌70年"爱国主义教育活动启动仪式在富平县举行。省人大常委会原副主任吴前进，省政协原副主席梁凤民等出席活动。

8日 陕西省人民政府办公厅颁发《关于印发降低社会保险费率实施办法的通知》（陕政办发〔2019〕18号）。

6月

2日 省长刘国中在汉中主持召开全省深度贫困地区脱贫攻坚推进会，省委副书记贺荣提出工作要求。省委常委、常务副省长梁桂，省人大常委会副主任、安康市委书记郭青参加会议。副省长魏增军主持。

2日 省长刘国中出席了在汉中市召开的第十四次陕南绿色循环发展工作座谈会。会议由省委常委、常务副省长梁桂主持，省人大常委会副主任、安康市委书记郭青，副省长魏增军参加会议。

4日 省委书记胡和平，中央第五指导组组长黄跃金出席了在西安召开的全省"不忘初心、牢记使命"主题教育工作会议。会上由省长刘国中传达中央"不忘初心、牢记使命"主题教育工作会议精神。中央第五指导组副组长符太增参加。省委副书记贺荣主持。

7月

5日 陕西省"智慧县域＋普惠金融"试点项目座谈会在省政府召开。

8日 省政府召开第十三次常务会议，会议由省长刘国中主持，研究了粮食安全、脱贫攻坚、违建别墅问题清查整治、乡村治理、全域旅游、企业上市等工作。会议审议通过《陕西省全域旅游发展规划》《推进企业上市三年行动计划（2019~2021年）》。

12日 陕西省人民政府办公厅颁发《关于印发深化收费公路制度改革取消高速公路省界收费站实施方案的通知》（陕政办发〔2019〕24号）。

13日 由西安市秦岭生态环境保护管理局、西安市长安区政府主办的"关爱大秦岭·志愿者在行动"秦岭生态环境保护志愿者营成立活动在长安区举行。

16~23日 国务院扶贫开发领导小组巡查组对陕西省脱贫攻坚工作进行巡查。巡查组在西安召开座谈会，通报反馈巡查情况。巡查组组长、国务院扶贫办主任刘永富出席，省委书记胡和平主持，省长刘国中汇报陕西省脱贫攻坚及成效考核整改工作情况，巡查组副组长、审计署总审计师陈健讲话，国务院扶贫办副主任夏更生反馈巡查意见，省委有关领导出席。

24日 国务院批准并同意陕西省撤销子长县，设立县级子长市，以原子长县的行政区域为子长市的行政区域。子长市由陕西省直辖，延安市代管。

8月

1日 省委书记胡和平主持召开了省脱贫攻坚领导小组会议。会议审议了国家脱贫攻坚巡查反馈意见整改工作方案、强化脱贫攻坚巡回督导工作的意见、脱贫人口"回头看"工作实施方案、中省财政专项扶贫资金与贫困县财政涉农整合资金负面清单、脱贫攻坚常态化约谈实施办法等文件。

15~16日 住房和城乡建设部副部长黄艳，省委常委、延安市委书记徐新荣出席了在延安市召开的住房和城乡建设部生态修复城市修补现场会暨试点总结会。会议由副省长徐大彤致辞。

9月

3日 第六次全省自强模范暨助残先进表彰大会在西安召开。会前省委书记胡和平和省上有关领导会见了参会代表。大会表彰44名"陕西省自强模范"、34个"陕西省助残先进集体"、29名"陕西省助残先进个人"、20个"残疾人之家"和31名"陕西省残联系统先进工作者"。全国自强模范付凡平、陕西省自强模范张小侠、陕西省助残先进集体代表张文辉3名代表分别在会上发言。

5日 在延安召开了全国退耕还林还草工作会议。国家林业和草原局局长张建龙讲话,国家林业和草原局副局长刘东生主持会议,省委常委、延安市委书记徐新荣出席,副省长魏增军在会上致辞。

6日 陕西省人民政府办公厅颁发《关于印发稳投资工作行动方案的通知》(陕政办发〔2019〕30号)。

8日 省委书记胡和平,中央巡回督导组组长黄跃金出席了在西安召开的全省"不忘初心、牢记使命"主题教育第一批总结暨第二批部署会议。省长刘国中主持会议。省委常委张广智在会上传达了中央主题教育第一批总结暨第二批部署会议精神。省委常委徐新荣在延安分会场参加会议。

16日 省长刘国中主持召开省政府第二十次常务会议,通报省政府领导班子"不忘初心、牢记使命"主题教育专题民主生活会情况,研究易地扶贫搬迁、违建别墅问题清查整治、造景造湖专项整治、丹霞地貌保护开发、中小企业技改奖励资金管理等工作。会议审议通过《关于加强和完善易地扶贫搬迁后续扶持工作的意见》《陕西省中小企业技术改造专项奖励资金管理办法(试行)》。

10月

14日 省住建厅、省发展改革委、省财政厅联合出台《关于推进全省城镇老旧小区改造工作的实施意见》和《城镇老旧小区改造中央补助资金申报指南》，指导老旧小区改造工作。

21日 陕西省住房和城乡建设厅、陕西省生态环境厅、陕西省发展和改革委员会印发《陕西省城镇污水处理提质增效三年行动实施方案（2019～2021年）》的通知（陕建发〔2019〕1204号）。

11月

2日 省长刘国中主持召开省政府第二十四次常务会议，研究科技特派员制度、违建别墅清查整治、消防设计审查验收承接、地质勘探基金使用管理等工作。会议审议通过《陕西省建设工程消防设计审查验收过渡期工作方案（送审稿）》。

5日 省委农村工作领导小组、省农村人居环境整治工作领导小组召开会议。省委副书记、省委农村工作领导小组组长贺荣出席。副省长、省委农村工作领导小组副组长魏增军主持。会议审议陕西省贯彻落实《中国共产党农村工作条例》和乡村产业振兴、乡村治理《指导意见》的有关文件，以及省农村人居环境整治工作考核办法；研究农村"厕所革命"、生活垃圾治理、污水治理、村庄规划、基础设施建设等整治工作推进情况、存在问题，安排下一阶段重点工作。

7日 省农村留守儿童关爱保护和困境儿童保障工作联席会议第一次全体会议暨全省农村留守儿童关爱保护和困境儿童保障工作推进视频会在西安召开。副省长魏增军出席。

12日 省长刘国中在西安主持召开中国（陕西）自由贸易试验区工作领导小组会议。会议通过全省复制推广的自由贸易试验区第二批改革创新成果和《中国（陕西）自由贸易试验区协同创新区建设实施方案》。省政府秘书长方玮峰参加会议。

14日 陕西省人民政府印发《陕西省落实〈中华人民共和国耕地占用税法〉实施办法》的通知（陕政发〔2019〕17号）。

14日 陕西省委宣传部、重庆市委宣传部主办的实施红色基因传承工程——"让烈士回家"系列主题活动暨红岩精神陕西行活动在西安启动。启动仪式上,杨虎城将军纪念馆与重庆市红岩联线文化发展管理中心互赠陕西籍红岩英烈相关文物史料,"红色基因传承工程"馆际共建基地揭牌。

28日 陕西省人民政府颁发《关于表彰第十四次哲学社会科学优秀成果的通报》(陕政字〔2019〕90号),授予《超越数量:质量经济学的范式与标准研究》等59项成果一等奖;授予《中国通胀预期的形成、测度与管理研究》等119项成果二等奖;授予《新时代中国特色社会主义政治经济学的创新发展研究》等122项成果三等奖。

30日 陕西省人民政府办公厅颁发《关于印发中国(陕西)自由贸易试验区"证照分离"改革全覆盖试点实施方案的通知》(陕政办发〔2019〕35号)。

12月

2日 省委书记胡和平出席中央扫黑除恶第12督导组督导陕西"回头看"情况反馈会并作表态讲话,省长刘国中主持。

3日 陕西省委书记胡和平参加并在广东、陕西两省经济社会发展座谈会上讲话。省长刘国中介绍省情和经济社会发展情况,副省长徐启方参加,副省长徐大彤签署"战略合作框架协议"。

5日 陕西省人民政府办公厅颁发《陕西省人民政府办公厅关于推进养老服务发展的实施意见》(陕政办发〔2019〕36号)。

7日 由全国老龄工作委员会办公室、中国老龄协会主办,中国老年学和老年医学学会、中国老龄事业发展基金会、汉中市人民政府承办的首届中华孝亲敬老文化传承与创新大会在汉中市举行。全国政协副主席、台盟中央主席苏辉出席,全国老龄办常务副主任、中国老龄协会会长王建军致辞,省政协副主席王二虎出席。

7日 省长刘国中主持召开省政府第二十六次常务会议,研究畜牧业发展和"菜篮子"产品保供、食品安全、国有资本投资运营公司改革、省级高新区管理、取消部分行政事业性收费等工作。会议审议通过《关于深化改革加强食品安全工作的实施意见（送审稿）》《关于推进国有资本投资、运营公司改革试点的实施方案》《陕西省省级高新技术产业开发区认定管理办法（送审稿）》《陕西省高新技术产业开发区考核评价管理办法（送审稿）》。

9日 陕西省与中国科学院共创榆林能源革命创新示范区战略合作协议签约仪式上省委书记胡和平出席并讲话，省长刘国中见证签约，副省长赵刚签署战略合作协议。

10日 全省首条5G智慧公交线路在西咸新区正式开通，首批装载有5G通信设备的10余辆828路公交车投入使用。

2020年

1月

6日 陕西省政府办公厅颁发《陕西省人民政府关于取消高速公路省界收费站有关问题的批复》（陕政函〔2019〕209号），原则同意自2020年1月1日起，取消G65包茂高速陕西境陕蒙界和陕西巴山、G20青银高速陕西吴堡和王圈梁、G70福银高速陕西长武和陕西漫川关、G40沪陕高速陕西商南、G22青兰高速陕西富县和陕西壶口、G6911麻安高速陕西平利、G2211长延高速陕西延川、G1812沧榆高速陕西府谷、G5京昆高速陕晋界禹门口和川陕界宁强、G30连霍高速豫陕界潼关和陕甘界陈仓、G7011十天高速鄂陕界陕西白河和陕甘界陕西略阳、G85银昆高速陕川界陕西南郑和甘陕界陇关、陕西佳县共21处省界收费站。

22日 陕西省政府办公厅颁发《关于印发全省国民经济和社会发展第十四个五年规划编制工作总体方案的通知》（陕政发〔2020〕1号）。

23日 省长刘国中、省政府秘书长方玮峰去看望在节日期间坚守一线的防控工作人员，并到省疾控中心调研检查新型冠状病毒感染肺炎疫情防控工作。

27日 省政府办公厅颁发《关于加强新型冠状病毒感染的肺炎防控工作的通告》（陕政发〔2020〕2号）。

2月

7日 由省长刘国中主持的全省疫情防控工作视频调度会议上省委书记胡和平出席并讲话，副省长方光华通报全省疫情防控工作情况。

10日 省政府办公厅出台《关于坚决打赢疫情防控阻击战促进经济平稳健康发展的意见》（陕政发〔2020〕3号）。

11日 省应对新冠肺炎疫情期间经济社会运行保障工作领导小组会议和省应对新冠肺炎疫情工作领导小组视频调度会议是由省长刘国中先后主持召开并讲话，副省长方光华出席，省政府秘书长方玮峰参加。

16日 省政府办公厅出台《关于印发改善一线医务人员工作条件切实关心医务人员身心健康具体措施的通知》（陕政办发〔2020〕3号）。

17日 省政府办公厅出台《关于印发应对新冠肺炎疫情支持中小微企业稳定健康发展若干措施的通知》（陕政办发〔2020〕4号）。

3月

3日 副省长魏增军主持召开全省应对新冠肺炎疫情影响做好脱贫攻坚问题整改视频调度会议。

6日 省委书记胡和平到高校、医院和科研机构调研新冠肺炎疫情防控科研攻关工作并主持召开座谈会，副省长赵刚、方光华参加。

7日 省长刘国中主持召开省政府新冠肺炎疫情防控视频调度会议并讲话，省上有关领导参加。

13日 常务副省长梁桂先后主持召开部分行业稳就业稳增长座谈会、复工复产工作推进会、统筹疫情防控和经济社会发展各项政策落地落实工作推进会并讲话。

20日 副省长方光华出席陕西省第一批支援湖北医疗队返陕休养迎接仪式并讲话。

21日 省委书记胡和平到西安市和西咸新区调研民营经济发展工作，副省长方光华参加。

24日 省政府办公厅出台《陕西省人民政府办公厅关于印发2020年深化"放管服"改革优化营商环境工作要点的通知》（陕政办函〔2020〕21号）。

27日 陕西省人民政府办公厅出台《关于印发"一带一路"建设2020年行动计划的通知》（陕政办发〔2020〕6号）。

30日 西安咸阳国际机场疫情防控和三期工程建设中省委书记胡和平调研并主持召开座谈会，常务副省长梁桂、副省长方光华参加。

31日 省长刘国中、常务副省长梁桂和副省长胡明朗分别迎接西安交通大学第一附属医院、西安交通大学第二附属医院、省非公立医疗机构协会及省疾控系统第二批和第三批支援湖北医疗队并讲话，省政府秘书长方玮峰参加。

4月

1日 陕西省人民政府颁发《关于调整陕西新开岭等5个省级自然保护区范围及功能区划的批复》（陕政函〔2020〕32号）。

1日 陕西省人民政府颁发《关于陕西省城市生活垃圾分类规划（2019～2025年）的批复》（陕政函〔2020〕34号）。

8日 省国民经济和社会发展第十四个五年规划编制工作领导小组会议由省长刘国中主持召开并讲话，常务副省长梁桂和副省长魏增军、赵刚、方光华、徐大彤出席，省政府秘书长方玮峰参加。

9日 常务副省长梁桂到宝鸡市调研苏陕扶贫协作、企业复工复产、农民工返岗就业和综合执法等工作，副省长徐启方一同调研。

15日 由省长刘国中主持的中央脱贫攻坚专项巡视"回头看"和成效考核反馈问题整改落实工作动员部署视频会议上，省委书记胡和平出席并讲话，副省长魏增军通报国家2019年脱贫攻坚工作成效考核反馈问题并就陕西省《整改方案》作说明。

16日 陕西省人民政府办公厅颁发《关于应对新冠肺炎疫情影响强化稳就业举措的通知》（陕政办发〔2020〕7号）。

20~23日 中共中央总书记、国家主席、中央军委主席习近平来陕西考察，考察期间先后到商洛、安康、西安等地，深入自然保护区、贫困山区、社区、学校、企业等，了解秦岭生态环境保护、脱贫攻坚、复工复产等情况；就统筹推进新冠肺炎疫情防控和经济社会发展工作、打赢脱贫攻坚战进行调研；看望慰问干部群众，听取陕西省委和省政府工作汇报，发表重要讲话、做出重要指示。中共中央办公厅主任丁薛祥、国务院副总理刘鹤、全国政协副主席何立峰和省委书记胡和平、省长刘国中陪同。

27日 省长刘国中主持召开学习贯彻落实习近平总书记来陕考察重要讲话重要指示精神、安排部署全省常态化疫情防控和加快推进复工复产复学等工作电视电话会议并讲话，副省长方光华出席，省政府秘书长方玮峰参加。

5月

27日 陕西省人民政府办公厅颁发《关于印发促进市场消费积极应对新冠肺炎疫情影响若干措施的通知》（陕政办发〔2020〕10号）。

6月

1日 省长刘国中出席省政府以稳就业为重点、以"六保"促"六稳"各项工作会议并讲话。

3~4日 常务副省长梁桂到米脂县调研脱贫攻坚"三排查三清零"、易地扶贫搬迁后续扶持和防汛抗旱等工作。

5日 省委书记胡和平主持召开研究部署第十四届全运会和残特奥会筹备工作专题会议并讲话，省长刘国中、常务副省长梁桂、副省长方光华出席。

8日 省委书记胡和平出席省委常委班子关于赵正永严重违纪违法案以案促改专题民主生活会集中学习并作动员讲话，省政府领导班子成员参加。

12日 陕西省人民政府办公厅出台《关于开展各类变相审批清理整治工作的通知》（陕政办函〔2020〕46号）。

7月

14日 省长刘国中主持召开"十四五"规划编制工作专题会议并讲话，常务副省长梁桂和副省长魏增军、赵刚、程福波出席；参加全国防汛抗洪救灾工作专题视频会议并在会后就陕西省抓好贯彻落实提出工作要求，省政府秘书长方玮峰参加。

22日 陕西省人民政府办公厅出台《关于做好国家脱贫攻坚普查工作的通知》（陕政办发〔2020〕14号）。

8月

5日 陕西省人民政府颁发《关于安康市恒河水库工程建设征地移民安置规划大纲的批复》（陕政函〔2020〕96号）。

24日 陕西省人民政府颁发《关于对2019年落实有关重大政策措施真抓实干成效明显受国务院督查激励的市县和部门表扬奖励的通报》（陕政字〔2020〕64号）。

10月

13日 陕西省人民政府办公厅出台《关于支持多渠道灵活就业的实施意见》（陕政办发〔2020〕19号）。

社会科学文献出版社

皮 书

智库报告的主要形式
同一主题智库报告的聚合

❖ 皮书定义 ❖

皮书是对中国与世界发展状况和热点问题进行年度监测,以专业的角度、专家的视野和实证研究方法,针对某一领域或区域现状与发展态势展开分析和预测,具备前沿性、原创性、实证性、连续性、时效性等特点的公开出版物,由一系列权威研究报告组成。

❖ 皮书作者 ❖

皮书系列报告作者以国内外一流研究机构、知名高校等重点智库的研究人员为主,多为相关领域一流专家学者,他们的观点代表了当下学界对中国与世界的现实和未来最高水平的解读与分析。截至2021年,皮书研创机构有近千家,报告作者累计超过7万人。

❖ 皮书荣誉 ❖

皮书系列已成为社会科学文献出版社的著名图书品牌和中国社会科学院的知名学术品牌。2016年皮书系列正式列入"十三五"国家重点出版规划项目;2013~2021年,重点皮书列入中国社会科学院承担的国家哲学社会科学创新工程项目。

中国皮书网

（网址：www.pishu.cn）

发布皮书研创资讯，传播皮书精彩内容
引领皮书出版潮流，打造皮书服务平台

栏目设置

◆ **关于皮书**
何谓皮书、皮书分类、皮书大事记、
皮书荣誉、皮书出版第一人、皮书编辑部

◆ **最新资讯**
通知公告、新闻动态、媒体聚焦、
网站专题、视频直播、下载专区

◆ **皮书研创**
皮书规范、皮书选题、皮书出版、
皮书研究、研创团队

◆ **皮书评奖评价**
指标体系、皮书评价、皮书评奖

◆ **皮书研究院理事会**
理事会章程、理事单位、个人理事、高级
研究员、理事会秘书处、入会指南

◆ **互动专区**
皮书说、社科数托邦、皮书微博、留言板

所获荣誉

◆ 2008年、2011年、2014年，中国皮书
网均在全国新闻出版业网站荣誉评选中
获得"最具商业价值网站"称号；
◆ 2012年，获得"出版业网站百强"称号。

网库合一

2014年，中国皮书网与皮书数据库端口
合一，实现资源共享。

中国皮书网

权威报告·一手数据·特色资源

皮书数据库
ANNUAL REPORT(YEARBOOK)
DATABASE

分析解读当下中国发展变迁的高端智库平台

所获荣誉

- 2019年，入围国家新闻出版署数字出版精品遴选推荐计划项目
- 2016年，入选"'十三五'国家重点电子出版物出版规划骨干工程"
- 2015年，荣获"搜索中国正能量 点赞2015""创新中国科技创新奖"
- 2013年，荣获"中国出版政府奖·网络出版物奖"提名奖
- 连续多年荣获中国数字出版博览会"数字出版·优秀品牌"奖

成为会员

通过网址www.pishu.com.cn访问皮书数据库网站或下载皮书数据库APP，进行手机号码验证或邮箱验证即可成为皮书数据库会员。

会员福利

- 已注册用户购书后可免费获赠100元皮书数据库充值卡。刮开充值卡涂层获取充值密码，登录并进入"会员中心"—"在线充值"—"充值卡充值"，充值成功即可购买和查看数据库内容。
- 会员福利最终解释权归社会科学文献出版社所有。

数据库服务热线：400-008-6695
数据库服务QQ：2475522410
数据库服务邮箱：database@ssap.cn
图书销售热线：010-59367070/7028
图书服务QQ：1265056568
图书服务邮箱：duzhe@ssap.cn

社会科学文献出版社 皮书系列
SOCIAL SCIENCES ACADEMIC PRESS (CHINA)
卡号：338794185574
密码：

S 基本子库
SUB DATABASE

中国社会发展数据库（下设12个子库）

整合国内外中国社会发展研究成果，汇聚独家统计数据、深度分析报告，涉及社会、人口、政治、教育、法律等12个领域，为了解中国社会发展动态、跟踪社会核心热点、分析社会发展趋势提供一站式资源搜索和数据服务。

中国经济发展数据库（下设12个子库）

围绕国内外中国经济发展主题研究报告、学术资讯、基础数据等资料构建，内容涵盖宏观经济、农业经济、工业经济、产业经济等12个重点经济领域，为实时掌控经济运行态势、把握经济发展规律、洞察经济形势、进行经济决策提供参考和依据。

中国行业发展数据库（下设17个子库）

以中国国民经济行业分类为依据，覆盖金融业、旅游、医疗卫生、交通运输、能源矿产等100多个行业，跟踪分析国民经济相关行业市场运行状况和政策导向，汇集行业发展前沿资讯，为投资、从业及各种经济决策提供理论基础和实践指导。

中国区域发展数据库（下设6个子库）

对中国特定区域内的经济、社会、文化等领域现状与发展情况进行深度分析和预测，研究层级至县及县以下行政区，涉及省份、区域经济体、城市、农村等不同维度，为地方经济社会宏观态势研究、发展经验研究、案例分析提供数据服务。

中国文化传媒数据库（下设18个子库）

汇聚文化传媒领域专家观点、热点资讯，梳理国内外中国文化发展相关学术研究成果、一手统计数据，涵盖文化产业、新闻传播、电影娱乐、文学艺术、群众文化等18个重点研究领域。为文化传媒研究提供相关数据、研究报告和综合分析服务。

世界经济与国际关系数据库（下设6个子库）

立足"皮书系列"世界经济、国际关系相关学术资源，整合世界经济、国际政治、世界文化与科技、全球性问题、国际组织与国际法、区域研究6大领域研究成果，为世界经济与国际关系研究提供全方位数据分析，为决策和形势研判提供参考。

法律声明

"皮书系列"(含蓝皮书、绿皮书、黄皮书)之品牌由社会科学文献出版社最早使用并持续至今,现已被中国图书市场所熟知。"皮书系列"的相关商标已在中华人民共和国国家工商行政管理总局商标局注册,如LOGO( )、皮书、Pishu、经济蓝皮书、社会蓝皮书等。"皮书系列"图书的注册商标专用权及封面设计、版式设计的著作权均为社会科学文献出版社所有。未经社会科学文献出版社书面授权许可,任何使用与"皮书系列"图书注册商标、封面设计、版式设计相同或者近似的文字、图形或其组合的行为均系侵权行为。

经作者授权,本书的专有出版权及信息网络传播权等为社会科学文献出版社享有。未经社会科学文献出版社书面授权许可,任何就本书内容的复制、发行或以数字形式进行网络传播的行为均系侵权行为。

社会科学文献出版社将通过法律途径追究上述侵权行为的法律责任,维护自身合法权益。

欢迎社会各界人士对侵犯社会科学文献出版社上述权利的侵权行为进行举报。电话:010-59367121,电子邮箱:fawubu@ssap.cn。

社会科学文献出版社